孔子答客问

王长华 著

浙江文艺出版社
Zhejiang Literature & Art Publishing House

目 录

第一章　生命的历程 / 001

第二章　仁者的哲思 / 055

第三章　为政以德 / 073

第四章　修己以安人 / 095

第五章　有教无类 / 117

第六章　善与美 / 135

第七章　论经济、军事和历史 / 155

第八章　弟子三千,贤人七十 / 171

第九章　朋友们 / 211

第十章　孔子的命运:从战国到今天 / 233

第十一章　孔子在海外 / 265

附录 / 281

　　孔子生平及有关大事年表 / 281

　　主要参考书目 / 296

新版后记 / 299

第一章
生命的历程

十有五而志于学/所谓问礼老子/创办私学,收授弟子/高昭子家臣/公山弗扰/诛少正卯/夹谷之会/"堕三都"/去鲁适卫/匡、蒲蒙难/子见南子/离卫赴陈/陈、蔡绝粮/归鲁/《诗》《书》《礼》《乐》《易》《春秋》/驾鹤西去

客问：先生能在百忙中抽出时间接见我并回答我的提问，非常感谢。我要了解的第一个问题是，关于先生的诞日向来有两种不同说法，司马迁在《史记·孔子世家》和《史记·十二诸侯年表》中记载您生于鲁襄公二十二年（前551年），而《春秋公羊传》和《春秋穀梁传》的记载则是鲁襄公二十一年（前552年）。司马迁的记载没有月日，而《公羊传》和《穀梁传》记载的月日又不相同。请问先生，您的诞日到底是什么时间？

答问：一个人的生日只能有一个，在这个问题上记载有分歧，那肯定可以说有的记载是错误的。司马迁《史记》记载的年份是正确的，我确实是出生于鲁襄公二十二年。《世本》一书也是这样记载的。《公羊传》和《穀梁传》之所以早记一年，大概与秦汉时用"寅正历法"，以十月为岁首，把"十月庚子"理解为上一年的后十月有关。可是司马迁未记我的出生月日，《公羊传》记为"十有一月，庚子"，但是鲁襄公二十一年"十月，庚辰朔"，这一年没有闰月，那么十一月中就不可能再有"庚子"，所以《穀梁传》所记"冬十月，庚子"，是正确的。这样，我的出生时间就是鲁襄公二十二年鲁国历法十月二十七日，也就是这一年的夏历八月二十七日。你们现代人根据紫金山天文台的推算，把这个时间换算为公历，就成了公元前551年9月28日。所以,现在人们就把这一天作为我的出生纪念日了。

客问:先生曾自述"吾十有五而志于学"(《论语·为政》,后面引用《论语》内容时只列出篇名)。因为语句太简括,又缺乏另外的佐证材料,所以后人对您这句话的理解就不免产生分歧。有人认为这句话是说十五岁为入大学之年(刘宝楠《论语正义》引),也有人认为:"孔子十有五而始志于学,不过晚乎?""此独言志学,不言志道者,孔子之谦辞,实则志学即志道也。"(杨树达《论语疏证》)更有人认为这句话是说您从十五岁那年开始"立志要做官"(蔡尚思《孔子思想体系》)。请问先生,您这句话到底是什么意思?是否说的是您真实的生活经历?

答问:这句话说的当然是我的真实生活经历。把"十有五而志于学"理解为十五岁为入大学之年,那是封建经学家的话,试想我这个出身社会下层的人怎么会有入贵族子弟大学的特权?蔡尚思先生的理解是根据《说文解字》:"仕,学也。"但这个根据很不可靠,在我这里,"仕"和"学"一直是两个不同的概念,我的学生子夏就很明白这一点,他说的"仕而优则学,学而优则仕"正是我要表达的意思,真不知道许慎以"学"训"仕"的根据是什么。至于杨树达先生的解释,也有点牵强附会。钱穆先生虽然也说:"孔子十五而志于学,即志于道矣。"但他又说:"志者,心有所欲往,一心常在此所欲之目标上而向之趋赴之谓。"(钱穆《论语新解》)这话倒是说出了我当时的心情。事实上,我所说的"志于学"仅指立志学习,而且是自学,因为除了自学,我当时确实没有其他办法,而自学的内容就是礼、乐、射、御、术、数(所谓"六艺")。至于"志于学"

是否就等于"志于道",我当时实在没有细想过,由"学"而得"道",那是学习由浅入深的过程,也倒是在情理之中的。

客问:司马迁《史记·孔子世家》记载先生在鲁昭公七年(前535年)欲参加鲁国执政季武子举行的招待士的宴会,结果被季氏家臣阳虎阻拦。唐代司马贞否认此事的存在(《史记索隐》),清代崔述也怀疑此说,认为当时令堂刚过世,按周礼,居丧三年不饮酒食,轻丧不与人乐,您不会如此非礼(《洙泗考信录》)。而现代学者又多持肯定态度,比如像蔡尚思(《孔子思想体系》)、匡亚明(《孔子评传》)等。请问先生,这件事到底是不是真实的?

答问:这件事确实是真实的。当时主要因为自己年纪太轻,对社会人事的了解还不够透彻,社会影响也还太小,仅仅认为家父生前身为武士,我自己又好学上进,于是就大着胆子直闯季府了,结果受了挫折。后人之所以对司马迁的记载产生怀疑,主要是因为断句问题。如果把这一问题纠正过来,把"孔子要绖"句属上文读,而将"孔子年十七"接在"孔子由是退"之后,对事情的理解就不一样了,而这样理解也才符合事实。因为我于季府受绌是发生在十七岁那年,家母去世则是几年前的事了。这一点近代学者蒋伯潜先生有很好的意见(《诸子通考》),只是他的说法没有引起人们足够的注意而已。不过,受绌于阳虎也不是什么坏事,从此以后,我在自学的道路上更加勤奋了。

客问:先生受绌于阳虎后的生活中有一件事始终是人们所关心的,那就是先生是否曾于鲁昭公二十四年(前518年)左右赴东周京师洛邑问礼于老子。司马迁对此记载颇详(《史记·孔子世家》《史记·老庄申韩列传》);崔述完全否定这一说法,认为司马迁的记载"皆杨朱之说",是"托诸老聃以诎孔子"(《洙泗考信录》);张恒寿认为即使先生曾问礼老子,那个老子也一定不是著《道德经》的老子(《孔子》)。那么请问先生,这到底是怎么一回事?

答问:这件事说来话长。简单地说,我于鲁昭公二十四年(前518年)确实去过东周京师洛邑,主要目的是查阅周室所藏图书档案资料,同时进行学习考察,并没有问礼于老子。司马迁作史,向以"爱奇"著称,他的记载很可能杂有民间传说的成分。再有,汉代初期黄老之学盛行,司马迁受黄老之学影响,或者黄老派学者篡改司马迁著作,也未可知。总之,说我问礼老聃的事是不存在的。

我讲这样一个事实你就明白了。众所周知,《庄子》一书常常站在道家立场上任意描写和改造我的形象,在《庄子》笔下我简直成为道家思想的义务宣传员。但是,在我是否适周问礼老聃的问题上,他们却没有任何具体的记载(《庄子·天道》)。如果我真的曾问礼于老聃,那还不知会被他们描写成什么样子呢!蒋伯潜先生就看到了这一点,他说:"庄子,道家也;苟孔子果曾见老子而问礼焉,《庄子》断无不载之理。"(《诸子通考》)所以钱穆先生也做出"孔子见老聃问礼,不徒其年难定,抑且其地无据,其人无征,其事不信"的结论(《先秦诸子系年》)。这个结论比较接近事实。

客问:先生青年时代就以好学而著称,甚至在乡党中赢得"博学"的赞誉(《子罕》),您能否具体地给我介绍一些您当年刻苦自学的事,也好让后人有所效法?

答问:我一生中做过不少事情,也有过不少理想,仔细回想起来,我对自己最满意的就是学而不厌的好学精神。说起青年时代的自学故事,我可以给你举这样几个例子:

一是我少年时代(崔述《洙泗考信录》)向乐官师襄学琴。一连十来天我只弹一首曲子,师襄认为可以改学新曲子了。我认为曲调虽已学会,但弹奏的技巧还没学好。过了一段时间,师襄说我的技巧已经学好,可以改学新曲了。我认为技巧虽已学好,但还没能领会曲中的志趣神韵。又过了一段时间,师襄说我已经领会曲中的志趣神韵,可以改学新曲了。我认为曲中志趣神韵虽已领会,但还没能体会出曲作者是谁,以及他的为人风貌。等又过了一段时间,我自己从朦胧中恍然明白,曲作者的形象似乎就在我眼前,他就是周文王。等我把这种感受说出来时,师襄连连作揖说,此曲的名字正是《文王操》。(司马迁《史记·孔子世家》以及《韩诗外传》《孔子家语》《列子》等)

二是鲁昭公十七年(前525年)我二十七岁时,东方小国郯国的郯子来鲁国朝见鲁公。宴会上,鲁国大夫叔孙昭子问起郯子关于少昊时何以以鸟名官的情况,郯子引征自黄帝、炎帝以来的远古传说,对官职命名的历史演变做了详尽的解释。我听到这个消息后,马上前去拜见郯子,向他讨教少昊时代职官制度的历史情况。(《左传·昭公十七年》)结果,我收获很大。

三是我刚刚进入仕途的时候(朱熹《论语集注》、钱穆《论语新解》),我乘入太庙助祭的机会,见到不明白的地方,就虚心向别人请教,以致有人竟认为我不知礼。我自己却不这么看,我认为凡遇不懂的事就向别人请教才符合礼(《八佾》《乡党》)。

从这三件事,你就能了解和体会我青年时代是怎样勤学好问、刻苦自学的了。

客问：由于先生青年时代刻苦自学，遂后来成为中国古代第一位创办私学、设教授徒的著名教育家。但是先生究竟何时开始收授弟子，历来说法不一，唐代司马贞说是三十五岁(《史记索引》)，清代江永、狄子奇说是二十二岁(江永《孔子年谱》、狄子奇《孔子编年》)，而近世学者多认为是在您三十岁左右的时候。请问先生，您开始收授弟子到底是在什么时候？

答问：在我何时开始收授弟子的问题上，确实存在各种各样的说法。时间久了，产生各种各样说法是难免的。但在有关我的生平事迹的记载中，有一件事很能说明这个问题，即我在鲁昭公二十年(前522年)曾阻止琴张往吊宗鲁(《左传·昭公二十年》)。宗鲁被杀的经过，史书上有明确记载，不用我多说。与我们讨论的问题有关的是，此时琴张已经是我门下的学生了。由此你们就不难明白，在此之前我已经开始收授弟子了。

我所说的"三十而立"(《为政》)，主要指的就是我三十岁时在创办私学、收授弟子方面获得了初步成功，能够靠办教育而立足于世了。关于这一点，近世学者如钱穆先生(《孔子传》)、匡亚明先生(《孔子评传》)、蔡尚思先生(《孔子思想体系》)、张秉楠先生(《孔子传》)等，都注意到了。因此，把我开始收授弟子的时间确定在三十岁左右，从研究的角度看是正确的。而事实上，更确切的时间应该是三十岁之前。汉代的班固说："古之学者耕且养，三年而通一艺，存其大体，玩经文而已，是故用日少而畜德多，三十而五经立也。"(《汉书·艺文志》)意思是说我主张从十五岁开始读经，每三年学一经，到三十岁的时候，五经的学习钻研就达到一定水平了,就可以立足于社会了。他或许认为这就是我说的"三十而立"的意思。我觉得他不妨这样理解,但这的确不是我的本意。何况,《春秋》是我的作品,我对它花费的心血,可不是就像一般研习者那样,仅仅是拿来学习。

客问: 司马迁说先生而立之后曾"为高昭子家臣,欲以通乎景公"(《史记·孔子世家》)。清代梁玉绳认为,先生是圣人,绝不会做那种事,司马迁的说法是对您的诬蔑(《史记志疑》)。近人蒋伯潜引《史记考证》中余有丁的看法,也认为先生绝不可能做高昭子的家臣(《诸子通考》)。请问先生是否真有此事?您是什么时间从鲁国前往齐国的?

答问: 我于鲁昭公二十五年(前517年)离开鲁国前往齐国。因为众所周知,这一年鲁国发生了重大的政治变故,由季平子与郈昭伯两家斗鸡,而引起"三桓"一致对付鲁昭公,结果导致鲁昭公被迫逃往齐国。这段史实史称"斗鸡之变"。鲁国国君出逃,鲁国政局一片混乱。在这种情况下,我在鲁国的心情很不好,就来到齐国。对于您提出的我是否做过齐国贵族高昭子家臣的疑问,我现在可以直言不讳地告诉你,我确实做了。因为考虑到要通过高昭子以接近齐景公,借助齐景公在齐国干出一番事业,所以就先做了高昭子的家臣。封建经学家常常以自己的理解把我理想化,所以理所当然地不承认我做家臣的事实,更何况高昭子的名声似乎也不怎么好(崔述《洙泗考信录》)。但是,在我身处的那个时代,士人做诸侯、大夫的邑宰和家臣是很正常、也很普遍的事,不存在耻不耻的问题。这一点钱穆先生就看得很透彻,他认为:"孔子弟子为家臣者多矣,孔子不之禁,则孔子不耻为家臣也。"

(《先秦诸子系年》)这话深得我心,也符合历史实际。

客问:根据司马迁的记载,先生在齐期间齐景公曾两次问政于您(《史记·孔子世家》,其中前一次又见《颜渊》),由于您的回答深得齐景公的赞赏,结果"景公说,将欲以尼谿田封孔子"。但遭到晏婴反对,从此齐景公便打消了原来的念头,对您冷淡起来,您只好仓促离开齐国回到鲁国。清代崔述对此颇为怀疑,特别是对齐景公器重您的程度和晏婴反对景公意见的事实本身均不相信(《洙泗考信录》)。请问先生,这到底是怎么回事?

答问:齐景公两次问政于我,这是完全真实的。齐景公对我的器重程度,所谓"以季孟之间待之",也是真实的,这在我的书中有明文记载(《微子》),崔述的怀疑是没有道理的。问题出就出在司马迁《史记》中记载的那段晏婴反对我的议论上。从我当时的体会看,齐景公相当器重我,要封赏我的企图是存在的,他究竟是否想把尼谿的田地封给我,因为他没有明说,我不能完全肯定,但从他的态度看,我对齐国政治的建议确实打动了齐景公。至于晏婴对我本人和儒家学派的批评,我虽然不可能在他批评的时候恰好在场,但根据我在齐国两年时间的体会,话中的意见应该是晏婴提的。当然,经过司马迁的加工润饰,晏婴的话似乎更多了点战国辩士色彩。事实上,晏婴是站在一个成熟的政治家立场上来看待治国为政问题的,而我则是一个学者、一个士人,两者对待政治的立场不同,态度和方法当然不可能一样。只是当时我还没有完全明白这一点,所以一见齐景公不听从我的治国主张,再加上景公手下的大夫对我也很不友好,道不同不相为谋,所以我就果断决定动身回鲁国了。

客问：先生在鲁昭公七年（前535年）因为要参加季氏宴会而遭到季氏家臣阳虎的斥责，三十年后，您又一次与阳虎相遇，这次阳虎对您的态度似乎与上一次完全不同了（《阳货》）。请问先生这其中的原因是什么？另外，先生为什么单挑阳虎不在家的时候去拜访他，这里面又有什么奥妙？

答问：我十七岁那年受绌于阳虎，对我一生的影响是很大的。要不是阳虎的那次刺激，我的发奋精神、好学精神可能还不至于有后来所表现的那么强。三十年以后，也就是鲁定公五年（前505年），我又与阳虎打了一次交道。不过这次的情况与上一次大不相同，如果说上一次是我有求于他，那么这一次就是他有求于我了。因为三十年过去，我本人的学识、修养已非当年可比，特别是我努力兴办教育，在社会上已经产生了广泛影响。包括我到齐国去，虽然没有完全实现预期的理想，却也增加了我的世俗知名度和社会影响力。而长期在季府担任家臣的阳虎，此时已不是一个普通的家臣了，当时鲁国的政治局面是，鲁国公室的权力被世卿季氏操纵，而世卿季氏的权力又被阳虎所掌握，这样鲁国的权力事实上是被阳虎所把持着的。

阳虎要在鲁国做大，我又有了一定的社会影响力，所以阳虎就想拉拢我，企图借我的声望来巩固和提高他在鲁国的地位，这是他对我态度发生变化，几次求见我未果，就派人给我送来一只蒸猪的原因。对于王室衰微、权力下移的社会形势，我原本就很不满，而阳虎为所欲为的作风更让我感到反感。但是按照当时通行的礼节，凡是大夫赠送礼物给士，如果因为士不在家而未能亲自接受，收到礼物的士就必须亲自到大夫家登门拜谢（《孟子·滕文公下》）。我了解到阳虎急欲见我的意图，为了既不失礼，又不和他见面交谈,所以才专门挑选阳虎不在家的时候前去回访。可是很不凑巧,在我去他家的路上,正好和他碰了个正着。

客问:根据历史记载,晋顷公十三年(前513年)晋国大夫赵鞅和荀寅"赋晋国一鼓铁,以铸刑鼎,著范宣子所为刑书焉"。此事遭到您的批评,您认为:"晋其亡乎! 失其度矣。"(《左传·昭公二十九年》)对此,后代学者讨论得不多。郭沫若先生明确表示,这是"撰述这些故事者的润色"(《十批判书》),否认有此事存在。请问先生《左传》的记载是否真实? 您对晋铸刑鼎持批评态度是出于怎样的考虑?

答问:《左传·昭公二十九年》的记载是真实的,我听到晋铸刑鼎的消息后,确实发表过反对意见。

我当时认为,晋国原有的两部法典是好的,一是"唐叔之法",二是文公在"唐叔之法"的基础上修改制定的"被庐之法"。这两部法典虽有所区别,但两者都是晋国传统的治官之法,它们集中体现的一个基本原则、基本精神是"贵贱不愆",而这正是礼的核心。

而范宣子的刑书是范宣子于公元前554年至前548年任晋国执政时所颁布的,此法的内容是根据赵盾所制定的"夷蒐之法"修订而成的。这个法律中,除了包括"本秩礼,继常职"等用于贵族的秩礼以外,还包括"正法罪,辟刑狱,董逋逃"等多用于庶人平民的刑法(《左传·文公六年》)。

我一向认为治理国家应该"道之以德,齐之以礼",而反对"道之以政,齐之以刑"(《为政》)。因为用道德和礼教的方式治国,人民才有廉耻心,也才会真正归服。而仅用政法和刑罚的方式治国,人民会越发不知廉耻,国家也就不可能得到真正的治理。晋铸刑鼎,把刑法公开化,老百姓可以看到刑法的具体条文,贵人就无法得到尊重,尊卑的次序界限也就打乱了。尊卑秩序一乱,国家的治理就失去了依靠。因此,我判断晋国会因此而真正失去秩序,亡国的可能性也不是不存在的。后来晋国果然由六卿专权而终于一分为三,被我不幸而言中。当然,你们用今天的眼光看,并不一定同意我的看法。但是,不管后人怎么评价,以礼治国的立场,我是一直坚持不会放弃的。

不过,我当时对晋国形势的发展仅仅是推测,而且是站在文化立场上的政治推测,并无一定的把握。

郭沫若先生以结果推原因,从而判断《左传》的记载为后人润色,这是缺乏根据的。一般说来,《左传》中有关我的事迹记载还是比较可信的。

客问:先生在自己的书中曾记载有公山弗扰盘踞费邑背叛季氏请您参加一事(《阳货》),后来司马迁据此做了更具体详细的叙述(《史记·孔子世家》)。但是,清代以来学者大多认为这段记载为后人伪托,如赵翼(《陔余丛考》)、崔述(《洙泗考信录》),直到近人蒋伯潜先生还因认为这段记载不真实而建议将《史记·孔子世家》从"公山不狃(即公山弗扰)以费畔季氏"到"然亦卒不行"一段删掉。请问先生,公山弗扰向您发出邀请,您也意欲前往,是否实有其事?您怎样看待后人对此事的怀疑?

答问:公山弗扰召我的事是有的。那是鲁定公八年(前502年),作为季氏的家臣,公山弗扰因为不满于季氏而准备在费邑发动叛乱。公山弗扰向我发出邀请后,我确实有些动心了。这其中的原因主要有两个：一是像司马迁所说的："孔子循道弥久，温温无所试，莫能己用。"(《史记·孔子世家》)自己想趁此干出点看得见的事业，这是我当时的心情；二是公山弗扰当时打的是"张公室"以抗季氏的招牌(金景芳等《孔子新传》)，这个口号也正和我的思想相合拍。因此，我的确准备接受他的邀请，我甚至还企图借此而把文、武、周公的事业在东方复兴起来。但是，我的这个想法遭到了我的学生子路的反对。他直言不讳的反对态度，虽然没有立即让我放弃原来的打算，起码也使我原来的想法发生动摇。后来形势很快发生逆转，我发现公山弗扰原来就是另一个阳虎，也就彻底打消了前往费邑的念头。

后人对此事持怀疑态度的原因，主要有两个：一个是对"以费畔"时间的理解，比如清代学者赵翼就认为，如果是"以费畔"之前公山弗扰对我发出邀请，我有意前往的话，那还是可以理解的，而在"以费畔"之后对于我就是不可能的了(《陔余丛考》)；二是以我为圣人，认为圣人是不会做出这样的事的。关于时间问题，公山弗扰向我发出邀请是在鲁定公八年(前 502 年)，而公山弗扰据费邑真正发动叛乱则是鲁定公十二年(前 498 年)的事(钱穆《先秦诸子系年》)。至于以我为圣人，凡不符合概念化圣人的语言和行为，就一概认为是对我的诬蔑，那就未免太迂腐了(匡亚明《孔子评传》)。另外，南怀瑾先生说我欲应公山弗扰之召而终于未去，"并不是子路把他挡住，他本来是逗逗学生说想去，事实上，他绝不会去的"(《论语别裁》)。解释新则新矣，但既不符合事实，又不免流于油滑。试想想看，这么重要的大事，哪能随便"逗逗"哟！

客问：司马迁记载，鲁定公五年(前 505 年)季桓子打井时挖出一只陶羊,故意告诉您他挖出的是一只陶狗,然后引出您对历史传说的一番议论。对于这件事,历史上人们或神乎其说,认为季桓子挖出的是一头活羊(《国语·鲁语下》),或认为其言不雅驯,事情纯属无稽(蒋伯潜《诸子通考》)。请问先生,这件事情的真实性如何?您怎样看待后人关于此事有与无的不同意见?

答问:要回答你提出的这个问题,我要首先表明一个态度。我认为一切关于季桓子打井挖出一头活羊的说法,都是穿凿附会、无中生有。季桓子没有挖出活羊,即使有人相信这种道听途说的神怪故事,这个故事也不会和我发生任何关系,因为一生不语怪、力、乱、神,是我坚持奉行的一个原则(《述而》)。所以凡对我了解较深的人,都不会把这种神怪故事和我联系在一起。

至于说这件事本身有与无,以及后人对此事有与无的不同看法,我的意见是,这件事本身是否发生过并不十分重要,因为它不提供导致对我评价产生重大分歧的证据。按照韦昭的解释:"获羊而言狗者,以孔子博物而测之。"(《史记集解》)司马迁记载此事,正是通过季桓子对我的测试而显示我的博闻广识。从情感态度上讲,这样的记载无非是为了多侧面展示我的才能,以便使我在人们心目中的形象更加高大、更与众不同。而蒋伯潜先生认为此事荒诞无稽,提出要予以删除,其潜在的想法也无非是为了维护我形象的神圣性。没想到,差不多出于完全相同的目的,两者的态度却截然不同。但是,这个现象倒呈现出一个对历史如何看待和理解的重要问题,即历史事象本身和文字记载的历史,是不完全等同的。司马迁所说的是文字记载的历史,而历史的事象本身从理论上讲原本是不可知的。

不过话得说回来,我是事情的当事人,我还得告诉你,关于这件事,司马迁的记载是真实的。如果我绕了那么个大弯子却不回答这个具体问题,你会不高兴的。不过,我前面的话可不是随便乱说的呀!

客问:关于先生在鲁国的为仕经历,是了解和研究先生的重要事件,司马迁记载先生于鲁定公九年(前501年)始做中都宰,一年以后因为政绩突出而升为小司空,不久又升为大司寇(《史记·孔子世家》)。狄子奇认为您于鲁定公九年做中都宰,鲁定公十一年(前499年)为小司空,鲁定公十二年(前498年)为大司寇(《孔子编年》)。崔述则只承认您做过司寇,而不承认您做过中都宰和司空(《洙泗考信录》)。请问先生究竟是哪一年开始担任官职的?在鲁国的为仕经历如何?

答问:我于鲁定公九年担任鲁国的中都宰,这是我平生第一次担任官职。在中都宰任上,我对丧礼做了一些改革(杨景凡、俞荣根《论孔子》),对养生送死的制度做了明确的规定(《孔子家语》)。由于政绩突出,所以一年之后,我就由地方官提升到鲁国中央,做了小司空。我在小司空任上还没干多久,就又被提升为大司寇了。对于我的这段经历,司马迁《史记》的记载是准确的。狄子奇关于我由中都宰升为小司空和由小司空升为大司寇的时间的表述都不够准确。崔述否认我做过中都宰和小司空,更是缺乏根据。不过,我在鲁国为官时间并不长,从鲁定公九年担任中都宰,到鲁定公十三年辞官适卫,前后只有四年多一点的时间。对此,钱穆先生辨之甚详(《先秦诸子系年》),我就不再聒噪了。

客问：荀卿曾说先生"为鲁摄相，朝七日，而诛少正卯。"（《荀子·宥坐》）自荀卿此言一出，此后刘安（《淮南子》）、司马迁（《史记·孔子世家》）、刘向（《说苑》）、王充（《论衡》）等人都纷纷采录书中，而且在转述过程中又生出种种异说，如您由原"鲁摄相"变为"鲁司寇"，少正卯由"鲁之闻人"变为"鲁大夫乱政者"，甚至把您诛杀少正卯的原因归结为办学中门人"三盈三虚"。请问先生，所谓"诛少正卯"是否实有其事？其真实情形如何？

答问：关于荀卿说我杀少正卯的事，我也早有耳闻。一直有澄清事实的想法，但苦于没有合适的机会。今天你问到这个问题，我就如实说来，以正视听，也借此为我自己平反一桩冤假错案。首先，少正卯其人我并不认识，在我为官鲁国期间，鲁国政府中根本没有一个叫少正卯的大夫，我甚至怀疑荀卿说的这个少正卯本为子虚乌有。其次，我在鲁国担任的最高官职为大司寇，不是什么"鲁摄相"。再次，我一贯主张为政以德，反对轻易杀人，此事与我的思想主张不但不合，而且完全相反。对于荀卿记载的不真实问题，历代学者如朱熹（《舜典象刑说》）、叶适（《习学记言》）、王若虚（《五经辨惑》）、尤侗（《看鉴偶评》）、崔述（《洙泗考信录》）、梁玉绳（《史记志疑》）、钱穆（《先秦诸子系年》）等，都从不同角度做过考证，匡亚明先生对上述学者的意见予以归纳，主要有三，不妨引征过来：

一、孔子诛少正卯，仅见于《荀子·宥坐》《史记》《孔子家语》等书，不见于《论语》《春秋》《左传》等所谓"经传"。虽不能说凡不见于《论语》《春秋》《左传》等书的都不真实，但像所传孔子诛少正卯这样的大事，竟于经传不留一点痕迹，那是不可能的。

二、孔子秉政七日，以一大夫（孔子）而杀一大夫（少正卯），这样的事发生在春秋时代的孔子身上,是不可设想的。

三、孔子的核心思想是"仁",他坚决反对轻易杀人,所以季康子提出"杀无道以就有道"的问题时,也遭到孔子反对,说"子为政,焉用杀"。如果孔子秉政七日就"诛乱政大夫少正卯",这和孔子的一贯思想不是全然不相吻合吗?(《孔子评传》)

由此可见,说我诛少正卯是没有根据的。荀卿自称是我学说思想的传人,所以起初听到他说我杀少正卯的消息,我确实感到震惊。但我后来通过考察他的为人和思想,发现他不仅继承了我的某些思想,也继承了法家的很多东西。从法家立场上看问题,编造一个孔丘杀少正卯的政治故事,以说明法治的必要,那是可以理解的。可是这个杜撰的故事,两千多年以后,竟在"文化大革命"时期被政治扒手所利用,以讹传讹地造成政治和文化的双重伤害和损失,这在荀卿虽始料所不及,但却不能不为此而感到惭愧。

客问:先生在鲁国担任大司寇期间,曾于鲁定公十年(前500年)陪同鲁定公出席鲁、齐两国在夹谷举行的双边会谈。由于您担任这次外交活动的傧相,所以使力量弱小的鲁国面对强大的齐国反倒取得了重大的外交胜利。但关于夹谷之会的具体情况,《左传》《公羊传》《穀梁传》和《史记》的记载互有出入。请先生谈谈这次会谈的真实情况好吗?

答问:夹谷之会是一次重要的外交活动,不管对齐国还是对鲁国来说,其意义都非同一般。从齐国方面讲,作为当时的东方大国,为了与晋、楚两国抗衡,急需得到周边中小诸侯的支持,特别是鲁国为齐国的南邻,缓解齐、鲁两国的紧张关系对齐国来说实在是当务之急。由于鲁与晋同为姬姓诸侯,自从齐桓公霸业衰落之后,鲁国一直是晋国的盟国,现在齐、晋争强,齐国当然希望把鲁国拉到自己一边。而对于鲁国,国力上自知难敌齐国,但利用齐国当时争取支持者的心理,可乘机讨还几年前被齐国强占的土地,并以此为条件与齐国媾和。因此,齐、鲁两国都对这次会谈寄予了厚望。

为赢得这次外交胜利,鲁国在会谈前做了充分准备。经再三考虑,鲁定公决定由我陪他出席会谈,并任命我担任会议活动傧相。照鲁国惯例,这样重大的外交活动一般都由上卿担任,这次破例由我担任,是因为我自幼习礼,十几年前又去过齐国,见过齐景公,对齐国的情况也比较熟悉。接到这个任务,我深感此行责任重大。为了保证取得这场外交胜利,我向鲁定公建议:"有文事者必有武备,有武事者必有文备。古者诸侯出疆,必具官以从。请具左右司马。"(《史记·孔子世家》)定公同意了我的意见,命两位将军率兵随行。

齐国听说鲁定公派我随同前来参加会谈,认为我"知礼而无勇,若使莱人以兵劫鲁侯,必得志焉"(《左传·定公十年》)。所以齐国一开始就暗藏杀机。按照预先商定的日期,鲁定公来到夹谷,鲁、齐两国国君登坛相见。然后,齐国傧相一声呼唤,一支手持兵器的莱人舞队拥到坛下,气氛马上紧张起来。我见形势不妙,就快步登上台阶,边行礼边责问齐景公:"吾两君为好会,夷狄之乐何为于此!请命有司!"(《史记·孔子世家》)此时,与会的齐国大臣都把目光投向齐景公。齐景公自知失礼,就挥手示意让舞队撤下,气氛稍稍缓和。随后,齐国傧相又请求齐景公同意"奏宫中之乐",于是一群侏儒小丑又拥上前来嬉戏吵闹。我再次跨上台阶厉声质问:"匹夫而荧惑诸侯者,罪当诛。请命有司!"(《史记·孔子世家》)齐景公无奈,只好下令杀掉那群侏儒小丑。

齐国人见劫持、愚弄鲁侯的计谋都未得逞,就在未经鲁国同意的情况下,在盟约上加了一条,即齐国出征时,如鲁国"不以甲车三百乘"随从,即为毁盟。我也让大夫兹无还加上一条,如果齐国不归还鲁国的汶阳之田,也将同样被视为毁约。最后,齐景公要宴请鲁侯,我担心发生意外,就对齐国大夫梁丘据说:"事既成矣,而又享之,是勤执事也。且牺象不出门,嘉乐不野合,飨而既具,是弃礼也。若其不具,用秕稗也。用秕稗,君辱,弃礼,名恶。子盍图之!"齐景公见我说得有理,只好作罢(《左传·定公十年》)。齐、鲁两国的夹谷之会,就这样结束了。

我在盟会上有理有节的斗争使鲁国终于赢得这次重大的外交胜利。会后不久,齐景公就派使者来鲁国,把包括郓、谨、龟阴在内的汶阳之田归还给了鲁国,并以此向鲁君表示谢罪(参见金景芳等《孔子新传》)。这就是鲁定公十年齐、鲁夹谷之会的具体情况。司马迁说此次会谈齐国与会者中还有晏婴,那是不对的,因为鲁定公十年晏婴已经不在人世了(蒋伯潜《诸子通考》)。

客问:先生在担任鲁国大司寇期间,除了陪同鲁定公出席齐、鲁夹谷之会,为鲁国赢得一次重大的外交胜利以外,在鲁国内政方面还推出了一个重大的改革举措,那就是"堕三都"。对于这一事件,《左传》《穀梁传》记载为鲁定公十二年(前498年),司马迁记载为鲁定公十三年(前497年)。请问先生,这件事究竟发生于哪一年?事件详情如何?

答问:"堕三都"的前因后果牵涉的时间比较长,就计划的实施和结束而言,那是发生于鲁定公十二年(前498年)的事。《史记》记载为下一年,或许因为传抄过程中将"定公十二年"讹误为"定公十三年",也未可知。

"堕三都"计划的提出是基于两方面的考虑:从当时鲁国的整体形势看,三桓执政,公室衰微,家臣又僭公卿而专国政,阳虎就是一个活生生的例子;从具体环节上看,叔孙氏郈邑马正侯犯于鲁定公十年(前500年)秋杀死邑宰公若藐,发动武装叛乱,据郈邑对抗叔孙氏,在鲁国上下引起巨大震动。鉴于家臣、邑宰连续发生叛乱和抗礼公室的行为,我认为:"陪臣执国命,采长数叛者,坐邑有城池之固,家有甲兵之藏故也。"(何休《公羊解诂·定公十二年》引孔子语)于是就向鲁定公提出一个大胆的计划:堕三都。

所谓"三都",是指季孙氏的采邑费、叔孙氏的采邑郈、孟孙氏的采邑成。三都原是三桓为加强自己实力在采邑兴建的高大城郭。但因为他们长年居住在国都,坚固高大的采邑城郭反倒成了邑宰和家臣兴风作浪、据以对抗公卿的堡垒。因此,我建议"堕三都",即拆毁三个城郭,此举得到了三桓的支持。但是,我的本意并不仅在此,而是企图通过"堕三都"同时削弱三桓的实力,这一点又得到了鲁定公的支持。

"堕三都"计划于鲁定公十二年首先从郈邑开始,因为叔孙氏刚刚吃过侯犯叛乱的苦头,所以叔孙氏的态度非常积极,堕郈计划进行得非常顺利。但郈邑被堕却惊扰了长期盘踞在季孙氏费邑的公山弗扰等人。他们眼见形势不妙,就先下手为强,公山弗扰与叔孙辄率费人突然包围鲁国都城曲阜。这一举动大大出乎定公和三桓的预料,费人到来,定公和三桓慌作一团。我见此形势,果断地命令大夫申勾须和乐颀与费人死战,又指挥鲁国公室军队从外面反包围。结果费人被公室军队击败，公山弗扰和叔孙辄被迫逃往齐国，费邑城郭被拆除。

郈、费两城被堕后，就只剩下成邑了，成邑宰公敛处父比较忠于孟孙氏，所以孟孙氏没有吃过受制于家臣的苦头，于堕都之事既不反对，也不积极支持。而公敛处父却不愿意放弃自己经营多年的成邑，就向孟懿子献策说："堕成，齐人必至于北门。且成，孟氏之保障也。无成，是无孟氏也。子伪不知，我将不堕。"（《左传·定公十二年》《史记·孔子世家》）孟懿子认为有理，便在堕成问题上耍了手腕，表面上说支持，暗中却与公敛处父串通一气反对堕成。这时季孙氏和叔孙氏似乎也意识到"堕三都"对自己不利，因此他们的态度也开始消极起来，以致默认了孟孙氏对堕成的敷衍。在这种情况下，我只好派公室军队前去执行堕成任务。由于成邑城墙高大坚固，再加上公敛处父坚守抗拒，公室军队久攻不下，最后只好撤兵。"堕三都"的计划就这样功亏一篑，以失败告终。

对我个人来说，"堕三都"是我任职鲁国几年中实施的最大一项政治改革，它的成败不仅关系到我个人的政绩，更重要的是关系到鲁国公室的命运。但是没想到，正是因为我的学生孟懿子从中作梗，而导致即将成功的改革归于失败。事实上，"堕三都"的失败，改变了我后半生的命运。

客问：看得出，尽管那么多年过去了，先生一提到"堕三都"遭受的失败仍然十分伤心，很抱歉。下面我想请问先生一个稍微轻松些的问题，司马迁两次说到您在鲁国公室任职期间曾"摄相事"（《史记·孔子世家》），清代学者崔述（《洙泗考信录》）、梁玉绳

(《史记志疑》)等认为这个说法不可信,那么请先生谈谈这到底是怎么回事呢?

答问:所谓我在鲁国公室任职期间曾"摄相事",不仅司马迁这样说过,荀卿(《荀子·宥坐》)、尹文(《尹文子》)、《晏子春秋》都有类似说法。我在前面谈及所谓"诛少正卯"事时曾经说到,荀卿在编造此事时,其中的失真之一就是把我在鲁国为司寇说成了"为鲁摄相"。事实上,我在鲁国从未"摄相"。《左传·定公十年》记载:"夏,公会齐侯于祝其,实夹谷,孔丘相。"晋杜预注谓:"相,会仪也。"此处之"相"显然是相礼,而不是相国,指我陪同鲁定公与齐景公相会夹谷,由我主持两位国君相会的礼仪。实际上,春秋时代并没有"相"这一官职,对此,崔述已言之凿凿:"季孙为鲁相而能行孔子之言耳,非孔子为鲁相也。春秋之时,无以相名官者;秉政之卿谓之相某君,非官之名,不可云摄。"(《洙泗考信录》)这个说法是可靠的。另外,梁玉绳说:"鲁之相,季氏尸之,孔子安得摄相乎?"(《史记志疑》)这也是事实。总之,春秋时代没有"相"这一官职,即使有这一官职,它也只能掌握在"三桓"手中,轮不上别人来做。很理解,也很感谢司马迁等人的美好愿望,但我们还是要尊重事实、尊重历史。

客问:先生在鲁国实施"堕三都"计划失败以后,不久就离开鲁国到卫国去了。关于您去鲁适卫的时间,仅司马迁《史记》中就有鲁定公十四年(前496年,见《孔子世家》)、鲁定公十二年(前498年,见《十二诸侯年表》《鲁周公世家》)、鲁定公十三年(前497年,见《卫康叔世家》)三说。关于您去鲁适卫的原因,又有"齐人归女乐"(《微子》)、"燔肉不至"(《孟子·告子下》)种种说法。

那么请问先生去鲁适卫的时间究竟是在哪一年？您辞官离开鲁国的原因到底又是什么？

答问：关于我去鲁适卫的时间，我于前面回答在鲁国的为官经历时曾经说到，是鲁定公十三年，也就是公元前497年。其他的说法都是不对的。

关于我去鲁适卫的原因，概括地说是一个大前提、三个小理由。这一个大前提就是，鲁定公十二年我在鲁国实施"堕三都"计划遭到失败，这在事后看来似乎也不难理解，但失败的结果当时确实使我丧失了在鲁国实行改革，从而革新鲁国政治的信心。在这种情况下，我辞官去鲁已是势所必然，剩下的只是时间问题了。

那么此后不久发生了三件事，这三件事不仅成为我辞官去鲁的理由，也由此确定了我去鲁适卫的时间。第一件事是，鲁、齐夹谷之会以后，齐国虽精心策划，但却未占到任何便宜，反因失礼而陷于被动。于是，齐景公接受大夫黎弥的建议，在齐国选出十六名能歌善舞的美女，又挑选一百二十匹骏马，作为礼物派人送往鲁国。其目的是以此使鲁定公和季桓子荒于政事，从而离间我和定公的关系。结果，鲁定公、季桓子见到齐国送来的美女、骏马，"往观终日，怠于政事"（《史记·孔子世家》）。看到这种情景，我的失望情绪又加重了。

第二件事是，齐国的美人计虽然扰乱了鲁定公和季桓子的为政之心，但鲁国毕竟是我的祖国，我仍然寄希望于鲁定公的醒悟。然而此后不久，鲁定公举行郊祭祀天典礼之后，按旧制应派人送给我的祭肉却没有送来。从这件事可以看出，鲁定公、季桓子不仅无意推行我的治国之道，而且全然不把我放在心上了。

还有第三件事，"堕三都"失败之后，我有一个叫公伯寮的学生竟偷偷跑到季桓子那里去诽谤当时正任季氏家宰的子路。结果不久季桓子就解除了子路的职务。我主张"堕三都",实际上是为了削弱鲁国"三桓"的势力。季桓子后来看到了这一点,我堕成受阻时他持观望消极态度就很说明问题。那么季桓子当机立断解除子路的季氏家宰之职,说明季桓子这样做并不仅仅是针对子路,而是针对我来的。

季桓子专政于鲁,失去他的支持,我在鲁国做事就困难了。在那样一个大背景下,再加上连续出现的这三个具体事件,就促使我不得不考虑另谋出路了。因此,在鲁定公十三年(前497年)春天,我毅然辞去鲁国官职,带上我的一部分学生,怀着复杂凄楚的心情,到卫国去了。从此,我就开始了长达十四年颠沛流离的游学生涯。

客问:先生辞去鲁国官职,外出游历,可选择的诸侯本来很多,您为什么首先选择卫国?这其中有什么特别的原因吗?还有,先生当初首选卫国,但是在卫国仅住了十个月就离开,这其中的原因又是什么呢?

答问:我离开鲁国外出漫游,确实有多种选择,除了齐国不能前往(因为我在鲁、齐夹谷之会上得罪了齐景公)之外,其他可去的国家还有很多。我之所以选择去卫国,大体说来是基于这样几个方面的原因:

首先,卫国是鲁国的近邻,而且又是与鲁国同为姬姓的诸侯。鲁国为周公之后,卫国是康叔之后,周公和康叔都是周文王和太姒的儿子。卫国的贤大夫公叔文子就曾说过:"大姒之子,唯周公、康叔为相睦也。"(《左传·定公六年》)因此,我认为"鲁卫之政,兄弟也"(《子路》)。鲁、卫两国是真正的兄弟之邦。

其次,卫国有我很多学生。如我的得意弟子子夏(卜商)、子贡(端木赐)、子羔(高柴)都是卫国人。还有一些比较有名的弟子如子开(琴牢)、子疆(句井疆)、子皙(奚容箴)、颜涿聚(颜庚)等,也都是卫国人。而且,颜涿聚又是子路的妻兄。有这样一大群学生以及由他们形成的广泛的社会联系和社会影响,是一个相当有利的条件。

再次,我本人在卫国有较高的声望。我在鲁国为官时,卫国著名贤大夫蘧伯玉就曾派使者专门到鲁国去拜访过我(《宪问》)。对于蘧伯玉的为人,我也认为他大有君子之风(《卫灵公》),是一个可以很好地合作共事的朋友。

除了上述原因之外,还有子路的作用。因为子路的妻子是卫国人,其妻兄,也是我的弟子,颜涿聚,又在几年前回卫国做了官,所以子路也极力劝我到卫国去。正是这样几个方面的因素,促使我下决心把出游的第一站选择在卫国。

关于我在卫居住十个月又离开的原因,司马迁曾认为是"或谮孔子于卫灵公。灵公使公孙余假一出一入。孔子恐获罪焉"(《史记·孔子世家》)。这是不符合实际的。事实上,在卫国是因为卫灵公对我礼遇不错我才住下来的(《孟子·万章下》)。后来卫灵公对我"礼貌衰"(《孟子·告子下》),我自然就要离开了。如果真像司马迁说的我被谮而担心获罪的话,那么我既不可能在卫国住十个月才走,也不可能日后又回到卫国。这是很简单的道理。

客问:据我所知,先生离开卫国准备前往陈国,在取道南行的途中颇不顺利。据司马迁说,先生一路上两次蒙难,一次是在匡地,一次是在蒲地(《史记·孔子世家》)。清代崔述怀疑司马迁所说您蒙难匡地的真实性(《洙泗考信录》);近人钱穆则认为您匡、蒲被困是一件事,司马迁所说您"畏匡事,益出后世误传,不足信也"(《先秦诸子系年》)。请问先生,所谓匡、蒲蒙难到底是一次还是两次?其详细情况又是怎样的?

答问:尽管多记起一件不愉快的事情就会多增加一份痛苦,但为了尊重事实,我必须坦诚地承认,所谓匡、蒲蒙难是两事而不是一事。司马迁的《孔子世家》记载确实时有杂乱,但崔、钱二先生的考证,还不能完全说明匡、蒲两事为一。事实上也是二,而不是一。

事情的经过是这样的。鲁定公十三年(前497年)的年底,我和弟子们离开卫国南往陈国,随行的还有一位陈国贵族青年公良孺。我选择去陈,一方面考虑到陈离卫距离较近,另一方面陈国的宛丘相传是太皞之墟,我希望亲自考察一下那里的古文化遗迹。我们师徒一行渡过濮水,南行来到匡邑。

匡邑原是卫国地盘,后来被郑国侵占。鲁定公六年(前504年),鲁国阳虎率师侵郑,攻下匡邑,匡人对此一直耿耿于怀。我们一行人来到此地时,为我驾车的学生颜刻用马鞭指着城墙的一角说,他以前随军攻打匡邑时,就是从这里入城的。这话被路边的匡人听见,误认为我是阳虎,就报告给了邑主匡简子。匡简子接到报告,随即派人把我们抓了起来。我的部分学生被军队冲散,事后才相继回到我身边。颜回是最后一个找到我的,我原以为他在冲突中死了呢。他却说:"老师健在,我怎么敢死!"(《先进》)经过几天的了解,匡人才知道我是孔丘而不是阳虎,就把我们放行了。被拘押的几天,学生们很为我的安全担心,我劝慰他们说:"文王既没,文不在兹乎?天之将丧斯文也,后死者不得与于斯文也;天之未丧斯文也,匡人其如予何?"(《子罕》)这既是我让学生们宽心的话,也是我的真心话。对于作为周文化的继承者,我确实有这个自信。

走出匡邑,我对南下去陈的计划有些动摇,想先回卫国稍做调整,再决定下一步的行动。我们又取道向北进发,不料途经蒲邑时,又遭到蒲人阻拦。当时卫人公孙氏被卫灵公驱逐后,正在蒲邑策动叛乱。蒲人见我们来到这里,企图胁迫我们一起参加。我对卫灵公的怠慢虽然不满,但要武装推翻卫灵公,我是绝不会干的。遇到这种情况,一路随行的陈国青年公良孺非常气愤,于是公良孺、子路等就率众同蒲人拼杀。蒲人见用武力占不到便宜,就提出一个条件,说:"如果你们不回到卫国的帝丘,就放你们走。"我当即同意,双方举行了盟誓。离开蒲邑以后,我吩咐大家继续向帝丘进发。子贡对此感到不解,问道:"刚才的盟誓难道可以违反吗?"我说:"那是在强迫情况下订的盟约,神灵是不会听的。"(《史记·孔子世家》)就这样,我们一行人又回到卫国国都帝丘。短短几天时间,我们竟两次遇险,真有一种说不出来的难受滋味。

客问:先生在自己的书中曾记载居卫期间会见过卫灵公夫人南子一事(《雍也》),司马迁在此基础上,又说:"灵公与夫人同车,宦者雍渠参乘,出,使孔子为次乘,招摇市过之。"(《史记·孔子世家》)由此,先生与南子的关系就成了后人争论的焦点。汉代刘安、桓宽认为先生会见南子,是为了实现政治目的(《淮南子·泰族训》《盐铁论·论儒》),扬雄则由此对先生的为人提出疑问(《法言·五百》)。而自孔安国对此事提出怀疑后(《论语集解》引),清代崔述、刘宝楠更完全否认此事的存在(《洙泗考信录》《论语正义》)。请问先生,所谓"子见南子"到底有无此事?事情的真相又是怎样的?

答问:我与卫灵公夫人南子的会见,确有其事。南子本为宋女,传说她婚前与宋公子朝有私情,因此口碑不好。但她为人聪敏,长得漂亮,很受卫灵公宠幸,对卫国朝政有一定的干预力和影响力。

据我看,南子提出要会见我,似乎没有什么明确目的,很可能是因为了解到我在卫国颇有些名望,所以就提出了会见的要求。由于南子有秽乱的名声,为了避免招惹不必要的是非,我起初并不想见她。我婉言辞谢之后,南子仍然坚持要与我会见。很显然,南子的要求是经卫灵公同意和支持的,而我与卫灵公之间完全是客气的礼貌关系,为了不得罪卫灵公,也不拂南子的面子,我只好同意。

会见时,南子在帷帐之中,我在帐外向她行叩拜之礼,南子在帷帐中还礼,她身上佩戴的玉器互相碰撞发出的声音,我在外面听得清清楚楚。会见非常简短。

我回来后向弟子们介绍会见情况,当说到南子会见也能以礼相待时,子路很不以为然。我并不是有意称赞南子,而是感到南子的表现要比没见她以前想象的好很多。子路的不理解态度让我很有些尴尬,我只好对天发誓,说:"如果我确有不正当想法,老天一定会厌弃我!"(《雍也》《史记·孔子世家》)子路这才罢休。

刘安、桓宽说我会见南子,是企图通过南子以实现政治目的,这似乎有点言过其实。我漫游各国,包括到卫国,想通过说服国君以实现我的政治理想的想法肯定是有的,但我到卫国并没有想到要通过南子的关系影响卫灵公的政治,因为我绝不会以付出道德代价的方式来实现德治理想,这是一个原则问题。

而自孔安国之后,崔述、刘宝楠等人完全否认我与南子会见的事实,也不是实事求是的态度。我认为很有必要把两个问题区分开来。首先,我是一个活生生的人,不是什么圣人。其次,即使我与南子会见,也并不能因此就认为我是在干一件不光彩的事,从而影响我的形象和声誉。设身处地,从当时我所处的具体境遇考虑问题,对此事的评价就可以达成共识了。

总之,在我看来所谓"子见南子"是一件比较正常的事,也是一件极其平常的事,完全没必要在这上面大做文章。

客问:先生于鲁定公十三年(前497年)由卫赴陈中途返回卫国以后,在卫国一直住了五年。此时卫灵公既年老怠政,又好色超过好德(《史记·孔子世家》),可以说他的作为与您理想的君主作为相去甚远,那么您为什么还能在卫国坚持这么久?这期间您没有另外的打算吗?

答问:客观地说,卫灵公确实不是一位理想的君主,他不仅于政治无所建树,与年轻夫人南子同车招摇过市,而且还不时向我请教一些所谓战阵之类与礼义无关的问题(《卫灵公》)。但是,卫灵公让我享受鲁国司寇的生活待遇,礼节上对我也比较周到、比较尊敬,这是我虽然并不满意,但还是在卫国居留长达五年的原因。当然,我一生是以追求理想、以行道为己任的,在卫期间也是如此。比如在前面我曾经说到,由于卫灵公的礼貌冷淡,我决定到陈国去,但途经匡、蒲时两次受阻,使我的去卫计划没能顺利实现，或许命该如此。以后，我又有两次去卫的打算：一次是应佛肸之邀到中牟去，另一次是要到晋国会见赵简子。

佛肸本是晋国中行氏的家臣，任中牟宰。鲁哀公元年（前494年），晋国执政赵简子率兵讨伐范氏和中行氏，佛肸固守中牟以对抗赵简子。后来，佛肸听说我在卫国颇不得意，就派人到卫国来邀请我。不难明白，佛肸此时的实力还不足以据中牟以叛晋，他邀请我去中牟无非是为了扩大他的实力和影响力。但我此时在卫灵公那里确实正处于有政治抱负而无法施展的无奈之中，我认为卫灵公如果重用我的话，一年之内我就可以使卫国走上治道，三年就可以大见成效（《子路》《史记·孔子世家》）。但这在卫国却完全没法实现。所以，在这种情况下接到佛肸的邀请，我真的有些动心了。但是，当我把这个想法告诉我的学生们的时候，直率的子路马上表示反对，他说："我以前听您说过，一个亲身干坏事的人，君子是不到他那里去的。现在佛肸占据中牟反叛，您却要前往，这又作何解释呢？"我认为，最坚固的东西是磨不薄的，最洁白的东西也染不黑。不管佛肸出于什么目的，我相信自己是能够对佛肸施加正面影响的。关键是，我此时在卫国的处境不尴不尬，一个人要想干一番事业，总不能像匏瓜一样常挂在那儿而不被人食用吧？（《阳货》）发生了这种意见分歧，仔细想来子路的话也确实有他的道理。于是，去中牟的打算就这样搁浅了。

受佛肸之邀以后不久，我又萌生了去晋国会见晋国执政赵简子的念头，因为晋国是当时的大国、强国，又是卫国的近邻，两国之间只有一水之隔。而且赵简子执政以来，广招天下贤能之士，所以我也决定到晋国去一趟，说不定能够得到赵简子的重用。事情决定以后，我便带领弟子们向西进发，准备由棘津渡过黄河而进入晋国。可是我们刚走到黄河边,就传来赵简子杀害晋国贤人鸣犊、窦犨的消息。我对此深感吃惊,面对滔滔北去的黄河,不禁喟叹一声:"美哉水,洋洋乎!丘之不济此,命也夫!"学生们见我发出这样的感叹,知道我已改变了主意,感到有些不可理解。子贡忙走过来问:"敢问何谓也?"我对他们说:"鸣犊、窦犨是晋国的贤人,赵简子未得志时依靠他们出力,掌权以后却杀掉他们。我听说,残害幼兽,麒麟就不会在郊外出现;竭泽而渔,龙就不会降雨;捣毁鸟巢、鸟卵,凤凰就不会飞翔。这是为什么呢?因为物伤其类呀。鸟兽尚且如此,更何况我呢!"(《史记·孔子世家》《孔子家语》)

就这样,我站在黄河岸边,远眺对岸的晋国,无可奈何,只好调转车头,由原路返回。返回的路上,我们一行在卫国的陬乡稍事休息。在这里,我再次想起被赵简子杀死的两位贤大夫,想到自己入晋愿望落空,感到心中惆怅,就写下了一首《陬操》歌,以抒发情怀。然后,又驱车回到卫都帝丘。这就是我居卫五年中继匡、蒲蒙难之后两次未能实现的外出计划。

客问:我们知道先生终于离开卫国前往陈国,司马迁说您离卫赴陈的时间在鲁定公十五年(前495年,《史记·孔子世家》),近人钱穆先生则认为是在鲁哀公二年(前493年,《先秦诸子系年》)。请问先生究竟是哪一年离卫赴陈的?

答问:我离开卫国前往陈国的时间,确切地说是在鲁哀公二年(前493年)的秋天(金景芳等《孔子新传》)。我以前几次企图离开卫国,最后又回到卫国,是基于一个最起码也是最重要的原因,那就是卫国有相对比较安定的环境。但在鲁哀公二年四月,在位四十二年的卫灵公去世,卫国公室发生激烈的权力斗争。三年前,卫灵公的太子蒯聩因为谋杀灵公夫人南子未遂而被迫逃往晋国。太子出逃,卫灵公想改立他的另一个儿子郢为太子,可是公子郢却不接受。卫灵公一死,卫国公室决定立蒯聩之子辄为国君,这就是卫出公。卫出公上台以后,畏罪潜逃到晋国去的前太子蒯聩在晋国执政赵简子的支持下,又企图回卫国夺权。六月十七日,赵简子派人把蒯聩送回卫国。于是,蒯聩与儿子卫出公为争夺君位而展开激烈的争斗。从此,卫国政治陷入一片混乱。这样,在卫国既不可能有所作为,又失去了安定的环境,遵照我一贯主张的"危邦不入,乱邦不居"(《泰伯》)的原则,卫国我是不能再待下去了。因此,从原因推时间,我离开卫国的时间也只能是鲁哀公二年。

客问: 先生离开卫国前往陈国,中间曾滞留宋国。关于先生在宋国遭到宋司马桓魋威胁谋害的情况,孟轲(《孟子·万章上》)和司马迁(《史记·孔子世家》)都曾说及。但由于孟轲和司马迁言之不详,其中原委曲折不得而知,而且连先生过宋之年份就有鲁定公十五年(前495年,《史记·孔子世家》)、鲁哀公三年(前492年,《史记·宋微子世家》《史记·十二诸侯年表》)、鲁定公十四年(前496年,《史记·陈杞世家》)等多种说法。请问先生,您经过宋国究竟是在哪一年?桓魋企图加害您的详情又是怎样的?

答问: 我于鲁哀公二年秋天离开卫国,之后先到曹国,然后才到达宋国。这样,一路迤逦,到达宋国时已经是鲁哀公三年的事了。

来到宋国,我本来是十分喜悦也十分亲切的。因为这里既是我先祖受封的地方,也是我夫人丌官氏的家乡,而且我年轻时还曾到宋国考察过殷礼。基于这种种原因,我原打算在宋国多停留一段时间。可是,当我来到宋国之后,宋国君臣完全无动于衷。在我的主动请求下,宋景公才勉强接见我,而且见面就劈头盖脸地提出一大堆难以回答的问题(刘向《说苑·理政》)。宋景公的缺乏诚意是显而易见的。

更使人感到难以接受和理解的是,我一到宋国就听说,宋国司马桓魋为了自己死后不朽,命令工匠为他制作一副大型石椁。由于工程艰巨,工匠制作了三年还没完成,人们对此议论纷纷。我对人们说,与其这样奢侈浪费,还不如死后早点烂掉的好(《礼记·檀弓》)。没想到祸从口出,这句话传到桓魋耳朵里,麻烦事就来了。我的住处旁边有一棵大树,在宋期间我和弟子们常在树下演习礼仪。这时桓魋派人把这棵大树连根刨掉,威胁的意思十分明显。弟子们十分担心,都劝我快点离开,以免发生意外。我认为:上天赋予我特别的德行,他桓魋又能把我怎么样呢?(《述而》《史记·孔子世家》)可是弟子们究竟放心不下,力劝我尽快离开。这样,为了防备桓魋追击,我们师徒临时改变南去陈国的计划,改道西行,大家分成几组,连夜向郑国方向进发。

关于这次遭遇,钱穆先生曾评之为:"弟子欲孔子速行,孔子告之以此,然亦即微服而去,是避害未尝不深。然避害虽深,其心亦未尝不闲。此乃孔子知命之学之实见于行事处。"(《论语新解》)这话实于我心有戚戚焉。

客问:先生在宋为逃脱桓魋加害仓促来到郑国,关于赶到郑国时的情形,司马迁记载您当时颇为狼狈(《史记·孔子世家》),《孔子家语》与司马迁所记略同。近人蒋伯潜先生认为您在郑"被嘲云云,全为戏谑之辞,殆所谓齐东野人之语欤?"(《诸子通考》),对司马迁和《孔子家语》的记载持怀疑态度。请问先生到达郑国时的情况究竟如何?

答问:蒋伯潜先生认为颇像"齐东野人之语"的传奇故事,确实在我身上发生过。因为当时情况紧急,我和学生们分成几组连夜赶路,虽然事先约定在郑国都城新郑会合,但到达时间不一,大家还是走散了。我到达新郑东门后,左右看不到一个学生,只好一个人站在城门外等候。没想到子贡他们早已先到城里,正焦急地四处找我。城中一个郑国人看到子贡四处找人的样子,就告诉他说:"城东门有一个人,他的脑门长得像大尧,他的脖子长得像皋陶,他的肩长得像子产,只是腰以下比大禹短了三寸,看他那落魄的样子,活像一只丧家狗。"按照郑国人的指点,子贡他们才在新郑的东城门找到我。子贡看到我以后,就把刚才郑国人描述我的话告诉了我。听子贡说完,我不禁哈哈大笑。我对学生们说:"那个人说我长相如何,这并不重要。他说我活像一只丧家狗,我想真是太像了,太像了!"(《史记·孔子世家》)试想想看,我为宣传自己的主张四处碰壁不说,还差一点搭上性命,一个人孤苦伶仃地站在新郑城门外,那不像只丧家狗又像什么呢?

客问:到陈国去是先生多年的一个愿望,那么请问先生,您到达陈国是在什么时间?在陈国都做过哪些事情?

答问:前往陈国确实是我一个时期内的一大心愿。早在鲁定公十三年(前497年)我就决意去陈,但由于途中于匡、蒲两次遇险,不得已又回到卫国。这次虽然又经险阻,但终于在鲁哀公三年(前492年)五月到达陈国国都宛丘。

陈国本是南方妫姓小国。我来到陈国后,先投奔陈国贤大夫司城贞子(《孟子·万章上》),通过司城贞子会见了陈湣公。陈侯对我这个来自中原的颇有影响的文化人非常尊敬,把我和学生们待为上宾,把陈国最好的馆舍安排给我们住。历经颠沛之后,我们一下子过上了平静安定的生活。

我到陈国之后不久,鲁国都城曲阜就发生了一场火灾。大火从宫城的西边烧起,火势越过鲁哀公的宫室,烧毁了鲁桓公和鲁僖公两座庙堂。听到火灾发生的消息时,我就推测:烧掉的大概是桓、僖二公庙(《左传·哀公三年》《孔子家语》)。结果,从鲁国传来的消息证实了我的推测,这使陈湣公大为惊讶。

又有一次,一只受伤的鹰落在陈湣公的庭院里死了,死鹰身上横穿着一支箭,这支箭杆是用楛木做的,箭头是石头做的,箭杆长一尺八寸,上面还刻着无法辨认的文字。陈侯没见过这种箭,就派人向我请教。我看了箭之后,确认是肃慎氏的箭,就向使者解释说,过去周武王克商,中原和边远地区的来往打通了,各地都来进贡,肃慎氏进献的就是这种石镞楛箭,长一尺八寸。周天子为宣扬自己的功业,让子孙后代永远牢记,就在箭尾刻上"肃慎氏之贡矢"几个字,把它送给武王长女大姬,大姬嫁给虞胡公,虞胡公受封于陈。周天子把珠玉分给同姓诸侯,是表示对亲缘关系的重视;把贡品分赠给异姓诸侯,是提醒他们不能忘记自己与周王朝的从属关系,所以就把肃慎氏的贡品分赠给了陈国。如果在贵国故府中查一查,说不定还可以找到这种箭呢!陈湣公派人在府库里查找,果然找到这种箭。(《国语·鲁语下》《史

记·孔子世家》)

通过这两件事,陈湣公对我更加敬佩,认为我是一个见多识广、学识渊博的人,就请我做了陈国政府的文化顾问。做文化顾问并没有多少具体的事情可做,但有这个名义,颇有利于扩大我在陈国的影响和知名度。这样,陈国本土的许多青年都来向我问学,像陈亢、子张、巫马期等,都是我在陈国招收的学生。所以,在陈期间,我所做的事情是挂名政府文化顾问,实际上仍旧设教授徒,兴办教育。

客问:以后先生离陈赴楚,即有被困陈、蔡的事件发生。对此,历来记述颇多,如说您"在陈绝粮;从者病,莫能兴"(《卫灵公》)、"君子之厄于陈、蔡之间,无上下之交也"(《孟子·尽心下》)、"孔子南适楚,厄于陈、蔡之间。七日不火食,藜羹不糁,弟子皆有饥色"(《荀子·宥坐》)等等,可见此事确实发生过。但对先生被困陈、蔡的时间,后人存有不同说法(崔述《洙泗考信录》),受困的原因后人也有"楚昭王来聘"(《史记·孔子世家》)和"吴伐陈,陈乱"(《论语集解》引孔安国说)等不同意见。请问先生被困陈、蔡是否实有其事?被困的时间、原因及结果又是怎样的?

答问:人生世上,为了实现某种理想,常常需要经受各种考验,承受种种苦难,我被困陈、蔡即是一例。这是我的亲身经历,后人或称之为"陈、蔡绝粮",或称之为"厄于陈、蔡",说法不尽相同,但所指的都是一件事。

这件事发生在鲁哀公六年(前489年)。司马迁把我受困的原因归结为楚昭王来聘,"孔子将往拜礼。陈、蔡大夫谋"而"围孔子于野"(《史记·孔子世家》),这是不真实的;认为结果是"楚昭王兴师迎孔子,然后得免"(同上),也属子虚乌有。

事实上,我离陈赴楚的主要原因是吴、楚战争。多年来,吴、楚两国时常交兵,地处吴、楚之间的陈国深受其害。随着战争越加频繁和战争规模的升级,陈国百姓逃往他国的越来越多。从诸侯关系讲,陈国是楚国的同盟国。鲁哀公六年,吴国出兵伐陈,楚国则派兵援救陈国。这年七月,楚昭王亲率大军出征。吴、楚两军在陈国都城宛丘西北的大冥激战。由于楚昭王抱病出征,不幸死于军中,楚军不得已撤军回国,而吴军则乘势东进,直逼宛丘城下。吴国大军到来,宛丘城内一片惊恐。

我和学生们看到这种形势,便仓皇离开宛丘,准备南下楚国。出宛丘南下,沿途经过的正是吴、楚两国多年的战场,当地的老百姓都早已逃往外地,一路上几乎没有什么人烟。因为我们逃出宛丘时紧张仓促,身边带的粮食不多,当我们来到蔡国故都上蔡所属地界的时候,粮食已所剩无几,南下的路程还很远,前后无着,我们一行人真的陷入孟轲所说的"无上下之交"(《孟子·尽心下》)的困境。没有粮食,我们只好采野菜充饥。这是我一生中一次重大的生命考验。

人遇到这种情况,乐观、向上、坚持理想和信仰尤为重要。我不断鼓励学生们挺住,还时常弹琴作歌缓解大家的情绪。一天,子路外出张罗吃的,结果两手空空地回来,见我正在弹琴,禁不住发牢骚说:"君子也有穷困不堪的时候吗?"我说:"是的。君子遭穷能坚持住,小人一穷就不讲原则、任意而行了。"我感到由于几天来生活发生困难,学生们的信仰似乎也发生了一定程度的危机。于是,我就把大家召集到一起,提出一个问题让学生们思考。我说:"《诗》中说'匪兕匪虎,率彼旷野',我的主张不对吗?我为什么被困于此?"

学生们纷纷发言,而给我印象最深的是颜渊的一段话,他说:"老师的主张太博大,所以天下不能容纳。虽然如此,老师仍然努力推行,别人不接受又怕什么?别人不接受而仍然坚持推行,方才显出君子本色。如果主张不够完善,这是我们自己的耻辱。如果主张已经完善而不被采纳,那是各国当权者的耻辱。主张不被当权者接受怕什么?自知不被采纳而仍然坚持推行,这才显出君子的真正本色!"我非常赞赏颜渊的发言。(《史记·孔子世家》)经过这场讨论,大家心情舒畅了,情绪也稳定下来。

为了尽快解决眼下的生活问题,大家共推子贡到楚国边境去求援。子贡不负众望,星夜赶往楚国的负函,向守城大夫叶公沈诸梁请求援助。叶公很快派来接应车辆,断粮七天的我们终于得救。渡过了绝粮难关,我们继续南下楚地。

客问:先生南下楚地,在负函生活了大约三年(《史记·孔子世家》)。从负函守城大夫叶公解救"绝粮陈、蔡"之难的及时程度而言,应该说他对您和您的学生是极为欢迎的。但从您在负函生活三年的事实来看,您对负函的政治并未见有什么建树,而且叶公对您似乎一直都缺乏真正的了解。(《述而》)请问先生,您对此的感受如何?

答问:我们一行南下楚地,其目的地并不在负函,而是企图通过叶公与楚王取得联系。我到达负函后,曾先后派子夏和冉求前往郢都联络,但都没有获得满意结果。(《礼记·檀弓上》)这是我赴楚而仅仅滞留负函三年的原因。

从叶公解救"陈、蔡绝粮"之难的畅快和迅速而言,他对我们师徒无疑是欢迎的。但由于种种原因,包括不同文化传统所造成的不同认识和不同心理等,我和叶公之间并没有形成太多共识。我在这里举两个例子,即可以看出:

一次是叶公向我请教政治,我说:"近者悦,远者来。"(《子路》)意思是让他对民施以惠政,以便大量吸引战争过后流落在外的蔡地难民。叶公听后既没有表示同意,也没有表示反对。从他的治政实践中可以看出,他并没有把我的建议放在心上。

另一次是叶公与我谈到一桩诉讼案,说本地有一位人称直躬的人,他的父亲隐瞒误入自家羊群的别人家的羊,他站出来检举作证。从叶公讲述此事的口吻、语气看,他对直躬的做法是持肯定态度的。但在我看来,应该是:父亲为儿子隐瞒,儿子为父亲隐瞒,直道便自在其中。(《子路》)叶公所肯定的是一种无人情的法制,我则主张以伦理、道德来治理社会。从这两件事就不难看出,我与叶公在为政治国方面的看法方面是存在明显差异的。

这种差异、不和谐不仅我感觉得到,叶公本人也感觉到了。所以,有一次他竟问子路,你们的老师是一位什么样的人呢?子路当时没有回答,事后把这事告诉了我,我对子路说:"你为什么不回答他?你就说我老师是个发愤学习就忘了吃饭,心情快乐就忘掉忧愁,甚至连自己衰老到来也不知道的人。"(《述而》)

生活方面叶公对我相当周到,但说到为政之道,彼此之间却难以找到共同语言。这就是我在负函生活三年的基本感受。

客问:先生于鲁哀公十年(前485年)由负函出发,经陈国回到卫国(《史记·十二诸侯年表》《史记·卫康叔世家》),于第二年又由卫国回到鲁国(《左传·哀公十年》《史记·孔子世家》)。请问先生,您由楚返卫的原因是什么?在卫仅住一年又返回鲁国,是基于什么考虑?

答问:在负函我与叶公相处的情形,前面已经说过。负函本来只是个小地方,我又与叶公的治政思想多有不合,恰在这时,我在卫国做官的学生们希望我回到卫国去。所以,就在鲁哀公十年,我和随行弟子们离开负函北上,途经陈国,终于又回到卫国的国都帝丘。

我八年前离开帝丘时,卫国正经历一场严重的政治危机。卫出公登位,其父蒯聩在晋国的支持下由晋返卫,企图与儿子争夺君位。结果,蒯聩没有战胜卫出公,只好再次流亡国外。在鲁哀公五年(前490年,《左传·哀公五年》)和鲁哀公七年(前488年,《左传·哀公七年》)晋国又先后两次发兵侵卫,企图送蒯聩回国掌权,结果都未成功。我这次回卫前夕,当年蒯聩的同党公孟驱潜逃齐国多年后又回到卫国。公孟驱的归来,又引起卫人的惊恐。蒯聩与卫出公之间的权力之争,虽不像八年前那样火药味十足,但风波仍未完全平息。在这种情况下,卫出公对我回到卫国当然是欢迎的。

但是,问题还有另外一面。当子路听到我要回卫国的消息时,曾问我说,卫出公有意等待先生来主政,您打算先从哪里下手呀?我说,一定先从正名开始。子路认为我的想法迂腐,觉得卫国的正名工作无从做起。我批评了子路,坚持认为:"名不正则言不顺,言不顺则事不成,事不成则礼乐不兴,礼乐不兴则刑罚不中,刑罚不中则民无所措手足。"(《子路》)从观念上纠正名实的舛乱,对于治政是非常重要的。子路的粗野和直率,显然表现为一种实利主义态度,不过以后一段时间的实践证明,在卫出公治下,在卫国实行正名确实存在困难。别的且抛开不说,仅就蒯聩与卫出公父子争权而言,早已是"君不君,臣不臣,父不父,子不子"了。这样,卫出公对我回到卫国仅表欢迎,但对于我以"正名"为核心的治国方案,却不会接受。所以,这又不得不回到老问题上,既然卫出公不实践我的主张,对我无重用之意,我当然是不会在卫国久留的。所以在鲁哀公十一年(前484年)秋天,我又离开卫国,回到阔别十四年的故乡——鲁国去了。

客问:先生由卫国回到鲁国之后,政治兴趣似乎变淡,这样倒是腾出了更多的时间和精力从事教育和文化典籍整理工作。比如《诗》就曾经过您的加工和整理。对此,司马迁曾说您加工整理过程中删过诗(《史记·孔子世家》)。唐代孔颖达对司马迁的说法提出怀疑(《毛诗正义·诗谱序疏》)。近代学者如胡适(《谈谈诗经》)、冯友兰(《孔子在中国历史中之地位》)、顾颉刚(《论〈诗经〉经历及老子与道家书》)等,都认为您没有删诗。钱玄同更认为您和《诗》的编纂全不相干(《论〈诗〉说及群经辨伪书》《论〈诗经〉真相书》)。请问先生,您在加工整理古代文化典籍时,究竟对《诗》做了哪些方面的工作?

答问:晚年我从卫国回到鲁国,本来是应季康子之请(《史记·孔子世家》)。回来后,我在名义上被尊为"国老"(《左传·哀公十一年》),而事实上,鲁哀公和季康子做事仍然我行我素,并不真正接受我的意见。此时我的年纪大了,人生境界和对世界的看法也比以前更加成熟和深刻。于是,在看到政治不可为之时,便把大部分精力投入兴办教育和文化典籍整理方面去了。加工整理《诗》就是当时我所做的工作之一。

关于我和《诗》的关系,司马迁说:"古者《诗》三千余篇,及至孔子,去其重,取可施于礼义,上采契、后稷,中述殷、周之盛,至幽、厉之缺,始于衽席……三百五篇孔子皆弦歌之,以求合《韶》《武》《雅》《颂》之音。"(《史记·孔子世家》)这个说法曾引起争议是有理由的,因为吴公子季札于鲁襄公二十九年(前544年)在鲁观《诗》时,《诗》的次第已与今本次第基本一致,篇数大体相当。因此,他说我删《诗》,就不能不引起争议。

但是,要说《诗》的编纂和我全无关系,那也是不真实的。我说过:"吾自卫反鲁,然后乐正,《雅》《颂》各得其所。"(《子罕》)所谓《雅》《颂》,原本是《诗》中两部分诗的名称,同时也是乐名。古诗原来都是可以咏唱的,诗、乐本不分家。但在我所处的那个时代,王官失守,古乐散佚,《雅》《颂》相错,不少诗有词而无曲。我要正其乐,不仅需要修订声律,而且也必须配以相应的诗,使《雅》归《雅》,《颂》归《颂》,尽可能恢复《诗》原来诗、乐相配的面貌。所以,我这里所说的"正乐",其实也包括正诗。比如说,在正乐过程中,我就对原来的古文献和各国国风进行了文字和语法上的加工和修改(夏传才《〈诗经〉和孔子的关系》)。不过,遵照我一向奉行的"述而不作,信而好古"(《述而》)的古籍整理原则,我对《诗经》的加工整理基本上保持了《诗经》原来的面貌,保存了原来的内容和表达风格。因为要用它来做教授学生的教材,诗、乐错杂,语言不一,会影响使用、影响教学,修改过多又会因失真而失去教育意义。基于这样的考虑,我才对《诗》修改而不删除,整理而不创作。

客问:司马迁说先生曾"追迹三代之礼,序《书传》,上纪唐、虞之际,下至秦缪,编次其事"(《史记·孔子世家》)。班固也说:

"《书》之所起远矣,至孔子纂焉。"(《汉书·艺文志》)由此形成后代所谓先生"删定"《尚书》之说(皮锡瑞《经学历史》)。而有的学者则完全否认您和《尚书》有任何关系(钱玄同)。请问先生,您是否曾经删定《尚书》? 其实情究竟如何?

答问:《尚书》和我也有比较密切的关系。但如果真的认为"凡六经皆孔子所作"(康有为《新学伪经考》),显然是夸大其词,是不符合历史实际的。

就《尚书》而言,早在我之前,就已有《夏书》(《左传·文公七年》)、《商书》(《左传·隐公六年》)、《周书》(《左传·宣公六年》)等《尚书》中的散篇流行于世,我认为这些古文献有很高的资料价值。那么,我要指导学生学习古代历史,特别是古代政治史,《尚书》散篇是最好、最直接的古代政治文献。但它散见于世,并非自成一书。所以,我就利用鲁国多存古代典籍这个便利条件,在尽可能广泛搜求的基础上,对我所能见到的《尚书》散篇进行编订。编订不是删定,更不是创作。所收文章,上起《尧典》,下至《秦誓》,共计百篇。

但历经战乱,特别是秦代焚书以后,我所编订的《尚书》仅存二十九篇,用秦时通行的隶书写成,人称《今文尚书》。到了汉代孝武帝时,鲁恭王拆毁我的故居,从墙壁中又发现了一部《尚书》残本,其中包括《今文尚书》二十九篇,但又多出十六篇,因为全书用古籀书写成,又称《古文尚书》。今、古两种本子后来都失传了,到东晋又出现了一种《古文尚书》,是王肃或梅赜伪造的。这部书由于冒充西汉时我的后代孔安国鉴定过的古文本,所以世称《孔传古文尚书》。自从唐代孔颖达为此书作"义疏"之后,一直流传至今。这部《孔传古文尚书》,包括我当年编订的今文本与古文本相同的篇目,又多出二十二篇。所以,你们今天看到的《尚书》中,有我亲手编订的一部分,而另一部分则是历代人的增饰和伪造。

客问:司马迁说先生不仅"论次《诗》《书》",而且"修起《礼》《乐》"(《史记·儒林列传》)。照司马迁的说法,您对《礼》《乐》也进行过加工整理。请问先生,您究竟对《礼》《乐》做了怎样的加工整理工作?

答问:司马迁的说法大体上是正确的。先说《礼》吧,我从小就对礼仪怀有浓厚的兴趣,"陈俎豆,设礼容"(《史记·孔子世家》)是我儿时生活中的重要内容。但是,由于春秋末年时代剧变,原有的"周公之礼"在我所生活的时代已经散失不全(《汉书·艺文志》)。然而在我看来,礼对维系一个社会的安定和秩序是非常重要的,所以我自青年时代以来,就把搜求古礼和研究古礼作为一项重要工作。搜求和研究的结果是我对夏礼和殷礼都有了一定的了解,虽然因为时代久远,文献不足,完整准确的形态无法完整再现(《八佾》),但殷于夏礼、周于殷礼的沿因损益情况,我心中却有了底数。

问题不仅是证明某一时代古礼的存在和如何存在,而是通过了解历代礼制沿革的规律,从而对我所处时代的礼提出一个方案或一个规范——这才是我的目的。因此,在我的言论中,主要涉及三方面的礼:一是作为历史发展标志的礼,二是作为治国之用的礼,三是作为个体行为规范的礼。(匡亚明《孔子评传》)我认为,三者相互联系,相互发明。围绕这个目的,我对搜求到的礼进行编排和整理,这就是《仪礼》十七篇。后来,鲁哀公派孺悲向我学习的《士丧礼》(《礼记·杂记》),就是《仪礼》中的一部分。编排整理之后,我首先把它传授给了我的学生们。汉代以后,世间流传的除《仪礼》之外,还有《周礼》和《礼记》,这后两种书中的某些记载虽然和我有关,但其成书和流传就和我没有什么太大的关系了。

关于《乐》,也和我有关。与《乐》的关系,主要与我编订《诗》有关。古代诗、乐一体,有诗必有乐。我晚年从卫国回到鲁国,对《诗》《乐》做了订正,把三百零五篇诗都弦歌一遍(《史记·孔子世家》),这是事实。另外,我还曾经整理过一部《乐经》,当时的目的一方面是为了通过整理更好地保存这一文化产品,另一方面是用作教授学生的教材。但是,这部《乐经》后来失传了。因为年代久远,其中的内容很难一一说明。不过,《周礼·大司农》和《礼记·乐记》中,还部分保留着我当年整理的《乐经》的信息。通过这两部书,人们仍能窥见《乐经》中的一部分东西。还有,我本人也是很懂音乐的,虽不敢说是个音乐专家,但对音乐的陶醉人心(《述而》),对音乐演奏的过程、技巧是很清楚的(《八佾》《礼记·乐记》),而且我的歌也唱得相当不错(《述而》)。

客问:孟轲曾说:"世衰道微,邪说暴行有作,臣弑其君者有之,子弑其父者有之。孔子惧,作《春秋》。"(《孟子·滕文公下》)司马迁也说您"因史记作《春秋》"(《史记·孔子世家》)。由此,历代学者大都认为先生您是《春秋》一书的作者。但是,也有人反对这种说法,比如像宋代的王安石和近代疑古代表钱玄同,就说《春秋》不过是"断烂朝报"或"流水帐薄"一类的东西,认为以您"那样的学问才具,似乎不至于做出这样一部不成东西的历史来"。(钱玄同《答顾颉刚先生书》)请问先生,《春秋》一书是否是您的作品？您与《春秋》有什么关系？

答问：孟轲和司马迁的话说得很对，《春秋》一书的确是我的作品。钱玄同仅凭《春秋》文辞简略这一点就剥夺我的著作权，未免过于武断，过于偏激。我于六十八岁那年回到鲁国，以"国老"身份闲居在家，有充分的时间和条件阅读鲁史档案并从事整理和写作。另外，我在经过大半生的探索和思想宣传之后，虽然主张不被人接受，但却并未放弃个人的理想和追求。从材料来源说，我是"因史记作《春秋》"（司马迁），"因鲁史策书成文，考其真伪，而志其典礼"（杜预《左传序》）。从写作目的来说，我是企图通过《春秋》寄寓自己的政治理想和主张，留给后世明君效法；同时，通过它来教授弟子，以求培养一批合乎自己理想的从政人才，继续完成自己未竟的事业（匡亚明《孔子评传》）。

我写作《春秋》，是在原有《鲁春秋》的基础上进行的，但我又有所创新。这主要表现在：一、断代。《鲁春秋》原始于周初伯禽治鲁之时（顾炎武《日知录》卷四），我的《春秋》取自隐公以下。二、约文。《鲁春秋》非一时一人之作，其前后体例与文字繁简不一，我的《春秋》则"约其辞文，去其烦重"（《史记·十二诸侯年表》），使文字更为简洁、谨严、准确。三、补缺。我写《春秋》时，不仅参阅《鲁春秋》，而且派学生到周王室借阅周史，用以修订《鲁春秋》之讹乱，补《鲁春秋》史事之不足。四、正名。我的《春秋》突出端正名分的道德内涵，争取使社会做到"君君，臣臣，父父，子子"，并集中表现尊王攘夷思想。五、寓义。在正名思想指导下，用不同笔法寓肯定或否定于记事之中，借以称赞好人好事而抨击坏人坏事，这就是后世所说的"春秋笔法"。当然，运用修订国史的手段，对君臣是非做出裁判，义同执法。施法于诸侯，本是天子的权力,我代行天子之权,又不免有僭越之嫌(张秉楠《孔子传》)。所以我预感到"知我者,其惟《春秋》乎!罪我者,其惟《春秋》乎!"(《孟子·滕文公下》)。以上这一切,是否已经说明了我与《春秋》之间的关系呢?

客问:是的先生,已经说明了。不过还有,先生曾自谓"加我数年,五十以学《易》,可以无大过矣"(《述而》)。而后司马迁则不仅说您"读《易》,韦编三绝",而且说您"序《彖》《系》《象》《说卦》《文言》"(《史记·孔子世家》)。于是遂产生您作《易传》(又称《十翼》)的成说。但到宋代,欧阳修率先对这一说法提出怀疑(《易童子问》)。以后崔述(《洙泗考信录》)、康有为(《新学伪经考》)更明确提出反对意见。至现代,郭沫若先是承认您研究过《易》,对《易》发过议论,以后又说您"不曾读过《易经》"(《中国古代社会研究》)。直到今天仍存在您作《易传》(金景芳等《孔子新传》)和您确实未作《易传》(张岱年《孔子》)的争论。请问先生,《易传》是否由您所作?您与《易》的关系如何?

答问:这里必须首先澄清一个问题,即"《易传》是否由我所作"与"我和《周易》的关系"是两码事。可以说,《易传》不是我作的,但我和《周易》关系密切。关于我和《周易》的关系,匡亚明先生提出四点佐证,既言之成理,又符合事实,不妨征引过来:

第一、在孔子时代,《周易》已经流行,而且还有人作过注解。《左传》《国语》记载以《周易》占筮的事有一二十次,国别有秦、晋、鲁、陈、齐、卫等,可见《周易》在当时的上层社会已很流行。《左传·昭公二年》还记载了晋国的韩宣子在鲁国看到《易象》的事。所谓《易象》自然是解释《周易》卦象的。可见那时《周易》已有最早的注本。这些情况说明,孔子研究《周易》是极有可能的。

第二、孔子见过《易》书,而且进行过钻研。《礼记·礼运》记载:"孔子曰:'我欲观殷道,是故之宋,而不足征也,吾得《坤乾》焉。'""乾""坤"是现存《周易》开头的两卦,可能是《周易》的初名,也可能是解释乾、坤二卦的注本。总之,是《易》书没有问题。又有《述而》记载:"子曰:'加我数年,五十(卒)以学《易》,可以无大过矣。'"而且还有"韦编三绝"之说。可见孔子不但见过《易》,而且还下过一番苦功。从孔子的好学精神看,这是十分可能的。

第三、1973年湖南长沙马王堆汉墓出土了一批帛书,其中有一部《周易》。在《周易》卷后附有佚书《要》等两篇,记录着孔子与其弟子研讨《易》理的问答。这个发现为孔子授《易》增加了一条证据。

第四、在现存的《易传》中,固然不全是儒家思想,但儒家思想占有相当分量。而且这些思想与孔子思想是息息相通的,如"立人之道曰仁与义""君子以非礼弗履""君子以自强不息"。《易传》的这些思想,应该说与孔子思想是一脉相承的。

根据这四条佐证,匡亚明先生的结论是:"孔子晚年确曾钻研过《周易》,并且进行过讲授,在讲授过程中可能做过整理,加入一些自己的体会和说明。"(《孔子评传》)匡先生的说法大体上是符合历史实际的。

客问:先生在《春秋》中记有:"十有四年春,西狩获麟。"以后,《左传》《史记》对此都有更细致的记载(《左传·哀公十四年》《史记·孔子世家》),《春秋公羊传》和《春秋穀梁传》的记载都终于这一年,因此,世有"获麟绝笔"之说。但是对于这种说法,后代学者多有怀疑，如杨伯峻先生认为这种说法是"臆说"(《春秋左传注》)，蒋伯潜先生也认为"孔子作《春秋》，非绝笔于获麟"(《诸子通考》)。请问先生，"西狩获麟"是否实有其事？此事与您停止写作《春秋》有何关系？

答问：鲁哀公十四年（前481年）春，叔孙氏西狩获麟实有其事，《左传》和司马迁《史记》的记载，也大体符合事实。《公羊传》所记已是夸张，《孔丛子·记问》所谓："乃歌曰：'唐虞世兮麟凤游，今非其时来何求，麟兮麟兮我心忧。'"则差不多是在写小说了。叔孙氏打猎打到一只麒麟——当然，你们现代人不相信有麒麟，蔡尚思先生就认为所谓"麒麟"，只不过是"今东北尚存的四不象"(《孔子思想体系》)，我那个时代却不这样认为——因为这种野兽长相奇特，多少年来难得一见。而且在我看来，麒麟本是一种象征吉祥的动物，但第一次见到的就是一只被猎获的麒麟，这对我是不能不有所触动的。

尽管如此，西狩获麟事件与我停止写作《春秋》并没有直接关系。我之所以将《春秋》记载年代截止于鲁哀公十四年，是和我的心情有关，更主要和我的健康状况有关。我一生奔波，为推行自己的政治理想而到处碰壁，从解释和昭示历史发展的规律着眼，一部记载鲁国二百四十二年历史的《春秋》，已经把我的褒贬立场体现得清清楚楚了。多记一年或少记一年于大局都无关碍。要紧的是，这一年我已是七十一岁的老人，体力和精力已远不如以前，三尺竹简上的写作虽不是强体力劳动，但还是很累人的。写不动就不写了，这没什么不正常。所以，所谓"获麟绝笔"本为两事，"西狩获麟"实有其事，但它与我停止写作《春秋》却没有直接关系。

客问：先生晚年回到鲁国，在整理古代文化典籍和培养教育学生方面，做了许多有益的工作，但看得出您的情绪一直比较低沉。请问先生，导致您心情和精神不愉快的原因，主要是什么？

答问：从某种意义上说，我一生都是乐观开朗、进取向上的，即使碰到像"绝粮陈、蔡"那样困难的时候，也依然保持着乐观向上的心情。但是我在鲁哀公十一年（前484年）回到自己阔别十四年的故乡以后，心境就开始不那么乐观了。在推行自己的政治主张中所遭遇到的挫折不说，我身边四个亲人和弟子相继去世，确实给我的精神以致命的打击。

首先是在我由卫国回到鲁国的前一年，也就是鲁哀公十年，我的夫人丌官氏因长期积劳成疾，不幸病故。我们两人结婚五十年，她为我生下一儿一女。多年来，她一个人不仅培养子女、料理家务，而且还照顾我的侄女，为我分担精神上的压力。因此，她的去世使我感到非常难过。我回到鲁国之后的第二年，也就是鲁哀公十二年，我和丌官氏所生的唯一的儿子孔鲤也因病去世，他死时才五十岁。人们常把幼年丧父、中年丧妻、老年丧子称为人生的三大不幸，我幼年丧父、老年丧子，人生的三大不幸我有其二。我夫人的去世本来已给我很大打击，夫人去世不久，我的儿子也先我而去，这使我这个活在世上的七旬老人感到更加悲伤，也更加孤独。

命运好像有意跟我作对，在儿子孔鲤死后不到一年，我一生最得意的学生颜回也不幸去世。颜回"好学，不迁怒，不贰过"（《雍也》），是我教育出来的德行科中最好的学生，而且他和我之间情同父子，颜回像对待父亲一样尊敬我（《先进》），他的死使我像失去儿子一样难过。有这样一个好学生，却短命而死，这实在是上天对我的惩罚（《先进》）。

真是祸不单行,紧接颜回去世,鲁哀公十五年(前480年),追随我时间最长的学生子路,又在卫国遇难。子路是上一年受卫国执政孔悝的聘请担任孔悝邑宰的。第二年,流亡在晋的卫太子蒯聩又潜回卫国,与其姐孔姬(孔悝之母)密谋,准备再一次从卫出公手中夺回君权。他们挟持了孔悝,企图逼迫孔悝承认蒯聩为卫君。当时子路闻讯,不顾高柴劝阻,只身闯入孔宅营救孔悝,结果被蒯聩手下的两名甲士杀死(《左传·哀公十五年》)。当我听到子路遇难并被剁成肉酱的消息时,我简直悲痛至极,立即让学生把我准备食用的肉酱倒掉了(《礼记·檀弓上》)。

从我的夫人去世,到子路的被杀,这四年时间里,四位与我关系最密切的人先后离我而去。常言道:人非草木,孰能无情!特别是对于一个风烛残年的老人来说,这一连串的打击实在太大,太不幸了。仅这几件事,我的心情还怎么可能好得了啊!不仅心情不好,当我得知子路遇难的消息以后,我分明预感到自己也将不久于人世了(《礼记·檀弓上》《史记·孔子世家》)。

客问:很抱歉,先生。从您的诞日说到您的忌日,生平才告结束,这样向您请教问题,也许让您很不愉快。但是为了保证世人对您一生了解得完整,怕也只好如此。那么,我想再问您一个问题。史载先生驾鹤西去之后,鲁哀公曾亲自写了一段悼词,子贡见到之后很不满意(《左传·哀公十六年》《史记·孔子世家》)。请问先生,您对鲁哀公所写悼词如何看待?他对您的评价能否表明您在那个时代的地位和作用?

答问:鲁哀公与我之间不能说没有一定的感情,这在他写的悼词中也能体现出来:上天不肯暂时留下这位国老,让他保障我一人居于君位,使我孤零零地忧愁成病。呜呼哀哉,尼父,您的离世使我失去了效法的榜样!(《左传·哀公十六年》)而且,我坚韧不拔地宣传自己的政治主张和创办教育所取得的成就,也的确产生了广泛的社会影响,这也是我之所以受到鲁哀公尊重的原因。但是,政治和文化不同,政治家和学者不同;政治重视文化、政治家尊重学者,是以他的需要和实用为标准和目的的,而学者更重视和关注人性善恶和人格成长本身,这是两者之间的一条根本界限。从感情和礼法的角度讲,鲁哀公对我是依恋和尊重的,但至于在政治上接受和实行我的主张,那要看我的主张是否可以为他的政治带来实际利益。所以,事实上我在鲁国政治生活中并没有受到鲁哀公足够的重视和重用,但是当他一旦失去我这个堪做世人楷模的人,又不免感到孤独和寂寞。这是鲁哀公的一种真实心态,这一点在他所写的悼词中,已经表达得很清楚了。

鲁哀公本人并不是一个有作为的君主,他的软弱和平庸在他所写的悼词中也能看得出来,这也是子贡批评他的一个原因。鲁哀公在悼词中对我的评价表达的更多的是个人情感成分,而对我在那个时代的意义并未理解得那么清楚。一个人物或者一个事件,要想得到合理的历史定位很需要一点时间,经过一段时间的历史检验和历史淘洗,其意义和作用才会看得更清楚些。我很欣赏司马迁的这样一段文字:"太史公曰:《诗》有之:'高山仰止,景行行止。'虽不能至,然心向往之。余读孔氏书,想见其为人。适鲁,观仲尼庙堂舆服礼器,诸生以时习礼其家,余祗回留之不能去云。天下君王至于贤人众矣,当时则荣,没则已焉。孔子布衣,传十余世,学者宗之。自天子王侯,中国言'六艺'者折中于夫子,可谓至圣矣!"(《史记·孔子世家》)知我者,太史公也!

第二章
仁者的哲思

半新半旧,又新又旧/仁为思想核心/"生知"与"学知"/中庸/一贯之道,忠恕而已/和而不同/"从心所欲,不逾矩"/敏于行,笃于行/道为人道/"寻孔颜乐处"

客问：先生有关自己的生平，已经在前面回答了我许多问题，听先生一席话，颇有茅塞顿开之感。下面就先生的哲学思想，也想提出一些问题，请先生不吝赐教。我们教科书中常讲，马克思主义有三个来源和三个组成部分。由此我举一反三，想到凡大思想家思想的形成，个人的创造性是不可忽视的，但他也必须建立在一定的思想根基之上。也就是说，他对前人的思想成果，也一定会有所继承。那么请问先生，您所处的时代的基本思想状况如何？您在哪些方面继承了前人的思想成果？

答问：我所身处的时代，是政治、经济结构发生急剧变化的时代，伴随政治、经济的变化，思想文化也在发生潜移默化的变化。这种变化仅从以下几点即可看到：

首先是宗教天命观的变化。应该说，天命观念起源很早，殷人以"天"为世界最高主宰，殷王室以为自己的政权是受自"天命"。殷灭周兴，周人在保留"天命"的同时，又引进"天命靡常""以德配天"的观念，提出"敬德"是人获得"天命"的必要条件。这种"天人合一"观念，既帮助周人巩固了政权，也为下一阶段政权的巩固带来新的问题。到春秋时期，伴随周王朝的衰微，"天"和"天命"也被不断降低地位和身份，而"人"和"人道"逐渐占据思想观念包括意识形态的重要地位。

其次是"礼"观念的变化。《周礼》原本是西周初年由周公等人确定的一套典章制度和规矩仪节,可以说它是西周以来关于政治、伦理、道德等等方面的总称。到春秋时期,"礼""仪"开始分离(《左传·昭公五年》《左传·昭公二十五年》)。礼、仪分离的结果是使"礼"更具有政治统治意义。而随着"人道"观念渐占统治地位,给"礼"以内在的人性规定也有了现实和理论的可能性。

再次是君臣观念的变化。自西周以来的宗法政治观念中,君父对臣子的统治,是不证自明、天然合理的。而到春秋时期,这种君臣关系中,宗法观念开始被摆脱,"君"仅被视为一国之政治代表(《左传·襄公十四年》《左传·昭公三十二年》)。

又次是人才观和价值观的变化。在西周以来的宗法政治观念中,血缘亲疏是用人的重要标准。但到春秋时期,个体的人本身在当时社会关系中表现出来的实际品格和素质,则成为新的人才标准。(《左传·僖公二十七年》《国语·周语中》等)而对于人生的意义和价值,则又出现"立德""立功""立言"等全新的说法(《左传·昭公二十四年》)。这是我所处时代思想观念的基本现实。(匡亚明《孔子评传》)

我对前人思想成果的继承,主要包括:在天道观方面,我继承了周公的天命思想,既信仰"天",也强调"德"。我认为,"天"既是有意志的最高主宰(《季氏》《八佾》《子罕》),又是广大无边的自然(《阳货》)。我敬重天命,但怀疑鬼神(《八佾》《述而》《先进》《雍也》),不主张向鬼神寻求道德根据,而认为应该把道德与宗教迷信区别开来。在"礼"观念方面,我吸收了春秋时期流行的"礼""仪"两分的观念,在强调"礼"的政治统治意义的同时,又给予

"礼"以内在的人性规定。在君臣观念方面,我依旧坚持西周以来的忠君尊王思想,反对春秋以来日渐盛行的君不君、臣不臣、父不父、子不子,坚持政治统治中的宗法要求和宗法观念。在人才观念和价值观念方面,我主张论人重德、以贤用人的人才观,肯定"太上立德,其次立功,其次立言"是一种正确、向上的人生观和价值观。

从我对前人思想成果的继承看,后人或说我是新旧矛盾,或说我是以复古为革新。我自己也明白,我是个半新半旧、又新又旧的思想家。我坚持认为,文化是不能革命的,半新半旧、又新又旧才体现出文化的渐进、保守本性。

客问:说到先生的思想,首先碰到的谁也绕不过去的问题,就是什么是您思想的核心。绝大多数学者认为"仁"是先生思想中的中心范畴,是先生思想的核心。但也有少数学者不同意这种看法,比如蔡尚思先生就认为"礼"才是您思想的核心(《孔子思想体系》)。请问先生,您认为自己思想的核心是什么?

答问:关于什么是我思想的核心,这个问题我向来没有认真想过。一个人不可能在表达自己的思想之前,就先把所要表达的核心考虑得清清楚楚,特别是一个人的一生也是有一个发展和演变的过程的。当然,我的思想以现在的眼光看,早已成了遥远的过去,这时候来讨论其核心是什么或许是合理的,也是可能的。现在,我本人站在一个体验者兼旁观者的立场上来谈这个问题,也许能够更真实也更客观一些。

简单地说,我的思想核心是"仁"。"樊迟问仁。子曰:'爱人。'"(《颜渊》)"颜渊问仁。子曰:'克己复礼为仁。一日克己复礼,天下归仁焉。为仁由己,而由人乎哉!'颜渊曰:'请问其目。'子曰:'非礼勿视,非礼勿听,非礼勿言,非礼勿动。'"(《颜渊》)由此你就不难明白,"仁"是我思想的核心,而"爱人"又是我所规定的"仁"的本质和基本内容,其他都是在此基础上的扩充、放大和引申。与"仁"相比,"礼"不过是实现和达到"仁"的手段或方式。因此,认为"礼"是我思想核心的说法是不对的。

自我提出"仁"思想以后,后人多有发挥,比如孟轲"仁""义"并提,把德治发展为"仁政"思想(《孟子》);汉代董仲舒把"仁"看成是人格化的天的意志(《春秋繁露》);魏晋向秀、郭象认为仁义即人性(《庄子注》);宋代朱熹说"仁"即天理(《论语集注》);清末谭嗣同用当时物理学上的"以太"释"仁",认为"仁为天地万物之源"(《仁学》)。现代学者中阐发"仁"思想的也不乏其人,其中影响较大且引起争议的是李泽厚先生的仁学结构分析。李先生将我的"仁"思想称之为"仁学",并且从理论上阐述了"仁学"的四因素,即血缘基础、心理原则、人道主义、个体人格,认为"四因素的相互制约,构成有机整体,其精神特征是'实践(用)理性'"。(《孔子再评价》)李先生的分析不易为一般人所接受,分析过程略嫌玄虚,但我认为他对我的"仁"的思想,还是很有心得的。

客问:先生《论语》开篇即以论"学"开始,说:"学而时习之,不亦说乎?"(《学而》)可见先生对"学"的看重。但先生又说过"生而知之者上也,学而知之者次也"(《季氏》)的话,似乎又表现出重"生知"而抑"学知"的倾向。那么请问先生,"学"在您的思想中究竟占据怎样的位置?

答问:从知识论的角度看问题,我是主张"悬生知而重闻见"

的。我确实说过"生而知之者上也,学而知之者次也;困而学之,又其次也"的话,但我从来不把"生知"作为可讨论的问题甚至现实可能来认定,而仅仅认为它有理论可能性而虚悬一格而已。

很同意你这个判断,对于"学",我的确是非常看重的。我一生中无数次谈到"学",比如"吾十有五而志于学"(《为政》);"吾尝终日不食,终夜不寝,以思,无益,不如学也"(《卫灵公》);"好仁不好学,其蔽也愚。好知不好学,其蔽也荡。好信不好学,其蔽也贼。好直不好学,其蔽也狡。好勇不好学,其蔽也乱。好刚不好学,其蔽也狂"(《阳货》);"不怨天,不尤人,下学而上达"(《宪问》)。我认为我自己"非生而知之者,好古,敏以求之者也"(《述而》)。人生在世,一辈子的修养进德没有终点,但你只要坚持学,尤其是"好学",这本身就说明你已经达到一个很高的境界。我一生坚持好学不厌,敢于自许"十室之邑,必有忠信如丘者焉,不如丘之好学也"(《公冶长》),其理由也正在于此。我提倡"好学",从方法上讲,一方面是注重多闻多见。我反对不懂装懂、凭空造作的做法,主张"多闻,择其善者而从之,多见而识之,知之次也"(《述而》),"多闻阙疑,慎言其余,则寡尤;多闻阙殆,慎行其余,则寡悔"(《为政》)。另一方面,闻见之外兼重思索。因为"学而不思,则罔;思而不学,则殆"(同上),为学要"九思",要举一反三。

此外,在我所处的那个时代,为学的意义不仅仅限于知识论涵盖的范围,它还构成一种生存的方式。我的学生子夏曾说过这样两句话,叫"仕而优则学,学而优则仕"(《子张》),说的就是我所处的那个时代士人面临的两种选择可能,或仕或学,或学或仕。从我一生的经历看,可以说是"出入于为学和为仕之间","学"成为我"仕"的必备条件,同时又是我退守的大本营、根据地。从这个意义上看,"学"对于我就尤为重要了。从这个角度来理解我思想中的"学",似乎还没有引起太多人注意。而这一点在我自己看来,却是很重要的。

客问:人们一向高度评价先生的"中"思想。不过,关于"中"的思想,似乎在先生之前就已经产生,如尧在禅位于舜时,就告诫他治理社会要"允执其中"(《尧曰》)。周公也曾提倡"中德"(《尚书·酒诰》),并强调执法断案时要做到"中正"(《尚书·吕刑》)。到春秋时期,晏婴则把"中和"发展为"心平德和"(《左传·昭公二十年》)之说。但是,更加哲理化和更富理论色彩的,则是先生"中庸"思想的提出。那么请问先生,您所提出的"中庸",其思想内涵究竟应该怎样理解?

答问:在我的记忆中,我曾两次说到"中"。一次是我说:"不得中行而与之,必也狂狷乎!狂者进取,狷者有所不为也。"(《子路》)另一次是我说:"中庸之为德也,其至矣乎!民鲜久矣。"(《雍也》)后人假托我之名言"中"者多矣,其中又以"君子中庸,小人反中庸"(《礼记·中庸》)一语影响最为广泛。"中行"也好,"中庸"也罢,问题的核心是"中"。然而后世学者在"庸"字上下功夫的却为数不少,如郑玄说:"名曰中庸者,以其记中和之为用也。庸,用也。"(《释文》《礼记正义》引)又说:"庸,常也。用中为常道也。"(《礼记·中庸》注)朱熹也说:"庸,平常也。"(《中庸章句》)这些经学家的注解诠释也并不见得有什么错误,但是一经他们弯弯绕式的解说,我的本意反而隐晦难明了。

其实,我所说的"中庸",其基本含义有二:一是指人立身行事的标准,二是指为人处事的方法原则。所谓"中",就是不偏不倚、无过无不及。也就是说,人的立身行事、为人处世都有一个原则、一个度,一旦超过了这个度,就会走向问题的反面。如果把"中庸"作为一个原理、一个原则,那么它是适合于许多事物的。比如评论为人的方式和风格,我说,颛孙师(子张)有些过分,卜商(子夏)有些赶不上,(《先进》)就是其中一例。此外,在政治上,我主张"名正言顺""礼乐兴而刑罚中"(《子路》);在经济上,我主张"惠而不费""劳而不怨""欲而不贪"(《尧曰》);在文艺上,我主张"乐而不淫,哀而不伤"(《八佾》),等等,可以说都是这一原理的运用。不用说,我的"中庸"思想具有很强的实践性,而实践中所遇到的问题,又远比理论所倡导的要复杂。所以,在实践中杜绝"意""必""固""我"(《子罕》),恪守中道固然重要,但根据实际情况,适当采取"无可无不可"(《微子》)的含糊态度和灵活性也是必要的。我的"中庸"思想,主要包含的就是这样几个层次的问题。

客问:先生两次自言"一贯"之道:"子曰:'参乎!吾道一以贯之。'"(《里仁》)"子曰:'赐也,汝以予为多闻而识之者与?'对曰:'然,非与?'曰:'非也,予一以贯之。'"(《卫灵公》)曾参认为先生的"一贯"之道为"忠恕"(《里仁》)。宋人又援禅入儒,说:"一以贯之,犹以一心应万事。"(《朱子语类》)清人更以"行""事"疏解"一贯"之"贯"(阮元《挈经室集·一贯说》)。种种歧见,不一而足。请问先生,您所谓"一以贯之",究竟说的是什么意思?

答问:世界上的事情常常因为相似而被嫁接、代替乃至等同视之,我和曾参讨论"一贯"之道,被宋儒借用几百年后产生的"一指禅"以心传心所代替和改造,这实在是我所始料不及的。禅宗在境界上也许与我们儒家不无暗合或相似之处,但在传道方式上却截然不同。我与曾参及端木赐言及"一以贯之"是一种自由讨论的教学方式,与我一向主张的"循循善诱""举一反三"的启发式教学方法相一致。宋人援禅入儒,以"一指禅"比附"一贯"之道,乍看似乎是为神圣儒学,但实际上却是伤害了儒学。

曾参毕竟是我的学生,对我的思想还是很有体会的。他以"忠恕"二字解释我的"一以贯之",是合乎我的想法的。所谓"忠"是对施动者自身的要求,是"己欲立而立人,己欲达而达人"(《雍也》)之积极一面;所谓"恕"是将心比心、推己及人之消极一面,是"己所不欲,勿施于人"(《卫灵公》),是"我不欲人加诸我也,吾亦欲无加诸人"(《公冶长》)。分而言之则为二,是为"忠恕";合而言之则为一,那就是"仁"。

我在前面已经说过,我的全部思想的核心就是一个"仁"字,我的"一以贯之"之"一"也就是这个"仁"字。钱穆先生对此有个解释,颇得我心,他说:"尽己之心以待人谓之忠,推己之心以及人谓之恕。人心有相同,己心所欲所恶,与他人之心之所欲所恶,无大悬殊也。故尽己心以待人,不以己所恶者施于人,忠恕之道即仁道,其道实一本之于我心,而可贯通之于万人之心,乃至万世以下人之心者。而言忠恕,则较言仁更使人易晓。因仁者至高之德,而忠恕则是学者当下之功夫,人人可以尽力也。"(《论语新解》)这基本上也就是我"一以贯之"中的意思了。

客问:先生曾说过"君子和而不同,小人同而不和"(《子路》),可见"和"与"同",是两种不同的处世原则和为人风格,而先生崇"和"抑"同"的倾向又十分鲜明。因此,朱熹注为"和者无乖戾之心,同者有阿比之意"(《论语集注》)。但先生又说过"道不同,不相为谋"(《卫灵公》)的话,似乎又有求"同道"之意。请问先生,这两者之间有什么区别呢?

答问:你提出了一个很敏感的问题。前后两个"同",字同而义不同,不加辨析,容易造成混乱,似乎我抑"同"又求"同",岂不自相矛盾?但是,两者所指是两个不同层面的问题。所谓"道不同"之"同",是指思想主张的同与否,包括人生和政治等大是大非问题。比如说,我在为政治国方面一向主张礼治而反对刑罚,所以当季康子问我为政"如杀无道,以就有道,何如"时,我马上断然提出反对(《颜渊》)。我和季康子之间,就显示出思想主张的重大不同,也就是"道不同,不相为谋",彼此以后也就再也没有讨论过如何为政、如何治国的问题。在这个问题上,如果季康子这样的当政者能够与我"同道",我还真是求之不得呢!

而"君子和而不同,小人同而不和"中的"同"与"和",都是指人的处世原则和为人原则,属于个体人格的品德修养问题。所谓"和"是指主体善于与人相处而又不随波逐流,而"同"则是貌似中和而实为随声附和。前者是坚持在仁和礼的原则基础上的协调和统一,而后者则是在假中和之名而行乱德媚世之实。正是从这个意义上,我又把后者称作"乡愿"——"乡愿,德之贼也"(《阳货》)。当然,如果把"和""同"两者予以理论提升,认为"和"是指不同事物之间在一定原则下的协调、统一和平衡,"同"是指事物无原则的绝对平等,因此,把"和""同"作为两个哲学思想范畴,似乎也有其道理,不是没有意义的。不过,我当初并没有认真做过这方面的考虑,因为道德问题更看重的是实践。

客问:先生一生重"知",曾畅言由学而知的重要,以及"学而知之"的种种途径(《述而》《八佾》)。但先生也常从另一种意义上谈"知",如您说:"务民之义,敬鬼神而远之,可谓知矣。"(《雍也》)"知者不惑。"(《子罕》)"知者乐水。"(《雍也》)两者意义不尽相同,似乎又有联系。请问先生,您当初是怎样设定这个概念的?是不是确有我感受到的区别和联系?

答问:我在前面已经说到"生知"和"学知"的问题。我虚悬"生知"而重"学知",认为通过学习、闻见和思考,是人由无知而达到有知的一般途径,"盖有不知而作之者,我无是也"(《述而》),"知之为知之,不知为不知"(《为政》),甚至包括"不知命,无以为君子也。不知礼,无以立也。不知言,无以知人也"(《尧曰》)。其中的"知"都是指知道、了解、见解和知识的意思,是属于知识论中的基本范畴。这个概念的最初确定,正是从这个意义上开始的。

正像你所感受到的那样,"知"在我的思想中除了具有知识论的意义外,同时还有伦理学的意义。从知识的来源而言,人是靠学、问、思而获得"知"的。从伦理道德的价值定位而言,有了知识,人就可以通过思维转换,将知识上升为智慧,我所谓"务民之义,敬鬼神而远之,可谓知矣"(《雍也》),"知者不惑"(《子罕》),"知者利仁"(《里仁》),"知者乐水""知者动""知者乐"(《雍也》),"知者不失人"(《卫灵公》),"好知不好学,其蔽也荡"(《阳货》)等等,都是从这个意义上来确定和讨论的。由学而知,由知而智,这也是理有固然的事情。关于知识和智慧的区别与联系,在我的言论中是有体现的,只是我尚未做具体、明确的交代。到战国后期,荀卿对此则有比我更具体、更明确的论证,他说:"所以知之在人者谓之知,知有所合谓之智。"(《荀子·正名》)意思是说,人用来认识事物的"知"是认识能力,人的认识与客观事物相符之"智",

就是认识的结果。这个界定是对我知、智思想的发展，真是后生可畏啊！

客问：先生自述一生经历，有"吾十有五而志于学，三十而立，四十而不惑，五十而知天命，六十而耳顺，七十而从心所欲，不逾矩"(《为政》)一段著名的话语。我以为，这段话里，先生所说的既是自己的生活经历，又是自己的进学阶段，同时还是每一进学阶段所达到的人生境界。这样理解，不知先生以为然否？另外，请问先生所谓"从心所欲，不逾矩"，是一种怎样的境界？

答问：确实像你所说的，我这段自述说的既是我的生活经历、进学阶段，也说明我在某一进学阶段所达到的境界。所谓境界，当然指人生境界。讲述生活经历和进学阶段是一种客观陈述，而一旦涉及人生境界，就必然包含价值和价值判断问题。

我一向重学，在我的思想中，学不仅是一种事实陈述，一个事实判断，而且也是一种价值判断，一种价值肯定。这是我与许多人不同的地方。在我十五岁立志为学之初，这种自觉的价值追求就已经开始了。当然，人的生命是在不断地由少而中、由中而老的。伴随这个过程，其生命境界由不成熟走向成熟，由低渐次向高发展。那么，对于我来说，十五岁立志为学，标志着我自觉意识的开始确立。三十岁由于兴办教育取得初步成功，生活中能够立足于社会，精神境界也臻于自立。到四十岁的时候，由于好学深思再加阅历增多，我对人生的一切道理都有了自己的了解和体会，不再为事情、事理因不懂不明白而感到困惑，即"无所疑"(《论语集注》)了。

年届五十岁的时候，我自感到已经把握了人生中一切的当然之理和职责。六十岁到来,我"耳闻其言,而知其微旨"(何晏《论语集解》引郑玄注)。对外界一切相异、相反之意见,一切违逆不顺之反应与刺激,都"能明得此一切所以然"(钱穆《论语新解》)了。正是有这些作基础,才一步步、一个阶梯一个阶梯地走向"从心所欲,不逾矩"之境。

至于说"从心所欲,不逾矩"究竟是怎样一种境界,这是我的人生落脚点,是关键问题之所在。对这个问题的回答,可从两个方面看:具体言之,如朱熹所云:"随其心之所欲,而自不过于法度,安而行之,不勉而中也。"(《论语集注》)也就是说,按我心中所想的去做,无一不合规矩,无一不合法度。我曾告诫颜渊,为达仁境须"非礼勿视,非礼勿听,非礼勿言,非礼勿动"(《颜渊》),是从消极一方面言。这里是从积极一方面言。矩就是规矩、法度,也就是礼。大而言之,"从心所欲,不逾矩"之境界,就是自由境界。钱穆先生说:"圣人到此境界,一任己心所欲,可以纵己心之所至,不复检点管束,而自无不合于规矩法度,此乃圣人内心自由之极致,与外界所当然之一切法度规矩自然相洽,学问至此境界,即己心,即道义,内外合一。"(《论语新解》)一个更斩截、更哲学化的说法,就是合目的性与合规律性的统一(李泽厚语)。心中所欲是目的性,矩则是规律性。两者达到有机统一,那当然就是自由境界了。

客问:先生终身重"行",不仅在创设教学内容中即有"行"之一科(《述而》),而且还有"行有余力,则以学文"(《学而》),"言之必可行"(《子路》),"听其言而观其行"(《公冶长》),"讷于言,敏于行"(《里仁》)等等强调之语,因此后人常把先生思想的整体特征,概括为实践理性(李泽厚《孔子再评价》)。那么,请问先生,"行"是否可以认为是您哲学思想中的一个重要范畴?

答问:"行"当然可以认为是我哲学思想中的一个重要范畴。所谓"范畴"在逻辑中是指表示最一般或最高级类型的思维形式或实体(《简明不列颠百科全书》),"行"在我思想中就占有这样的位置。概括地说,"行"就是实践。围绕实践这个核心,其基本理路可以这样展开:首先是在学、知与行的关系上,我认为学、行结合,行重于知。其次是在言、行关系上,我主张言、行一致,行重于言。这两种关系属于理论层面的问题。在操作、现实实践层面上,我认为学业的增进、德行的提高,都要接受"行"的检验:"诵《诗三百》,授之以政,不达;使于四方,不能专对;虽多,亦奚以为?"(《子路》)"诗,可以兴,可以观,可以群,可以怨。迩之事父,远之事君,多识于鸟兽草木之名。"(《阳货》)

或者说,我把实践和实用作为学业增进和德行提高的目标。由此,我精神中最大的忧虑,就是我学我思是否付诸行动,是否付诸实践。"德之不修,学之不讲,闻义不能徙,不善不能改,是吾忧也。"(《述而》)这是自我省察、自我检讨。那么论人、论事我也"听其言而观其行"(《公冶长》),认为"言过其行"(《宪问》)、夸夸其谈是可耻的,"巧言令色"(《学而》)更是乱德和败德的行为。

总之,"行"在我的思想中是一个有重大理论意义的问题。但就像它本身的含义一样,它更主要是一个实践性课题。关于这一点,我曾说过:"言忠信,行笃敬,虽蛮貊之邦,行矣。"(《卫灵公》)我的学生子张把这句话写在自己的绅带上,作为座右铭,以便随时自我警戒、自我鞭策,可见他是深得其中三昧的。

客问:"道"是先生常常谈及的话题,但是先生谈"道",又似乎在不同的场合、不同的情况下赋予"道"不同的意义。请问先生,您原本是在哪种意义上来看待"道"和讨论"道"的?

答问:"道"的本来意义是"道路","道听而途说"(《阳货》),此之谓也。因为我重视人事,所以谈"道"也多谈人道,我的学生子贡说过:"夫子之文章,可得而闻也;夫子之言性与天道,不可得而闻也。"(《公冶长》)就是很好的证明。由此推而广之,假我之名,畅论什么"天道曰圆,地道曰方"(《大戴礼记·曾子天圆》),什么"天道敏生,人道敏政,地道敏树"(《孔子家语·哀公问》)云云,都是冒牌的孔丘思想。既然我之"道"为人道,那么它首先要指涉人生理想和价值追求,"朝闻道,夕死可矣""士志于道,而耻恶衣恶食者,未足与议也""参乎!吾道一以贯之"(《里仁》)等,讨论的都是这一方面的问题。

"人道政为大"(《礼记·哀公问》),"道"当然应该包括政道。政道也就是政治方针、政治路线、政治治理,"礼之用,和为贵,先王之道,斯为美"(《学而》),这是执行了正确的政治路线,我以为这就是治世,就是有道。不用说,有有道也就有无道。所以,我主张士人君子"天下有道则见,无道则隐。邦有道,贫且贱焉,耻也;邦无道,富且贵焉,耻也"(《泰伯》)。我也曾由此评价南容"邦有道,不废;邦无道,免于刑戮"(《公冶长》)的自我要求。

此外,仅就"道"字而言,我认为它还指某种方法或方式,比如说我认为:"富与贵,是人之所欲也,不以其道得之,不处也。"(《里仁》)"射不主皮,为力不同科,古之道也。"(《八佾》)就是从这个意义上讲的。在我的思想中,"道"主要指人道,我的人道主要是和天道相对而言的,再把范围扩大一点的话,也就是与非人道相对而言的。凡是不以人为出发点和归宿的哲学讨论和思想讨论,可以说都不是我的主张。但是,我的人道思想对后世产生的影响,却主要在为人和做人方面,比如王夫之就说:"人道则为人之独,由仁义行,大舜存人道圣学也。"(《思问录》内篇)戴震也说:"人道,人伦日用身之所行皆是也。"(《孟子字义疏证》)这样理解,那似乎是有意无意中把我的思想缩小了。

客问:经先生这么一解释,人们对您思想中的"道"的理解,就更全面、更准确了。"道"作为一种人生理想和价值追求,它确定的是一个人生活的方向,或者说是一个理想人格的标准。那么,怎样完成这个目标,实现这个理想,就又牵涉到您哲学思想中的另一个问题。我注意到,先生言谈中常提到一个"乐"字(《述而》《雍也》等)。到宋明理学那里,"寻孔颜乐处"(《二程集·程氏遗书二上》)就成了一个重大问题。请问先生,应该怎样理解"乐"?"乐"和达"道"、实现人生理想,是否存在某种关系?

答问:你的理解很准确,我确实常说到"乐"。"乐"就是快乐、幸福,但却不是一种肉体的快乐、肉体的幸福,而是一种精神获得平静、满足后所感到的快乐和幸福。比如"饭疏食饮水,曲肱而枕之。乐亦在其中矣"(《述而》),所说的"乐",就是在恶劣的生活条件下所保持的精神之"乐"。"发愤忘食,乐而忘忧,不知老之将至"(同上),我把"忘忧"之"乐"作为一项不容易达到的成就来看待,这更是别人所没有说过的。正是从这样的意义上来看待"乐",来理解"乐",我才断定"知之者不如好之者,好之者不如乐之者"(《雍也》),把"乐"放在精神满足的一个最高位置上。这样强调"乐"或许还不免空泛,于是我又举弟子颜回为例,因为榜样的力量是无穷的嘛。颜回的过人之处就在于,"一箪食,一瓢饮,在陋巷,人不堪其忧,回也不改其乐"。(同上)无论生活条件多么艰苦,颜回始终不改乐观、愉快的心情。我一生提倡"乐"并成功地实践"乐",弟子颜回也当仁不让于师,在贫困生活中始终保持快乐,达到他人所没有达到的地步,这对宋明理学特别是周敦颐、二程产生了重大影响,于是也就有了"寻孔颜乐处"这一命题的产生。

"乐"在我的思想中,是一个人生理想、一个精神境界问题,它与"道"有着密切的关系。在我看来,人的一生中有比生命更重要的东西,为追求这种东西,就要求人应当有一种为了价值、理想和信念而超越物质欲求之上的思想境界,这其中首先是超越对富贵的追求。因为对于士、君子来说,世界上有远比富贵更宝贵、更可爱的东西,而追求这种东西,可以使人在内心里实现一种高度的充实、平静和快乐。就拿颜回来说吧,并不是因为贫贱本身使他感到有什么快乐,而是颜回已经达到完全可以超越富贵之上的人生境界。有了这种境界,即使身陷别人不堪忍受的贫贱境地,也不会因此而影响和改变他的快乐。这种快乐不是由于某种感性的东西所引起的感性愉悦,而是一种高级的精神享受,是在超越了人生利害之后所达到的内在的快乐和幸福。这是人生应当追求的最高境界。所以,就"乐"和"道"的关系而言,"道"不是"乐"的对象,而是说,"乐"和"道"是相通的,"乐"是人生达到了与"道"相合为一的境界后所自然产生、自然享有的精神和乐。如果说"道"是人生理想的目标,"乐"是实现和达到这个理想目标的方式和手段,那就有悖于我的本意了。"乐"通于"道"、合于"道",但不是靠"乐"实现"道",这就是二者之间的关系。

第三章
为政以德

德政合一/"君子之德风,小人之德草"/正名/忠君尊王/人本主义/职业政治家与业余政治家/君主大夫与士人学者/孝悌与政治/"大同""小康"

客问：在前面，通过先生的自述，我似乎可以得出这样一个结论，即先生的哲学就是仁的哲学，或者说就是人本主义哲学。在这里，我想就先生的政治思想请教一些问题。请问先生，您的政治思想是否也可以照哲学思想的定位，称之为仁的政治思想？它最主要的特征是什么？

答问：我在前面已经说过，仁是我全部思想的核心，而且也只有这样一个核心。围绕仁而讨论我的哲学思想，可以称之为仁的哲学；同样的道理，讨论我的政治思想也离不开仁，也必须围绕仁而展开，那自然也可以称之为仁的政治思想。匡亚明先生在《孔子评传》中，就是按照这个思路来设置他的章目的。为了讨论的方便，目前通行的许多研究著作都把我的思想分门别类进行疏解。当然，这样做自有其好处，比如说可以做到清清楚楚、条理井然，但是实际上，我的思想的某一方面与另一方面往往交叉重叠。特别是我的思想以仁为核心，那么在政治思想中就不可避免地会染上伦理色彩。

你问我政治思想的主要特征是什么？在回答这个问题之前，不妨先举一个例子。董桥先生在《学说》一文中曾写道：南美印第安故事中有个少年偷了父亲心爱的猪，拉到树林里去烤。于是，弗洛伊德学派下结论说,少年爱上了母亲,杀猪象征杀父;马克思学派则一口咬定这个无产阶级少年在跟地主阶级展开阶级斗争,夺取生产资料的控制权;利维史陀斯学派不以为然,说是少年把猪烤了,正是舍原始状态而取精神文明的过程。(《董桥文录》)面对同一个问题,居然产生了三种大相径庭的说法,这个例子本身很能说明一些问题。

就政治与道德的关系而言,在春秋战国时代也有种种不同说法和看法,就拿离我生活时代最近的两个人来说吧。墨翟认为,人们只有尊天明鬼、兼爱非攻,才是保证政治安定、实现天下大治的有效办法;(《墨子》)老聃则说,人们提倡道德忠信,正是导致社会政治混乱的罪魁祸首,只有让人们不知不识,重新回到原始社会中去,才会出现最好的政治。(《老子》)

我的看法与他们两人大不相同,我既不讲天道和鬼神,也反对人类返回原始的自然,从对历史发展变化的考察入手,我认为,政治的好坏,恰恰首先与人们普遍的道德水准有关。有什么样的道德,也就有什么样的政治。自春秋以来,周王室衰微,周王朝政治没落,都是由于君子道德滑坡、世风江河日下造成的。因此,要想革新政治,就不能不首先重振人的道德。也正因为如此,我认为,政治和伦理是一事之两面,分而为二,合则为一。这是我政治思想中的一个基本主张,这一点也可以说就是我政治思想的一个基本特征。

客问: 先生通过这番介绍,使我对您道德与政治合一的思想有了更清楚的了解。您刚才说到,断定政治变化的原因主要来自社会伦理道德的变化,这是您通过考察以往历史得出的结论。这个看法不仅与墨、道两家不同,而且与现代学者(郭沫若、吕振羽等)多强调经济发展因素不同。那么请问先生,您能否把您考察历史的具体情况说得更详细些呢?

答问:当然可以。一般说来,夏代以前的历史因为时代过于久远,湮灭难明之处太多,所以我对以往历史的考察始于夏以后,我说过:"殷因于夏礼,所损益可知也;周因于殷礼,所损益可知也。"(《为政》)但是,"夏礼,吾能言之,杞不足征也;殷礼,吾能言之,宋不足征也。文献不足故也。足,则吾能征之矣"。(《八佾》)即使是夏、商两朝,由于文献不足,历史考察仍难得出完全使人信服的结论。于是,我对历史考察的落脚点就放在了周代,"周监于二代,郁郁乎文哉!吾从周"。(同上)而且,我对历史考察侧重于后一朝与前一朝礼制的因循沿革,因为礼制的发展变化最能体现一个朝代政治的变化。周朝在这一点上表现得尤为突出。由此,你不难看出我考察历史的两个特点,一是侧重礼制,二是落脚点在周朝。

周朝是我国历史上第一个以宗法血缘为纽带组成的统一政权,它在成、康之世,由于周公等人努力辅佐,已经达到安定繁荣的治境。这主要表现在:首先,在治国方针上,提倡敬德保民。周公总结殷王朝灭亡的教训,提出贵族要实行敬德,即敬守道德准则,同时要求贵族在治政时要实行保民政策。敬德的具体内容包括提倡孝友、勤劳、重视教育、禁止逸豫、酗酒、滥施刑罚等。所谓保民,就是除实行井田制,使民有田可耕外,还要省减赋税等。由于贯彻了敬德保民的方针原则,所以"成、康之际,天下安宁,刑错四十余年不用"(《史记·周本纪》)。其次,确立了以礼为代表的封建宗法统治的基本原则。礼的制定者是周公等人,它包括大至各级领主贵族的爵位、嫡长子继承制以及列国间的征伐和盟聘，小至车马、服饰、进退、揖让等种种内容。在西周时代，一切依礼而行，社会秩序井然。所以我的学生有若说："礼之用，和为贵。先王之道，斯为美。"(《学而》)礼治是仁政最完美的表现形式，它当然是人们一心向往的。再次，任人唯贤。西周分封时，虽然以封赐同姓至亲为多，但他掌握的标准仍然是善和仁(《尧曰》)。因此，周武王曾自负地说："予有乱(治)臣十人。"(《泰伯》)历史上又有"周有八士"(《微子》)之论(匡亚明《孔子评传》)。

综合归纳西周政治的三方面表现可以看出，不管是敬德保民、确定礼制，还是任人唯贤，所体现出的最重要的一点，就是以道德标准、道德原则来推进政治，并且使政治达到空前的安定和繁荣。这是我通过考察历史所得到的结论。从夏、商至西周，政治一步步突出道德作用，所以至西周政治达到了一个繁盛期。进入东周，礼坏乐崩，社会道德普遍沦丧，政治遂又由安定进入动乱。我曾说："天下有道，则礼乐征伐自天子出。天下无道，则礼乐征伐自诸侯出。自诸侯出，盖十世希不失矣；自大夫出，五世希不失矣；陪臣执国命，三世希不失矣。天下有道，则政不在大夫；天下有道，则庶人不议。"(《季氏》)这种僭越日起、道德递减与政治动荡呈同步变化的时代态势的出现，则是我对从东周到春秋末年一段历史变化的考察结论。这正反两个方面的历史经验都说明，重振社会道德，对安定社会、稳定政治是至关重要的。以上就是我对以往历史考察的大致过程和由此得出的结论。

客问：先生以史为鉴，通过认真的历史考察，认为礼义道德的存在与否、推行与否，直接关乎政治的成败，这是很独到的见解。

不过,这只是您总结出来的历史经验,是一个理论问题。如果落实到春秋末年的各国政治家身上,您以为他们应该实行怎样的政治方针呢?

答问:进入春秋末年以来,由于礼制遭到破坏,道德观念空前混乱,政治也极端动荡。本着"宽猛相济"(《左传·昭公二十年》)的原则,由于失德而带来的政治危机,必须由道德重建来纠正。所以,我认为各国统治者无论是为维护统治还是为挽救统治,都应该倡德治、反残杀。"为政以德"(《为政》)就是我为当时的政治家设计的政治方针。如果政治家能够以德治国,那么老百姓就会像群星环卫北斗一样围绕在政治家身旁。因为德政和德治主要是从心理感情上对人民进行感化,道德感化和礼制教育能够培养人民的道德感和羞耻心,这样政治家推行的治政措施就很容易被人民所接受。相反,如果政治家完全依靠行政命令和法律刑罚,人民可能会用弄虚作假的方式逃避刑罚,这样不但不能培养人民的道德意识、使人民心悦诚服,反而会因此而使人民变得以无耻为荣,也因此而导致新的政治动荡。所以,我认为政治家推行德政德治,一方面是出于纠现实政治之偏的需要,另一方面也是为收到更好的治政效果的需要。春秋末年的政治家如果看不到这一点,那么他的政治恐怕是非出问题不可的。

客问:先生主张政治家推行德政,这是十分重要的。不过,对于您所处时代的各国君主而言,要求他们推行德政又不能不和他们个人的品德和操守相关联。那么,请问先生,一个国家是否能够推行仁政,君主本身的品德和操守是否非常重要?您对此有何见教?

答问: 在我看来,为政的国君必须对个人的品德和操守提出要求。套用马克思主义一个国家占统治地位的思想就是统治阶级的思想的说法,一个国家有范导作用的德行就是统治阶级的德行,就是君主本人的德行。比如泰伯,他"三以天下让",多次让位于弟弟王季,从而赢得人民的信任和称赞。从个人德行看,我认为泰伯是达到了"至德"(《泰伯》)的。正是在这个意义上,我提出:"君子之德风,小人之德草;草上之风,必偃。"(《颜渊》)榜样的力量是无穷的,而且国君率先垂范,其力量和作用就会更大。在此基础上,"善人为邦百年,亦可以胜残去杀矣"(《子路》),政治就可以因此走上治道。

在我的晚年,鲁国执政季康子有一次曾向我询问政治,我当时回答他说:"政者,正也。子帅以正,孰敢不正?"(《颜渊》)就是提醒季康子在为人德行上起些表率作用。这话虽然让季康子很不高兴,但我这个思想却对后人产生了不小影响,比如孟轲就说过:"君仁,莫不仁;君义,莫不义;君正,莫不正。一正君而国定矣。"(《孟子·离娄上》)可见孟轲强调君主个人德行的重要,似乎比我更明确,更义正词严。即使与我的思想表现出很大不同的荀卿,在强调君主修德的重要时,也接受了我的见解,放言纵论:"君者,仪也。民者,景也。仪正而景正。君者,槃也。民者,水也。槃圆而水圆。君者,盂也。盂方而水方……君者,民之原也。原清则流清,原浊则流浊。"(《荀子·君道》)可见在这一点上,我的同道是很多的。以后,中国历代历朝选拔官吏都重视对列选人进行德行考核,这一做法无疑也与我当年的提倡有关。

客问: 先生主张"为政以德",并且对为政者本人提出明确的德行要求,这是很有道理的,对后世产生影响也在情理之中。可是,记得先生于鲁哀公十年(前485年)从楚国负函回到卫国的时候,子路曾向您提出过一个问题,他说,卫出公有意等待先生来主政,您打算先从哪里下手呀?您当时的回答是,一定先从正名开始(《子路》)。您一方面说统治者要实行德政,为政者要树立道德表率;另一方面又说为政要从正名开始,那么这两种说法是否存在矛盾?您所说的"正名"又是什么意思呢?

答问:我提出为政要从正名开始,与强调为政以德的主张一点也不矛盾,非但不矛盾,而且可以说两者所说的就是一个问题。我之所以在当时提出为政一定先从正名开始,是针对卫国的实际情况而言的。在此之前,我在回答齐景公的询问时,曾提出一个有关正名的原则,即"君君,臣臣,父父,子子"(《颜渊》)。一个国家如果做到为君的像君,为臣的像臣,为父的像父,为子的像子,各自尽到自己的名分,那么这个国家的政局就会安然无忧。而卫国此时在卫出公与其父蒯聩之间正经历着一场夺权与反夺权的拉锯战,也可以说正值君不君、臣不臣、父不父、子不子的一段特殊时期。卫出公父子之间的这场争斗,表面上看来是一场权力之争,而实质上却是由于彼此相互失德而引起的。所以,我提出在卫国行政一定要先从正名开始,也就是说一定要先从正德行开始。我所谓的正名分,无非是正德行的另一种说法,是一种更委婉的说法而已。我的这一用心,宋代人朱熹是看到了的,他说:"是时出公不父其父而祢其祖,名实紊矣,故孔子以正名为先。"(《论语集注》)但是,朱熹只说对了一半。我认为,卫国行政之所以需要正名,不仅因为卫出公"不父其父",而且因为蒯聩"不子其子"。父不父,子不子,所以卫国政治动荡,所以卫国需要正名分,需要正德行。总之,我提出在卫国行政首先要从正名开始,也就是说首先要从正德行开始,就是要首先对卫君提出德行要求。"其身正,不令而行;其身不正,虽令不从"(《子路》),说的也是这个意思。

客问:先生主张为政以德和对君主个人德行提出要求,这表现出先生一贯倡导的人本主义精神。但是,先生忠君尊王的思想也非常突出(匡亚明《孔子评传》)。那么请问先生,您这种忠君尊王思想,是否意味着您赞成君主集权(张岱年《孔子》)?如果您赞成君主集权,那么它是否与您的德政主张相矛盾?

答问:我的确是忠君尊王思想的主张者,关于这一点,匡亚明先生在《孔子评传》中再三提及。证据有这样几条:一、我说过"君使臣以礼,臣事君以忠"(《八佾》),"唯天子受命于天,士受命于君"(《礼记·表记》)的话;二、我对君毕恭毕敬(《乡党》),对不恪守君臣之礼的行为一概进行抨击(《八佾》);三、尊崇周天子,在《春秋》中坚持用"春王正月"的方式记录时间,在记录践土之会时为周王讳。由忠君尊王而推想到我有可能也是一个君主集权主张者,这个思路是对的,但是我不太赞成"君主集权"这个提法。因为"君主集权"这个提法带有较重的法家色彩。严格地说,我一生都不是真正的政治中人,而是一个文化人、一个学者。因此,纯粹的政治行为在我并没有特别看重,即使在有些人看来最能代表我所谓"君主集权"主张的话"天下有道,则礼乐征伐自天子出;天下无道,则礼乐征伐自诸侯出"(《季氏》),事实上在这段话里我看重的不仅是政治秩序,而且更是文化秩序,因为我认为文化秩序的悖乱往往导致包括政治在内的社会秩序的全面紊乱。

我虽然主张尊君,但是我反对君主个人独裁。比如鲁定公问我:"一言而丧邦,有诸?"我回答说,说话不能有这么大的期望。有人说:我对做国君不觉得有什么乐处,只是说出话来没人敢违逆。如果说得善,没人违逆是很好的;如果说得不善,没人敢违逆,那就差不多是一言丧邦了。(《子路》)由此你就可以看出,我是反对君主个人独裁的。为限制君主个人独裁,我提倡人臣要敢于犯颜直谏(《宪问》)。在这一点上,孟轲比我走得更远,他认为:"君有大过则谏;反复之而不听,则易位。"难怪齐宣王听了以后就"勃然变乎色"(《孟子·万章下》)了。我不仅反对君主个人独裁,也反对大臣为政专权(《季氏》)。所以,在我的思想中,尊君忠君与主张德政并不构成矛盾;非但不矛盾,而且两者本身就是一个问题。

客问:先生思想的基本倾向是注重人的问题,这一点在您的哲学思想中表现得十分突出。那么在您的政治思想中,这一点又将如何体现呢?

答问:在任何情况下、任何问题上,我都不会忽视、放弃对人的问题的思考与关注,只是因为所面对的问题的性质不同,关注和思考的角度有所不同而已。就政治思想而言,我在前面说到的,主张为政以德,主张对君主个人德行提出要求,反对君主个人独裁等,都体现出我的仁的思想,都体现出我对人的问题的关注。

在具体的为政主张中,我还提出举贤才问题。比如我的学生仲弓在做季氏家臣的时候,我就教导他为政的职责就是要"先有司,赦小过,举贤才"(《子路》)。还有一次我去看望正在担任武城宰的学生子游,一见面我第一句话就是问他是否发现了人才(《雍也》)。在我看来,一个国家也好,一个地区、部门也好,人才是最重要的,"其人存,则其政举;其人亡,则其政息""为政在人"(《礼记·中庸》)。就说周文王、周武王的治国之道吧,它之所以历经几百年仍然被继承和光大,其中一个根本原因,就是由于历朝历代都有贤才仁人坚持学习和效法(《子张》)。重贤才当然首先是重德行。但我认为,注重德行,又要德才兼备。关于这一点,汉代的刘向理解得颇为透彻,他在《说苑·尊贤》中假托我之口讲过一段话,这段话虽然不是我亲口说过的,本是刘向自己的话,却很符合我的思想。这段话是这样说的:"人必忠信重厚,然后求其知能焉。今人有不忠信厚重而多知能,如此人者譬犹豺狼与,不可以身近。是故先其仁信之诚者,然后亲之。于是有知能者,然后任之。故曰,亲仁而使能。"这样理解德、才关系,就比较合理、全面了。

举贤才之外,还有一个如何具体对待人民的问题。前面说过,统治者要为政以德,那主要是针对政治家提出的个人德行要求。那么为官一任,如何治理一城一地,是需要有一个清醒的认识和采取一些具体行政措施的。对此,我的理解是三个字:庶,富,教。(《子路》)所谓"庶",就是繁衍人口,先使人口兴旺起来;其次是"富",有了人口,就要设法增加生产,使人民过上富裕生活;再次是"教",人民生活富裕了,就要发展教育,通过教育提高人民的修养、素质。我的这个思想,应该说是很唯物主义的,也很有可操作性,因此对后人的影响很大。特别是重视人口发展一点,直到二十世纪六十年代,毛泽东先生还讲,世界上只要有了人,什么人间奇迹也可以创造出来。不用说,这个思想也和我的主张有关。

由上面两点你不难看出,不论是我的主张举贤才,还是我"庶""富""教"的具体为政思路,都体现出我政治思想中的人道思考。因此,我的政治思想也是充满道德感的人本主义的政治思想。我想我这样讲,你也不会不同意的。

客问:先生言之凿凿,后生小子焉有不同意之理! 不只是同意,听先生一席话还真让我长了不少见识。不过,读先生书的过程中,我一直有这样一个体会,即先生讨论为政治国问题时,涉及的对象有两种人,一种是各国国君和执政大夫,这种人我称之为职业政治家;另一种是士人学者,这种人我称之为业余政治家。我在上面请教的问题中,所涉及的对象多为职业政治家,请问先生,在您看来对业余政治家的要求,是否与职业政治家应该有所不同呢?

答问:你的体会很准确,我有关政治的讨论中确实包含两类人。你刚才把这两种人称之为职业政治家和业余政治家,很有见解,也很有趣味。如果说这两种人在政治行为中也存在不同之处的话,那么这种不同并不是我的想当然,而是由他们各自的社会地位、自身素质和人生追求决定的。

你如果稍加注意就会看到,在春秋末年,各国君主是历代承袭的贵族不用说,就是执政大夫也大都是世卿。这些人一生下来就与政治和权力结合在一起,他们用不着从事其他的事情,操纵政治、把握权力就是他们的职业,因此,称他们为职业政治家,那是再准确不过的。而从我的角度说,对于这样的职业政治家,我是有自己理想的,所提的要求,也尽可能符合他们的社会地位、素质以及人生追求的特点。

对于士,也就是你称之为业余政治家的这部分人,我们在前面的谈话中还没有涉及。这种人在社会地位、自身素质和人生追求方面与前者存在很大不同。前者靠世卿世禄,他们所得到的一切都是靠出身得到的;后者大多不是贵族出身,他们立足社会的资本要靠刻苦学习,要靠自身的奋斗来获得。我本人就是很好的例子,我小时候穷苦,所以学会了不少鄙贱的生活技艺(《子罕》),很可以说明这一点。当然,士中也有一部分是从原来的贵族下降为平民的,但是这种人数量并不多。再有,职业政治家以操纵政治、把握权力为职业,他们是和他们的政权牢牢捆绑在一起的;士则身处政治与学术、技艺之间,他们既可以出仕为官、参与政治,也可以从事学术、教育和其他工作,求生的方式要比职业政治家自由得多。既然两者存在诸多不可改变的不同,那么我对他们各自的评价和提出的要求,当然也应该有所不同。这好像是很自然的事。

客问: 先生既然同意把为政者分为职业政治家和业余政治家,我在前面向先生请教的问题中,涉及的对象主要是职业政治家,那么请问先生,所谓业余政治家——士人学者,在对待政治的态度上,与职业政治家——君主和执政大夫有什么重大的不同?

答问: 当然有所不同。刚才我们说过,君主和执政大夫是以操纵政治、把握权力为唯一之目的,他们不用,也不会考虑到与政治、权力无关的问题。尽管历朝历代、各诸侯国所实行的统治办法彼此互有区别,但是维护政治统治却是他们共同的目的。士人学者就不同了,这些人是社会上一个特殊的阶层,他们既拥有服务于他人的技艺,又有学问和思想,虽然他们把出仕为官、服务政治作为自己生活的理想之一,但却不是唯一的理想,他们起码存在为仕和为学两种可能的选择(《子张》)。因此,对士人学者来说,他们可以选择自己认为合适的政治参与方式和参与程度。

士人学者选择参与政治的方式和程度,是有一个标准和尺度的,余英时先生说:"儒家论政,本于其所尊之道。"(《反智论与中国政治传统》)所言甚是。在我看来,这个"道"是从以往历史文化中锤炼和提升出来的观念系统,士人可以以此为标准、尺度来衡量现实政治,视具体情况,可以"天下有道则见,无道则隐"(《泰伯》),也可以"邦有道,则仕;邦无道,则可卷而怀之"(《卫灵公》),甚至在"道不行"的情况下,"乘桴浮于海"(《公冶长》),坐上木排漂流到海外去,也不会有人认为有什么不正常。可是这种情况在职业政治家身上却不会发生,职业政治家一般地说只有可能被迫放弃权力、放弃政治,而不可能主动选择放弃参与政治的权利。士人学者对政治选择的这种自主和自由,到战国中后期表现得就更加充分了,孟轲不仅主张"说大人,则藐之,勿视其巍巍然"(《孟子·尽心下》),而且认为士人学者对于政治可进可退,"绰绰然有余裕"(《孟子·公孙丑下》)。可见那时业余政治家的选择就更潇洒了。但是,自从秦国统一天下之后,业余政治家也不得不改行成为职业政治家,春秋战国时代的那种自由选择的空间再也没有了。当然,这不是我那个时代的问题,也不是我思想中的问题,这里只是插一句后话而已。

客问:听先生这么一说,我对君主、大夫和士人学者之间的政治区别就更明了了。在您生活的那个时代,士人学者既然可以主动选择自己是否出仕为官,是否参与政治,那么请问先生,您对士人的这两种选择可能,在没有外部干扰的情况下,更倾向哪种选择呢?

答问:我支持出仕为官、参与政治。我认为士是春秋末年社会上很重要的一个阶层,他们以自己的学识、修养和道德水准,既承载以往的历史文化精神,也同时充当那个时代的公正、良心和价值尺度。因此,士人有责任有义务担当影响和改造礼坏乐崩混乱社会的历史重任。如果把学识、修养仅仅当作自己道德完善的手段,并满足于此,就像匏瓜一样,只是悬挂而不被人食用(《阳货》),那是我坚决反对的。正因为这样考虑问题,我不仅自己尽可能多地参与政事,而且也支持和推荐我的学生出仕为官。不用说,我在鲁国官至大司寇,我的学生像子路、冉有等人在政事方面的出色作为,都是人所共知的。

我之所以积极主张士人参与政治,是因为一方面考虑到一个国家的政治是所有人都必须关心的,政治的好坏关乎每个人的切身利益,其对世人的影响之大,是其他任何东西都无法与之相比的;另一方面,士人参政也是一种人生实践的方式,通过这种实践可以锻炼和培养一个人的德行和意志。于己于人都有帮助,士人又何乐而不为呢?当然,士人是出还是入的标准,还要看当事人是否能够行道,要看能否实现自己的理想,这一点是千万不能忽视的。

客问:先生赞成和支持士人出仕为官、参与政事,态度可谓十分明确。那么请问先生,您以为士人出仕参政需要具备什么样的条件?

答问:一般说来,在我身处的那个时代,凡是士都具备出仕参政的起码条件。具体到士人自身,你只要具有某一方面的长处,为官从政可以说就是有资格的。我这里给你举一个例子,有一次鲁国执政季康子问我说:"你认为子路可以管理政事吗?"我说:"子路能决断,他对于管理政事不会有什么困难。"季康子再问:"你认为子贡怎么样?"我说:"子贡为人通达,他管理政事不会有什么困难。"季康子又问:"那么冉有呢?"我说:"冉有多才多艺,管理政事也不会有什么困难。"(《论语·雍也》)我认为,子路、子贡、冉有三人为人风格各不相同,但三人各有所长,也都具备从政的条件,所以我认为他们都可以出仕为官、参与政事。由此可见,在我的思想中,对士人从政的条件,要求是很宽泛的。当然,"学而优则仕",士须学有所成,方可出仕,否则,"质美而未学,遽使治民"(朱熹《论语集注》),那就不免害己害人了(《先进》)。

这是仅就士人出仕参政的一般条件而言。不过,士人要想实现理想的政治、从事理想的政事,还需要提出更高的要求。首先,士人的出仕参政不能仅为做官食禄,其出处行藏的标准,应看是否能够行道。如果君主为士人提供了实现理想的可能和环境,士人却安贫守贱,不出仕参政,那是可耻的;如果国家政治环境险恶,当政者昏庸不明,士人却为官发财、养尊处优,同样是可耻的(《泰伯》)。"笃信好学,守死善道"(《公冶长》),以不放弃士人自身的价值标准和价值原则为前提条件来出仕为官、参与政事,这是士人必须明确的一个基本态度。其次,士人出仕为官必须端正自己的操守。如果自己身正德高,为官从政就不会有什么困难;相反,如果士人自身德操不好,那是不可能领导、端正和管理他人的(《子路》)。因为在通常情况下,"上好礼,则民莫敢不敬;上好义,则民莫敢不服;上好信,则民莫敢不用情"(同上)。此外,我还认为士人为政一定要坚持礼乐文化治国的方针（同上），只有通过礼乐文化引导和规范，人民普遍的道德水平才能够提高，国家真正的安定局面才会出现。这个任务只有士人并通过士人的切实参政才能真正达到。

客问：先生主张士人出仕参政，您的这个主张在前面已经表达得非常明确。但当有人问您"先生为何不从事政治"时，您却回答："《尚书》上说，孝呀，只有孝顺父母，友爱兄弟，把这种风气影响到政治上去。这也就是参与政治了呀，为什么一定要做官才算参与政治呢？"（《为政》）这个说法似乎与您前面提倡士人为官从政的主张颇有出入。那么请问先生，为什么说孝顺父母、友爱兄弟，也就是参与政治了呢？

答问：这个问题容易引起争议，有必要再做进一步说明。过去不少学者把心思花在确定我说这段话的时间上，如朱熹认为："定公初年，孔子不仕，故或人疑其不为政也。"（《论语集注》）也有人认为我说这话，"必发于定公母兄尚在之时，应在昭公之末以前"（钱穆《论语新解》引）。其实，这多少有点白白浪费才情。这段话具体是在什么时间说的，我现在已经回忆不起来，而且也没有非确定一个具体时间的必要。因为在我看来，这里涉及的主要是理论问题，而不是事实问题。也就是说，我为什么积极支持士人出仕参政，又认为孝顺父母、友爱兄弟也就是参与政治了。这才是引起种种猜测的症结所在。

从历史发展的实情来说，自西周以来，士就是下级贵族，属于统治集团中的成员。尽管到了春秋末年，士为四民之首，由最低级的贵族下降为最高级的平民，但他们的地位和身份仍与农、工、商不同,参与政治、从政为官仍是士人的责任和义务。但是,春秋末年由于政局发生巨大变化,礼坏乐崩、弑君亡国屡有发生,以行道为己任的士人往往因为与执政者意见不合,而不得不走出政治圈外,这就有了事实上出仕参政和未出仕参政的区别。

现代人一般把政治与社会两者区分得十分清楚,而在我看来政治和社会是水乳交融在一起的。士人不出仕为官,他的社会角色不是官员,但他并不能因此而放弃其政治责任,就像宋人范仲淹说的:"居庙堂之高则忧其民,处江湖之远则忧其君。"(《岳阳楼记》)但是,不在其位,就不能切实地谋其政。所以,此时士人的一项重要工作,就是修养德行,从孝顺父母、友爱兄弟做起,由自身影响家庭,再由家庭影响社会,最终由社会影响政治的决策和政治的推行。从这个意义上讲,孝顺父母、友爱兄弟,这本身不就相当于参与政治了嘛!

钱穆先生说:"孔门虽重政治,然更重人道,违离于人道,将无政治可言。然则苟失为人之道,又何为政可言乎?"(《论语新解》)这是颇得我心之言。士人出仕做官,是身在政治之中参与政治,士人孝顺父母、友爱兄弟,是身在政治之外而影响政治。或出或入,站位虽有所不同,但关切政治之心一也。所以,我既提倡士人直接参政,也鼓励士人以德行影响政治,方式不同,目的一致,两种主张圆融无碍,彼此并无不可调和的出入。

客问:听了先生这番教导,从君主、卿、大夫的为政,到士人学者的参政,客观地说我已经对先生的政治思想有一个比较全面的理解了。不过,说到政治思想,就不能不谈到政治理想问题。关于先生的政治理想,自从《礼记·礼运》载有您提出"大同""小康"

之后,后世学者多从其说。到近代康有为《大同书》的宣扬,"大同"为先生之最高政治理想的说法影响更大。但是,有的学者却力主"大同"为战国时期儒家的思想,认为《礼记·礼运》只是假托您之名而已(张岱年《孔子》)。请问先生,您以为《礼记·礼运》有关您的记载是否属实?"大同"思想能否代表您的政治理想?

答问:我在前面曾经陈述过一个意见,即在研究我的思想时,最可靠的典籍材料有两种:一是《论语》,二是《左传》。其他资料的可信性、可信程度都稍差一些。而《礼记·礼运》就属于比《论语》《左传》可信程度差的文献典籍。当然,并不是说凡《论语》《左传》中未记载的东西都是不可信的,而是说凡与我生平思想有关的大问题,《论语》《左传》的记载是最可靠的原始资料。所谓政治理想,这在我的思想中是很重要的问题,它不见于《论语》,也不见于《左传》,这本身就很可疑。所以,你如果问我《礼记·礼运》中记载关于我的"大同"理想是否属实,我的回答是它不属实。那不是我的政治理想,很有可能是战国时期儒家的政治理想。上述是就《礼记·礼运》记载的真实性、可信性而言。

你问我"大同"思想能否代表我的政治理想,我的回答是:不能代表。理由有三条:一、《礼记·礼运》对我的记载是不真实的,我从没有说到过"大同""小康"问题;二、康有为《大同书》把"大同"思想与公羊三世说相结合,更从反面说明"大同"思想产生时间比较晚,而且和我没有直接关系;三、"大同"为孔子政治理想主张者提出的理由不能成立。

关于第三点,还需要进一步说明。匡亚明先生在《孔子评传》中,就《礼记·礼运》篇提出的"大同"思想是否反映我的真实思想,提出了两条理由:首先,他认为对古代历史发展阶段的看法,

《礼记·礼运》的观点与我的观点相同。《礼记·中庸》说:"仲尼祖述尧舜,宪章文武。"《礼运》所说的"大同","实际上相当于传说中的尧、舜时代,'小康'实际上相当于西周初年的领主制封建社会"。实际上,这两个"相当于",只能代表匡先生自己的看法,我本人从来没有这样说过。我确实称颂过尧、舜,说过"大哉,尧之为君也!巍巍乎!唯天为大,唯尧则之。荡荡乎!民无能名焉。巍巍乎其成功也,焕乎其有文章"(《泰伯》)的话,但这与《礼记·礼运》中所谓"大道之行也,天下为公……是故谋闭而不兴,盗窃乱贼而不作,故外户而不闭"的"大同"描绘,区别是很明显的。而且,我还认为"博施于民而能济众","尧、舜其犹病诸"(《雍也》),"修己以安百姓,尧、舜其犹病诸"(《宪问》),并未把尧、舜之政作为政治理想的最高境界。我倒是比较崇尚周朝,"郁郁乎文哉!吾从周"(《八佾》)。但我理解的周朝,与《礼记·礼运》中描述的"小康"也不相同。我认为,《礼记·礼运》中描述的"大同"和"小康",与孟轲的思想比较接近。当然,这也只是一种推测。

其次,匡先生认为《礼记·礼运》中的"道"的主要内容,是"天下为公""选贤举能",这与我所理解的尧、舜之道是一个意思。匡先生举的例子,是"大哉,尧之为君也,……唯天为大,唯尧则之"(《泰伯》),"意思是说,尧作为国君风格高尚,能以天(自然)为法则。天是大公无私的,尧也和天一样大公无私,把国家当作公产"。但是,我又说过:"无为而治者,其舜也与?夫何为哉?恭己正南面而已矣。"(《卫灵公》)"无为而治""恭己正南面",是我对"则天"的理解,"则天"并不是"大公无私"。匡先生的另一个例子是,"孔子高度赞扬的'博施于民而能济众',实际上是天下为公的具体化,因为只有博施济众,才能够实行天下为公,否则'各亲其亲,各子其子',何以谈公呢?"。我赞扬"博施于民而能济众"不假,但我下面说"尧、舜其犹病诸"(《雍也》),认为尧、舜尚未达到这一点,这就和尧、舜联系不上,也就谈不上是不是尧、舜之道了。

由此不难看出,《礼记·礼运》篇有关我谈论"大同""小康"的记载是不真实的,"大同"思想也不是我的政治理想。平心而论,"大同""小康"的理想确实不错,特别是"大同"社会理想,还真是挺诱人的。但是,按照我一贯坚持的为人原则,不是我的东西,我岂能掠美!

第四章
修己以安人

人学与仁学/"是一种道德哲学"/复礼与孝悌/修齐治平/
个体道德的自觉主动/孝、悌/忠、恕/恭、敬/知、勇/
义、利之辨/修己以安人/仁人、君子、圣人

客问:关于先生的哲学思想和政治思想,经先生耳提面命,确实让我很受教育。关于先生伦理思想中的问题,也希望您能够多多指教。先生在前面曾说自己的哲学是仁的哲学,政治思想也是仁的政治思想,那么请问先生,在您的伦理思想中,"仁"占据怎样的位置?是否也可以称您的伦理思想为仁的伦理思想?

答问:对我的思想条分缕析,进行解剖学式的划分,这本不是我个人的意见。我认为,我的思想最大的特点,是只讨论人本身的问题,人以外的问题如天、地、鬼、神等,我向来是避而不谈的。从这个意义上讲,我的思想可以简称为"人学",也就是仁学。"仁"既然对我如此重要,那么按照现代人讨论问题的方式,甲乙丙丁,分门别类,在每一类的前面缀以"仁"的定语,以示"仁"之重要,这就有了仁的哲学、仁的政治思想,当然也可以有仁的伦理思想。但是,无论如何,在我那个时代是绝不会有这种称谓的。因为,"仁"贯穿于我的一切思想之中,每一门类的思想只是从一个特定角度来落实、安放"仁"而已。而把"仁"作为定语加于某一思想之前,这起码是犯了重复的毛病。现在大家似乎已约定俗成,认同这种说法,我也就只好姑妄听之了。

你问在我的伦理思想中,"仁"占据怎样的位置?我的回答是,"仁"是我伦理思想中最重要的道德原则。这可以从两方面理解:首先,仁的主旨是"爱人",也就是说"己欲立而立人,己欲达而达人"(《雍也》),"己所不欲,勿施于人"(《卫灵公》)。意思是说,"仁"的出发点是承认别人也是人,别人也是和自己一样的人,这样才可以推己心而知人心。确立了这一点,也就从理论上确立了人我关系的基本准则。其次,我认为人和人之间"性相近也,习相远也"(《阳货》),这不是个理论问题,而是现实问题,只有在这样的现实前提下,人才能够"近取譬",推己以及人,才可能承认别人也有独立的意志和独立的人格。有了这两点作为基础,人与人之间的相互关系才能够展开,伦理思想也才能够展开。因此,在我的伦理思想中,"仁"是最重要的道德原则,是第一道德原则。

客问:德国哲学家黑格尔曾经说:"孔子只是一个实际的世间智者,在他那里思辨的哲学是一点也没有的——只有一些善良的、老练的、道德的教训,从里面我们不能获得什么特殊的东西。"(《哲学史讲演录·中国哲学》)黑格尔的看法当然遭到中国学者的反对(如匡亚明《孔子评传》)。请问先生,您怎样看待黑格尔对您的批评和中国学者的反批评?您认为这是否关系到对您伦理思想的定位和评价?

答问:作为一个西方哲学家,黑格尔对古老的中国哲学不可能感同身受,不可能有同情的理解和体认。很明显,他是站在西方思辨哲学的立场上来看待我的思想的,所以他对我的思想提出批评自有其理由。对于黑格尔或黑格尔式的批评,我认为既不能盲从其说,也没必要采取"凡是敌人反对的我们就要拥护"的方式而一概予以否认。通过检讨黑格尔的意见,我倒发现一个问题,黑格尔虽然站在思辨哲学的立场上来批评我的思想思辨色彩不足,但他还是老老实实地承认我"善良的、老练的、道德的教训""是一种道德哲学"(《哲学史讲演录·中国哲学》)。道德哲学者何?正是今日伦理思想之谓也。这就牵涉到对我的伦理思想的定位和评价的问题。

照我自己的理解,在我全部思想中,以伦理思想最为突出也最为深厚。人们常说我一生关注人的问题,称我的学说为仁学,殊不知人的问题、仁学中首要的,就是伦理关系问题。"仁者人也,亲亲为大"(《礼记·中庸》),是伦理问题;"君子笃于亲,则民兴于仁"(《泰伯》),也是伦理问题。《吕氏春秋·爱类》说:"仁于他物,不仁于人,不得为仁。不仁于他物,独仁于人,犹若为仁。仁也者,仁乎其类者也。"把"仁"的产生和适用范围,都明确限定在人类,这是很符合我的本意的。因此,反过来说,我的仁学就是人学,它首先要表达的就是伦理思想,这是顺理成章的。黑格尔用西方人的思辨哲学标准,来批评和贬低我的伦理思想,而中国学者套用"凡是敌人反对的我们就要拥护"的思维模式,用凡是西方人说无的我们必说有的方式来为我辩护,而不是明确承认我思想中的伦理本位色彩和伦理思想的显要地位,这其实是从另一方面贬低了我思想的价值和意义。只有正视我思想中的伦理本位色彩和伦理思想的显要地位,才可能正确定位和评价我的思想。这是我们在讨论我的伦理思想之前,需要首先亮明的态度。

客问: 先生这样明确地确认伦理思想在自己全部思想中的地位和作用,不仅可以正学界之视听,而且可以使人们对先生的思想体系有个实事求是的了解。那么请问先生,您在建构您的伦理思想的时候,您认为它的逻辑起点在什么地方?

答问:我讨论问题,向来喜欢采用"近取譬"的方法,表述伦理思想,也同样如此。

我在前面曾经说过,在我身处的那个时代,面对的文化遗产主要是礼。礼包括的范围很大,涉及面很广,但它可以集中到一点,即它是以血缘为基础、以等级为特征的氏族统治体系。(李泽厚《孔子再评价》)

我针对现实,提出了仁。仁是一个以前没有人说过的新提法,我希望通过这个提法既吸收礼的内容,又对旧礼进行改造,以求恢复和实现礼所代表、所体现的那种政治秩序和文化精神。

于是,我就选择了一个突破口,把它作为仁的内涵,从而对礼进行重新解释,这个突破口就是孝悌。"弟子入则孝,出则弟,谨而信,泛爱众而亲仁。"(《学而》)"君子笃于亲,而民兴于仁。"(《泰伯》)"其为人也孝弟,而好犯上者,鲜矣。不好犯上而好作乱者,未之有也。君子务本,本立而道生,孝弟也者,其为人之本欤?"(《学而》)对于我的这一意图,《礼记·中庸》看得明白,它有一个很好的解释,叫"仁者人也,亲亲为大"。以后孟轲也领会得非常准确,说:"亲亲,仁也。"(《孟子·尽心上》)"仁之实,事亲是也。"(《孟子·离娄上》)孝、悌自商、周以来就是礼制的核心内容,我把它移植进"仁"之中,通过对"仁"的解释而事实上光大了礼。强调孝、悌,以血缘为纽带把旧礼和新仁联系在一起,这是我建构自己伦理思想所做的第一步工作。也可以说,孝、悌就是我伦理思想的逻辑起点。

客问:先生把孝、悌作为道德论的逻辑起点,事实上强调的是

"复礼"。原有的周礼是由一套法规、礼节、仪式构成的,可以说是一套外在于人的东西。这套外在的约束,在春秋末年显然失去了约束力,您把孝、悌作为复礼的第一步工作,说明您已经意识到了这个问题。那么请问先生,您强调人的孝、悌仅仅是为了简化旧礼,还是另有他图? 如果是另有他图,您又有什么新举措?

答问:旧礼的烦琐和远离日用,是春秋末年失去约束力的原因之一。我强调孝、悌,首先是为了把礼仪规范落实到生活日用之中,只有更贴近人的日常生活的东西,才是最有生命力的。这一点,我通过简化旧礼,突出强调血缘的孝、悌,已经完满实现了。但是,孝、悌也是旧礼的内容,如何把孝、悌与旧礼区别开来,使它更加具有感动人心和维系人心的作用,这是我的下一步工作。

侯外庐先生说过:"孔子在道德思想方面都把西周的观念拉到人类的心理上讲。"(《中国思想通史·前期儒家的政治论、道德论和天道观》),李泽厚先生也说我的思想中有一个"心理原则"(《孔子再评价》),这都是非常准确的看法。我在强调孝、悌重要的同时,又为孝、悌找出了心理依据,这就是我构建伦理思想所采取的一个新举措。

客问:先生所说的心理依据是什么意思,请先生再具体谈谈。

答问:举例说吧。比如丧礼,自殷商以来,父母去世,规定子女都要守孝三年(毛奇龄《四书改错》),这已经形成为一种礼制。到了春秋末年,这种礼制受到怀疑。从《左传·昭公二十五年》的记载看,作者认为,对于传统礼制人们应该把富有人性内容和体现人的自觉意识的"礼",与仅具有外在约束规范意义的"仪"分开,这是一种时代的要求。按照这个要求,前者具有更实在、更重要的作用,而后者则越来越仅具形式意义。那么对我来说,怎样使礼富于人性内容和体现自觉意识,是需要认真考虑的。为此,我选择了心理感受说,用它来表现人性内容、来体现人的自觉。这里有个故事,恰好可以说明这个问题。

一次,我的学生宰我问我:"父母去世,要守孝三年,我觉得这个时间也太长了。在这三年中,君子不习礼仪,礼仪一定会废弃;不演奏音乐,音乐也会失传。按照时令,旧谷已经吃完,新谷又要登场;打火用的燧木又经过一个轮回,那么,父母死后守孝一年似乎也就可以了。"我对宰我说:"父母死了不到三年,你就吃白米饭、穿花缎衣,你觉得心安吗?"宰我说:"心安。"我说:"你心安就照你想的去做吧!君子守孝期间,吃美味不感到香甜,听音乐不觉得快乐,住在家里不认为舒适,所以才不这样做。你既然不感到于心不安,就按你想的去干好了。"宰我走出房间,我心里想:宰我真是不仁!儿女生下来以后,要经过三年时间才能脱离父母的怀抱。所以,父母死后,儿女要为父母守孝三年,天下人都是这样做的,你宰我难道就没从父母那里得到三年怀抱的护佑吗?(《阳货》)

与宰我的这次谈话,在丧礼问题上,我不但坚持天下通行的三年之丧,而且赋予三年之丧一个人人皆有的、有说服力的依据——心理感受。也就是说,孝、悌是传统礼制的核心内容,三年之丧又是表达孝的典型事例。而遵守这个礼制,却需要用心理感受来予以衡量。这样就把原来礼的强硬规定,变为一种非常日用化的自觉理念和自觉体验,从而也就把伦理规范与个体的心理要求结合在一起了。这种结合,可以说是我对春秋末年伦理思想的一个重要贡献。顺着这条线索,后来孟子又把它充实、发展,最终形成人性善这一著名的伦理学命题,其影响就更广、更大了。

客问:按照先生的思路,我个人的理解是,当您把传统礼制具体落实在孝、悌上,随之又赋予孝、悌之礼一个心理依据,这就把眼见崩坏的传统礼制稍加改造后,又温情地拉到人们身边了。但是,仅仅使道德规范贴近个体的人似乎还不是目的,它还要推己及人、走向社会;以个体为基础,以社会为目的,才是您伦理思想的指向。请问先生,我这样理解,您认为合适吗?

答问:一点儿不错。你这么一说,我觉得你真是一个有资格和我讨论问题的人。道德问题原本就不是一个纯个人化的话题,我之所以强调孝、悌,就是为了让规范更真切地贴近人;之所以引进心理因素,是为了让规范增加人性内容后更感动人。但是,当这些工作做完之后,我还是要把它推而广之,用之于社会。这就要求对每一个个体提出社会性的义务和要求,把人与人的社会关系和社会性交往作为人性的本质,也作为衡量其仁与不仁的标准。比如说管仲吧,此人效法国君,僭越礼仪的行为很多(《八佾》),但是管仲辅佐齐桓公,多次主持诸侯间的盟会,制止了诸侯间连年不断的战争。应该说,有了管仲的出现,天下一切才得到匡正,人们才结束了野蛮,走上文明(《宪问》)。他的这个贡献是很了不起的。所以,尽管管仲违礼,但我还是肯定他对社会进步和人类文明做出的贡献,称许他的仁德(同上)。

从我强调孝、悌,到要求个体担当社会性交往、要求和相互责任,是我对人的道德提出的新标准,也可以说是我伦理思想的一个新思路。这个思路直接影响了《大学》。而自《大学》提出"修身、齐家、治国、平天下"以后,这种阶梯式推进,就成了儒家人格成长的不变的模式。如果追根溯源,不用说,我就是这一模式的创始人。

客问:既然先生认为个体道德是从修身开始、到平天下实现的,那么在从家庭扩展到整个社会的过程中,个体的自觉性和主动性这方面是否也很重要呢?

答问:这正是我要紧接着说明的问题。应该说,每个社会个体在增进道德以及影响社会和改变社会中,其主动性的发挥都是极为重要的。其实,我在引入心理感受来作为仁的内容,并以此解释礼的时候,就已经注意到个体的自觉性和主动性对增进道德和扩展道德的重要了。当然,从思想建构的完整性考虑,我觉得还有必要把这一点作为专门问题提出来予以强调。比如,我认为:"为仁由己,而由人乎哉?"(《颜渊》)"仁远乎哉?我欲仁,斯仁至矣。"(《述而》)还有"当仁不让于师"(《卫灵公》),以及"夫仁者,己欲立而立人,己欲达而达人。能近取譬,可谓仁之方也已"(《雍也》)等,都体现出我对个体增进道德的自觉性、主动性的强调。另外,从我坎坷的一生经历来看,每当我遇到困难和挫折的时候,也差不多每次都是靠对道德人格的自觉追求和主动坚持来克服困难、战胜挫折的(《述而》《子罕》)。这不能不说是说服力很强的、活生生的例证。你们现代人常讲,人是需要有一点精神的。按我的理解,这点精神主要就是自觉精神和主动精神。离开这个东西,人不仅不是健全的,而且极容易沦为被动的物。

客问:在上面,我就有关您的伦理思想建构的问题向您做了请教,您从孝、悌血缘基础谈起,然后谈到心理感受问题,接着谈到由家庭向社会的道德拓展,刚才又谈到个体道德增进的自觉性、主动性问题。这四点一线,从理论形态上看,您的伦理思想已经结构完整了。可是先生从来都不是一个空头理论家,这一点您在自述哲学思想时已经从知识的来源方面反复申明过。那么相比较而言,伦理具有更强的实践和实用要求,对此您肯定还有许多精彩的想法。

答问:确实如此,伦理思想所讨论和所涉及的,都是日常生活中非常实际和实用的问题。那么,以理性为导引建立道德规范和提出道德规范要求,就成了我建构伦理思想之后,在伦理思想中要讨论的主要问题了。

客问:只要粗粗翻阅一遍先生的著作,就可以看到先生提出的道德规范内容非常复杂,考虑到不能占用您太多时间,所以请先生向我们的读者介绍一些您认为最重要的道德规范内容,好吗?

答问:我除了认为"仁"为我伦理思想中最高的道德原则之外,就道德规范方面,我还提出孝、悌、忠、恕、恭、宽、信、敏、惠等。在这些道德规范中,首先应该介绍给大家的,我认为是孝、悌。孝、悌不仅是每个人生下来就遇到的问题,也是一生为人处事的基础和根本:"君子务本,本立而道生。孝、弟(悌)也者,其为人之本欤!"(《学而》)所以我要求"弟子入则孝,出则弟"(同上),"出则事公卿,入则事父兄"(《子罕》)。

孝、悌两者相比,重点应该是孝。所谓孝,我认为它的内容不仅限于对父母的赡养,而应着重突出一个"尊"字:"孝子之至,莫大乎尊亲。"(《孟子·万章上》)"今之孝者,是谓能养,至于犬马,皆能有养,不敬,何以别乎?"(《为政》)如果缺乏尊敬之心,赡养父母就和饲养犬马没什么区别,那不仅不是孝,简直可以说是孝的反面。我还认为,孝的另一项内容是"父母在,不远游","三年无改于父之道,可谓孝矣"(《里仁》)。当然,我所说的孝,并不是要求对父母无原则地绝对服从,当儿女发现父母确有过失的时候,就应该"几谏"(同上),进行婉言规劝。规劝父母,也应该是孝字的题中应有之义。

作为道德规范,对于孝,我所注重的不是形式,而是内容;不是仪式,而是心理和感情。所以我说:"丧,与其易也,宁戚。"(《八佾》)这是我针对春秋末年礼制规范被仪式化并且严重脱离实际的现实,而提出的革新办法。但是,在我身后,我的孝思想又被后人严重歪曲了。比如《礼记·问丧》中就规定,父母死后孝子为表达"恻隐之心,痛疾之意",要"伤肾,干肝,焦肺",要"水浆不入口,三日不举火";要在三年中"哭泣无数",以至于"身病体羸,以杖扶病"。这种从肉体到精神的自我摧残,又把我的本意推向了另一个极端。到东晋时期,司马氏为避世人篡位之讥,而提倡"以孝治天下",结果孝道被利用,以致成为司马氏在政治上排斥杀戮异己的招牌和工具。到宋代理学出现,孝更被推到父权绝对化地位(陈淳《孝根源》)。到了近代,章太炎先生(《无神论》)、鲁迅先生(《我们现在怎样做父亲》)等人,才给孝、悌规范出一个较为客观、合理的位置。

总的来说,我主张孝、悌,但不是孝、悌至上主义者。人生世上,人人都有父母,就确实存在怎样对待父母长辈的问题。如果合理提倡、合理认识,这个道德规范别说在古代,即使对于你们现在的精神文明建设,都是很有意义的。

客问:先生的弟子曾参曾将先生的"一贯"之道,解释为"忠""恕"二字。在前面讨论哲学思想的时候,先生已经肯定了曾参的解释,并认为"忠""恕"合起来也就是"仁"。那是从先生的哲学思想来看问题的。如果从伦理思想角度看,"忠""恕"也是两个道德规范。那么请问先生,作为道德规范,"忠""恕"对人提出的是什么要求呢?

答问:所谓"忠",是指一个人对别人,特别是对上司尽心竭力、诚实负责的态度。汉代许慎的解释是,"尽心曰忠"(《说文解字》)。所谓"恕",是指一个人能够以对待自己的方式来对待别人的态度。我曾对"恕"做过解释,叫"己所不欲,勿施于人"(《卫灵公》)。鉴于对"忠""恕"的上述理解,宋代朱熹认为:"尽己之谓忠,推己之谓恕。"(《论语集注》)这个说法是很准确的。

忠、恕相比,我对忠作为一种道德规范,其涉及内容方面考虑得更多一些,比如人要忠于自己的职守,即"居之无倦,行之以忠"(《颜渊》);要真心实意地替人谋事,即"为人谋而不忠乎"(《学而》);要全心全意地为君主效劳,即"臣事君以忠"(《八佾》);对于朋友,忠于他,就要教导他(《宪问》);而对朋友的不是不当之处,要忠心地劝告,好好地引导,当然也有一个界限,那就是"不可则止,毋自辱焉"(《颜渊》)。这些都是忠的内容。在我的道德规范中,忠有"事君以忠"一项内容;汉代以后,这一点被后人片面地发挥了,以至于把道德规范改造成为政治规范了,比如《忠经》上就说:"忠能固君臣、安社稷、感天地、动神明,而况人乎?夫忠兴于身,著于家,成于国,其行一也。"再往后,到宋代理学家推波助澜,竟把我本来的诚心诚意,歪曲为"君叫臣死,臣不得不死"的愚忠,这已经完全违背我的本意了。相对于忠的这种演变和影响,将心比心、设身处地、推己及人的恕德,却没有在实践中获得像忠那样的继承和发展,这又不免让我感到遗憾。

客问:在先生的伦理规范中,"恭"和"敬"是分而言之的。但到了孟子,就把"恭敬"放在一起讨论了(《孟子·告子上》)。到了宋代理学家手中,"恭"与"敬"则又分又合。请问先生,您的"恭""敬"规范的含义是什么?它们与孟子和宋代理学家所讲的有什么不同?

答问:在我的伦理规范中,"恭"和"敬"两者确实是分开来讲的。关于"恭",我多次说到,如"貌思恭"(《季氏》),"居处恭"(《子路》)。认为"恭"是达到仁不可缺少的一种道行(《阳货》),而且认为它是以礼为基本准则的(《泰伯》)。我本人在日常生活中,也是努力实践"恭"的(《学而》《述而》)。但是,对于为人的过分恭顺、做作的恭顺,我持反对态度,"巧言、令色、足恭,左丘明耻之,丘亦耻之"(《公冶长》)。

关于"敬",我也不止一次强调过,如"事思敬"(《季氏》),"执事敬"(《子路》),"修己以敬"(《卫灵公》)等。这其中包括,对事要有敬业态度,对人要敬父母(《为政》)、敬上级(《公冶长》)、敬朋友(同上)。

这是我思想中"恭""敬"的基本内容。说到底,所谓恭,是指对己庄重严肃,对人谦虚和顺;所谓敬,是指对事严肃认真,对人以礼相待。但是到了孟轲手上,他就把恭、敬合二为一了,说:"恭敬之心,人皆有之。""恭敬之心,礼也。"(《孟子·告子上》)他把恭敬作为人与生俱来的天赋德性,这是我以前不曾讲过的。虽然孟轲的说法与我不同,但他既承认恭敬是人的道德表征,又肯定恭敬是以礼为原则的。这样他对我的看法有继承,也有发展。继承是真实的,发展也是合理的。宋代理学家们接着孟轲谈恭敬,他们认为恭敬是个体道德修养的方法(朱熹《朱子语类》),这与我认为恭、敬是个体道德规范,已经有所不同。朱熹说:"恭者,敬之发于外者也;敬者,恭之主于中者也。"(《孟子集注》)把恭作为敬的形式,敬作为恭的内容。这似乎是根据我"貌思恭""事思敬"的说法发展而来的,但又不能说是我的本意。可以这么认为,孟轲、朱熹他们既继承了我的思想,又有创新和发展,学术思想的发展和演变是理应如此的。

客问:先生重仁,把仁作为道德规范中的最高原则。但先生在仁之外,又提出"知"和"勇",有所谓"仁者不忧,知者不惑,勇者不惧"(《宪问》)这样一个颇引人注目的说法。请问先生,您这样知(智)、勇、仁并提,是否说明您也视智、勇为道德规范的最高原则?智、勇二者的含义又是什么呢?

答问:我虽然把智、勇与仁并举,但我并不认为智和勇也是道德规范的最高原则,而只是认为两者是重要的道德规范而已,没有特别强调的意思。在你全面了解了我的伦理思想之后,就会明白这一点。

所谓智就是智慧,当然主要指道德认识、道德实践方面的智慧和才能。我讲到智的地方很多,如"务民之义,敬鬼神而远之,可谓知矣"(《雍也》),"仁者安仁,知者利仁"(《里仁》),"好学近乎知"(《礼记·中庸》),"知者乐水""知者动""知者乐"(《雍也》),"知者不惑"(《子罕》),"知者不失人"(《卫灵公》),等等。我认为个人拥有智的品德,是很重要的。

所谓勇,就是勇敢,也主要指在道德实践方面的勇气。我重视勇,但强调勇必须与仁、义相结合,认为"见义不为,无勇也"(《为政》),"君子义以为上,君子有勇而无义为乱,小人有勇而无义为盗"(《阳货》)。同时,勇也要以礼为指导原则,"好勇疾贫"的人不免为乱(《泰伯》),因此我反对有勇而无礼的行为(《阳货》)。勇还应该表现在道德方面勇于认识和改正过错,"知耻近乎勇"(《礼记·中庸》)。这种"过,则勿惮改"(《学而》)的品德,才是一种真正的勇敢品德。

当然,智有知识论的意义,这一点我们在讨论哲学思想的时候已经讲到,但在这里我认为它只是一种道德规范。勇也许还包含其他方面的内容,而在我这里,离开道德谈勇敢,那也不是我的主张。

客问:先生谈道德规范,涉及的范围很广,以上向先生请教的,只是其中几个最重要和最基础的。另外,先生言谈中常说到的一个字是"义"。请问先生,义是否也可以看作您所确定的道德规范之一?

答问:讨论我的伦理思想,当然就不能不说到义。不过在我看来,义只是指一般的当然准则,它还不是一个明确的道德规范(匡亚明《孔子评传》、张岱年《孔子》)。但是这个准则不是神意决定的,也不是每个人根据自己的理性推导出来的,而是从历史和古代圣君圣王的作为中体现出来的。

那么,义是什么呢?我认为,义就是善,就是道德。为此,"君子喻于义"(《里仁》),君子是要了解义、掌握义的;"君子义以为质"(《卫灵公》),君子要以义为本。正因为这样,我反对"群居终日,言不及义"(同上)的行为,而主张通过行义而"达其道"(《季氏》)。

我强调义,但又不完全排斥利,这在伦理理论上就形成了所谓义、利之辨。我说义是善,不是从行义的后果来说的,而是认为义本身就是善。行义的结果,对一个民族、一个国家这样的群体会带来利,但对行义的个体往往带来不利,这就要求"无求生以害仁,有杀身以成仁"(《卫灵公》),不以不利而影响善行选择。我还主张个体的人要"见利思义"(《宪问》),"见得思义"(《季氏》),遇到利益要权衡选择,"义然后取"(《宪问》)。对于富贵也是如此:"饭疏食饮水,曲肱而枕之,乐亦在其中矣。不义而富且贵,于我如浮云。"(《述而》)对合于义的生活,即使贫贱也感到快乐;而对有背于义的生活,即使富贵优越,也视之如浮云一般。

在义、利问题上,我虽然轻利,"罕言利"(《子罕》),但主张"因民之所利而利之"(《尧曰》),对义、利予以辩证对待。以后孟轲则开始把义与利两者对立起来,如孟轲见梁惠王,梁惠王希望他谈谈富国强兵之策以利魏国,孟轲却说:"王何必曰利?亦有仁义而已矣。"(《孟子·梁惠王上》)孟轲之后,荀卿也持"以义制利"的观点,主张"义之所在,不倾于权,不顾其利"(《荀子·荣辱》)。到了汉代的董仲舒,更提出"正其义不谋其利,明其道不计其功"(《汉书·董仲舒传》),将道义与功利对峙的立场更鲜明了。到宋代理学家朱熹,则进一步把义、利之辨发展改造为天理、人欲之辨,认为:"义者,天理之所宜。利者,人情之所欲。"(《论语集注》)"循天理,则不求利而自无不利;殉人欲,则求利未得而害已随之。"(《孟子集注》)主张以心裁制利欲,使之合于天理。这样就和我的初衷大大违背了。直到清代颜元起而批评自董仲舒以来的儒家学者

"全不谋计功,是空寂,是腐儒"(《颜习斋先生言行录》),对义、利持统一观,这才基本上恢复了我原初的义、利思想。

客问:仅从先生上面谈到的一部分道德规范看,就足以让人体会到先生对个体行为道德设计的丰富和精到了。不过,道德规范还是要靠个体修养的不断提高来实现。请问先生,对于道德修养的方法,您又有何高见?

答问:不用说,道德修养的增进,需要一个过程。有一次,子路问我怎样才能算是个君子,我回答他"修己以敬""修己以安人""修己以安百姓"(《宪问》)。三者指修养的三个阶段,这三个阶段连起来,则构成道德增进的全过程。

所谓修己,也就是整饬自己的言行,使自己的言行无不合乎原则、无不合乎礼。其具体修养方法,包括这样几个方面:首先,要立志追求真理,即"志于道"(《述而》)。既然立志追求真理,就不能以吃穿不好为耻辱(《里仁》),这是一个基本素质要求。我本人是非常看重这一点的,认为"朝闻道,夕死可矣"(同上)。其次,是博学,要求"博学于文"(《雍也》),也就是说要求具有《诗》《书》《礼》《乐》等典籍文献的广博知识。我对弟子的要求之一就是博学,颜渊就说过:"夫子循循然善诱人,博我以文,约我以礼,欲罢不能。"(《子罕》)子夏也深切体会到"博学而笃志,切问而近思",是实现仁的最好办法(《子张》)。我本人在当时更以"博学"而著称:"达巷党人曰:'大哉孔子!博学而无所成名。'"(《子罕》)当然,广泛学习要与多闻多见相结合(《述而》),要学与思相结合(《为政》《季氏》),更要灵活学习,举一反三。再次,是不断自觉反省自己,即所谓"自讼"。在我那个时代,能够坚持做到这一点的人就不多见(《公冶长》)。能够自觉反省,就能勇于改过(《学而》),也就能避免重犯同样的错误(《雍也》)。

我从理论上总结的修养方法,其实是远不全面的,如果你们能够细心体会我一生的修养过程,"十有五而志于学,三十而立,四十而不惑,五十而知天命,六十而耳顺,七十而从心所欲,不逾矩"(《为政》),你可能会有更大的收获。

客问: 确实是这样,先生的自身实践有比理论更多启发人和感动人的地方,或者说,先生的理论与实践往往难以分辨和区别,您的理论常常就是实践的总结,您的实践又印证和表达着您的理论。但是,我还是坚持认为,您是一个理想主义者,包括在伦理思想方面,您始终有个理想的道德人格在。您把这种理想人格有时称为仁人,有时称为君子,又有时称为圣人。那么请问先生,您的理想人格到底指哪一种?这种人格的内在品德又有哪些主要特征?

答问: 很高兴你评价我是一个理想主义者。的确,我有各种各样的理想,尤其对理想人格设计更充满兴趣。仅就理想本身而言,它也是有区别的,有的理想只能画在蓝图上,而永远不可能实现;而有的理想则既相对比较完美,又有可行性,可能实现。对我来说,我承认前者、向往前者,但我更关注后者,更愿意在后者身上投入精力和感情。这就涉及你刚才提出的问题:仁人、君子、圣人,哪一种是我的理想人格。

子路曾问我如何做君子,我的回答是"修己以敬"。子路认为还应提出更高的要求,我又说:"修己以安人。"顺便说一句,杨伯峻先生认为"修己以安人",是"修养自己来使上层人物安乐"(《论语译注》),这个说法不正确。这里的"人",不是"上层人物",是相对于"己"而言的别人、他人,朱熹"人者,对己而言"(《论语集注》)的说法是正确的。我这样回答之后,子路还不满足,我又说:"修己以安百姓。"但我又认为,修养自己以使所有的人都安乐,这是连尧、舜也难以做到的(《宪问》)。可见,我认为君子能做到的就是"修己以安人"。反过来说,如果一个人能够做到"修己以安人",也就成为君子了。事实上,达到这一点也并不容易。

又有一次,子贡问我"如有博施于民而能济众",是否算达到了仁,我回答他,岂止达到了仁,这一定是成圣了。不过,这是连尧、舜也尚未达到的。(《雍也》)

通过我与弟子的这两次谈话,你可以看到,我前面说的"修己以安百姓",也就是后面子贡说的"博施于民而能济众"。我认为能做到这一点,就达到了圣人境界。但是,我认为这是连尧、舜都未能达到的。言下之意,这个理想太高远,是根本不可能实现的。

成圣既不可能,那么我就把理想人格,寄托在可能实现的仁人、君子方面。我说过:"仁远乎哉?我欲仁,斯仁至矣。"(《述而》)"为人由己,而由人乎哉!"(《颜渊》)可见,我认为成就仁人是可能的、现实的。我又说:"圣人,吾不得而见之矣;得见君子者,斯可矣。"(同上)可见,我认为成就君子也是可能的和现实的。事实上,在我这里,仁人也就是君子,君子也就是仁人。只是在不同场合称谓不同,而以称君子的情况为多。因此,可以说我的理想人格就是君子。这一点,匡亚明先生是看到了的(《孔子评传》)。

关于君子,我认为应该具备以下几个方面的品德:以礼为自己的行为准则,"君子博学于文,约之以礼"(《雍也》),"非礼勿视,非礼勿听,非礼勿言,非礼勿动"(《颜渊》);时时处处坚持自觉实践仁,"君子无终食之间违仁,造次必于是,颠沛必于是"(《里仁》);立志追求真理,把道义原则放在首位,"志于道"(《述而》),"喻于义"(《里仁》),"义以为上"(《阳货》);有高尚的政治品质和政治气节,"可以托六尺之孤,可以寄百里之命,临大节而不可夺也"(《泰伯》);有成人之美、谦让和自知之明,"君子成人之美,不成人之恶"(《颜渊》),"君子无所争"(《八佾》),"君子病无能焉,不病人之不己知也"(《卫灵公》);心态安详、胸怀坦荡,"君子不忧不惧"(《颜渊》),"君子坦荡荡"(《述而》);有自我反省能力,敢于"自讼"(《公冶长》),勇于改过(《学而》),也从不"贰过"(《雍也》)。君子应该具备这样的品德,反过来说,具备这样品德的人,也就是君子。由此可见,作为我的理想人格,达到君子境界对于常人来说既非一蹴而就,也非高不可攀。这恰恰体现了我的理想风格。

第五章
有教无类

"万世师表"/有教无类/学思与学行/因材施教/
闻一知十,举一反三/教学相长/六经与六艺/
仕而优则学,学而优则仕

客问: 先生一生所做的事情不可谓不多,但先生留给后人印象最深刻的,则是您的教育家形象。您在中国历史上开私人办学、私人设教授徒风气之先,这确实是个了不起的伟大贡献。所以,金景芳先生认为:在中国封建社会官方加给您的众多桂冠中,最恰当的是清朝康熙皇帝题写在孔庙大成殿匾额上的"万世师表"四个字。万世师表,教师永恒的表率之谓也(《孔子新传》)。这个说法,确实代表了绝大多数人的意见。那么,作为著名教育家,您个人认为自己在教育思想和教育实践中,最满意的创造是什么?

答问: 人们对我的这个历史定位和我个人的自我判断,大体上是相符的。在我七十余年的生命里,其中有四十多年时间是在创办教育、讲学授徒中度过的。作为一个教师,我认为我的教育思想包括在教育实践中最大的创造,就是"有教无类"(《卫灵公》)教育方针的提出和实行。何晏《论语集解》说:"类,谓种类。言人所在见教,无有贵贱种类也。"在招收学生方面主张兼收并蓄,不受贵贱、贫富、老幼、国籍条件的限制,只要带上十条干肉作为进见礼,我便一律收作学生(《述而》)。有几个学生很典型,很能说明问题。比如我最喜欢的学生颜回,出身就很贫贱,曾经"一箪食,一瓢饮,在陋巷"(《雍也》)。仲弓的父亲是个"贱人",家"无置锥之地"(《荀子·非十二子》)。我的学生兼警卫子路,原是"卞之野人"(《史记·仲尼弟子列传》集解),"子路事亲,尝食藜藿,负米百里之外"(《说苑·建本》)。原宪"居鲁,环堵之室,茨以生草;蓬户不完,桑以为枢;而瓮牖二室,褐以为塞;上漏下湿,匡坐弦歌"(《庄子·让王》)。曾参穷居卫国,衣衫褴褛,面部浮肿,因为常干粗活,手脚长出老茧,经常是三天不煮饭,十年不添新衣(同上)。闵子骞冬天没有御寒衣服,只好"以芦花衣之"(《说苑·佚文》)。公冶长曾经是个犯人(《公冶长》)。漆雕开受过刑罚(《墨子·非儒》)。由此你就不难明白,我是如何"有教无类"的了。

由于我办学不管门第、不问出身、不拘一格,曾引起南郭惠子的疑虑,他问子贡说:"你老师门下的人品也太芜杂了吧?"子贡说:"我老师端正品行等待四方之士,想来的不拒绝,要走的不阻拦,就像良医门前多病人一样,所以我老师门下的人品才这么复杂。"(《荀子·法行》)

我之所以把"有教无类"教育方针的提出和实行作为我教育思想和教育实践中的最大创造,是因为在我之前,教育不仅都是官办的,而且教育只在天子、诸侯、卿大夫的子弟中进行。这样,整个社会中只有很少一部分人享有受教育的权利,而绝大多数人被关在教育的大门之外。我提倡"有教无类",事实上开创了文化下移和普及教育的新道路,可以毫不夸张地说,这既是中国教育史上划时代的革命性创举,也是人类教育史上一项很有革命意义的突破。(匡亚明《孔子评传》)

客问:先生"有教无类"教育方针的提出和实行,可以说改变并开创了一个新时代,先生对此感到自豪和骄傲,是完全有理由的。刚才您谈到您提出和实行"有教无类"教育方针,是为了改变以前学在官府、教育在官府的现实,这是毫无疑问的。另外,"有教无类"从理论上讲,导致的结果是人人受教育,那么您的这一思想,是否也包含您对人和人性的理解呢?

答问:是这样的。我之所以明确提出"有教无类"的教育方针,其实是建立在肯定人人都有可能通过学习而获得知识、增进修养的基础之上的。我认为"性相近也,习相远也"(《阳货》)。所谓"性",是指人的自然素质,"习"是指后天的环境影响、教育和习染。对此,王夫之有个解释,他说:"性者天道,习者人道。"(《俟解》)天道是不可改变的,人道是可以改变的。既然如此,后天的教育不管对什么样的人,不管对富贵者还是贫贱者,不管对自然素质较好的人还是自然素质偏差的人,后天的教育、后天的习染,都能够使其获得知识和提高修养。既然教育可以使人的素质在原来的基础上有所增进和提高,那我当然要重视教育了。

客问:先生一生大部分时间从事教育工作,但先生谈教育从不只谈"教"而不谈"学",而是谈"教"必谈"学"(《述而》),可见先生是把教育中的"教"与"学",理解为一个整体。先生有那么丰富的教学经验,那么您认为学习的过程有什么特点,或者说有什么规律可循吗?

答问:学习是一项专门化的工作,它当然是有规律、有特点的。在学习过程中,我认为最重要的是学、思结合。我曾经说过两句话,叫"学而不思则罔,思而不学则殆"(《为政》),讲的就是两者存在的辩证关系。我这里说的"学",是指读书、读简策,这一点黄式三释为"学谓读书"(《论语后案》),非常正确。所谓"学而不思则罔",意思是说读书而不动脑筋、不思考,机械相信书本上说的,就容易受书的欺罔。孟轲所说"尽信书则不如无书"(《孟子·尽心下》),也是这个意思。相反,如果只是冥思苦想而不读书,不通过读书接受和继承前人的知识,就会"殆"。所谓"殆",意思是疑而不决。何晏曾释为精神疲殆(《论语集解》),朱熹释为危殆(《论语集注》),都不准确;高邮王氏父子释为疑而不决(王念孙《读书杂志》、王引之《经义述闻》),最得我心。也就是说,学与思统一、学与思结合,构成一个人学习过程中必不可少的重要方面。

学习过程中的另一个问题,是学与行结合。我对"行"特别强调,这是尽人皆知的。比如我主张士人君子要"敏于行"(《里仁》),要"慎行"(《为政》),对人要"听其言而观其行"(《公冶长》),更推崇"行笃敬"(《卫灵公》)。学习过程中的学、行结合,就是要求把书本知识和生活实际联系起来。这其中包括:第一,就像通过思考,批判地继承前人的书本知识一样,在实际生活中也要"择其善者而从之,其不善者而改之"(《述而》),"多闻,择其善者而从之。多见而识之"(同上)。第二,通过人评和时评辨别是非。如我评管仲、子产、伯夷、叔齐(同上)、鲁大夫臧文仲(《卫灵公》)等人,评"季氏将伐颛臾"(《季氏》),评"苛政猛于虎"(《礼记·檀弓》)等,都属于这种情况。第三、学以致用,以实践结果来检验学习收获的大小、学习成绩的好坏。就拿学《诗》来说吧,我认为即使把三百篇背得滚瓜烂熟,如果"授之以政,不达;使于四方,不能专对;虽多,亦奚以为!"(《论语·子路》)。由书本知识到生活实践,从生活实践再回过头来检讨读书、总结读书和促进读书,这样的学习才会让学习者有更大的收获。

以上两个方面,就是我对学习过程的认识和理解。

客问:先生是学识渊博的学者,对许多学问都有深入的了解和做过认真的研究,对教学的内容理解得透彻,因此对学习过程的认识,就能够切中肯綮。但是,了解教学内容,只是教学全过程中的一部分,它还有另一部分,那就是学生。因为先生办教育主张"有教无类",这样学生的来源不同,智力、爱好和性格也会存在很大差别。那么对此先生采取什么样的教学方法呢?

答问:由于我在教育方针上主张"有教无类",在招收学生时也做到来者不拒,这样,学生之间的差别就比一般人想象的还要大。为了使智力、知识基础、爱好、性格和年龄各不相同的学生,都能学有所能、学有所长,我根据每个人的具体情况,在教学中实行"因材施教"。"因材施教"本不是我的原话,是北宋的程颐第一个讲的。他说:"孔子教人,各因其材,有以政事入者,有以言语入者,有以德行入者。"(《二程集》)此后,朱熹也说:"圣贤施教,各因其材,小以成小,大以成大,无弃人也。"(《孟子集注》)经程、朱先后阐发和概括,我在教学中因人制宜、有针对性地进行教育的教学方法,就被总结出来了。这个总结有理论色彩,也很符合我的教学实际。

自觉地意识到"因材施教"固然非常重要,但我认为更重要的是把它贯彻、落实到教育教学实践中去。这就需要从几个具体方面入手。从才智方面讲,人和人之间是有差异的,对此我的主张是"中人以上,可以语上也;中人以下,不可以语上也"(《雍也》)。就是说,对中等以上智力的学生,可以给他传授高深学问;而对中等以下智力的学生,就不能讲高深的内容。先天才智的不同,不仅决定一个人可接受学问的深浅,而且这种先天的才智,往往还制约和决定一个人的学问兴趣和成就方向。马克思先生就说过:"天赋的特殊性,是分工依此长芽的基础。"(《资本论》)这是一个深刻见解。也正是考虑到这一因素,我按学生的才智和学问兴趣,把较为出色的学生分为四个专业。其中"德行"专业中的学生有颜渊、闵子骞、冉伯牛、仲弓等,"言语"专业中的学生有宰我、子贡等,"政事"专业中的学生有冉有、子路等,"文学"专业中的学生有子游、子夏等(《先进》)。实践证明,我这样做是成功的。

除了上述两方面之外,根据教育对象性格的不同,以选择适当的方式,更是"因材施教"的重要内容。这首先要求对学生的性格特点掌握准确,比如我认为我的学生高柴愚笨,曾参迟钝,颛孙师偏激,仲由鲁莽,子贡不安本分,子夏谦柔,颜回好学(同上)等等,于是我就注意在教诲指点的时候,采取不同的方式来进行。

举例来说吧。有一次,子路问我说:"事情听到就干起来吗?"我告诉他:"有父亲哥哥活着,怎么能听到就干起来呢?"另一次,冉有也问我同样的问题,我告诉冉有:"应该听到就干起来。"我的学生公西华见我对同一个问题的回答两次答案完全相反,感到很不理解。我对公西华说,冉有平时做事畏首畏尾,所以我要给他壮胆;子路的胆量本来就有两个人那么大,勇于作为,所以我要压一压他。(同上)另外,弟子们问仁,我的回答虽然不出"爱人"这个范围,但具体要求也因人、因时而异,比如我答樊迟是"仁者先难而后获"(《雍也》),"爱人"(《颜渊》),"居处恭,执事敬,与人忠"(《子路》);答颜渊是"克己复礼为仁"(《颜渊》);答仲弓是"出门如见大宾,使民如承大祭。己所不欲,勿施于人。在邦无怨,在家无怨"(同上);答司马牛是"仁者,其言也讱"(同上);答子张是"能行五者于天下,为仁矣……曰:恭、宽、信、敏、惠"(《阳货》);答子贡是"己欲立而立人,己欲达而达人,能近取譬,可谓仁之方也已"(《雍也》)。还有,我回答弟子问孝,也是如此。如答孟懿子是"无违",答孟武伯是"父母唯其疾之忧",答子游是"今之孝者,是谓能养。至于犬马,皆能有养;不敬,何以别乎?",答子夏是"色难"(《为政》)。

清人尹会一曾说:"孔门教人莫重于仁孝,其答问仁问孝各有不同,皆因其材之高下与其所失而告之。故药各中病,非如后世之教,自立宗旨以待来学,所谓不问病症而施药者,药虽良,无益而又害之者多矣。"(《读书笔记》)可见,以我答仁答孝为例,因材施教在教学实践中的贯彻,其效果是明显的,其对后世的影响也是很大的。

一般地说,人们总是在谈到我的教育思想的时候,才提起我的因材施教,并且愿意把它当作一种教学方法来看待。其实,我之所以能够因材施教,绝不是不问病症而乱开药方,根本的问题是我主张用辩证思维的头脑看问题。我是把世界看作永远变化的,一切都像流水一样逝去。我对待万事万物的态度是无可无不可,绝不设定死框框,对待学生也是如此。学生不同,教育的内容、要求和方式也就不同。每个学生自身也不是一成不变的,学生自身发生了变化,那么对他的教育也应该随着变化。这才是我因材施教的本意。(金景芳等《孔子新传》)话题是不是扯远了?我还是赶紧打住吧。

客问:先生刚才说到在教学过程中因材施教,与您一贯主张用辩证的、变化的眼光看问题的方式有关。也就是说,谈您思想中的任何一部分、任何一个具体问题,都要从您思想的总体来理解、把握,这个提醒对我来说很有启发。由此我想到,先生向来重视人,也重视强调人的自觉性、主动性,这在您前面自述哲学思想和伦理思想时都提到过,那么我想请问先生,在您的教育思想中,尤其在教学过程中,人的积极性、主动性是否也应有所体现呢?

答问:这个问题提得很好。你由我对因材施教向辩证观点看问题的归结,联想到强调人的自觉性、主动性如何在教育、教学中予以体现,说明你考虑问题能够做到举一反三,这正是我下面马上要说到的。

我有一段话说得很明白,在教学中对待学生"不愤不启,不悱不发,举一隅不以三隅反,则不复也"(《述而》)。郑玄注解说:"孔子与人言,必待其人心愤愤,口悱悱,乃后启发为说之。如此则识思之深也。说则举一隅以语之,其人不思其类,则不复重教之。"朱熹也说:"愤者,心求通而未得之意。悱者,口欲言而未能之貌。启,为开其意。发,为达其辞。物之有四隅者,举一隅可知其三。反者,还以相证之义。复,再告也。"(《论语集注》)郑、朱的解说基本上是正确的。我的意思是说,在教学过程中对待学生不应采取灌输式、填鸭式方法,而是要结合教学,诱导学生主动思考,学生经过思考实在没办法说出,必然会产生一种请人启发的愿望。这时老师只要轻轻点拨,学生便会豁然开朗。所谓"举一反三",强调的也是学生的积极性、主动性。作为教师,在任何情况下都不能以自己的灌输代替学生自己的心得。教师如果面面俱到,什么都讲,就等于一面也不到,什么也没讲。教师在同类问题中只讲最重要的、最有代表性的,剩下的让学生自己去类推。我就是这样强调学生在学习中的积极性和主动性的。后人从教学的角度,把这一点总结为启发式教学法。

　　从理论上讲是这样，但关键的是在具体的教学实践中贯彻启发式教学，真正调动学生学习的积极性和主动性。我这里有个实例，是很典型的。一次，子夏问我说："巧笑倩啊，美目盼啊，再用素粉来增添她的美丽啊。这三句诗指的是什么呢？"我说："你看绘画，不也是末后才加素色吗？"子夏说："是说礼是后起之事吧？"我听子夏这么一说，感到非常高兴，觉得子夏的这个想法给了我启发，只有像子夏这样的，才可以和他谈《诗》(《八佾》)。在这件事中，我认为子夏之所以让我感到高兴，首先是他主动提出问题，这说明他是经过思考，实在没办法弄懂，才向我请教的。其次是经我稍加点拨后，他马上由诗中的描写而联想到礼对人的整饬作用。可以说，礼好比女人的粉黛衣饰，忠信之质好比女人的巧笑美目。巧笑美目是天然资质，当然在先；粉黛衣饰是人工文饰，当然在后。子夏听我说"绘事后素"而马上想到"礼后"，这显然是闻一知十、举一反三了，这正是我所要求所希望的学生学习积极性、主动性的表现。因此，我没理由不对此感到高兴。

　　从广义的教育角度看，调动学生学习的积极性、主动性，对培养学生的品格意志，是至关重要的；而从具体的教学过程看，调动学生学习的积极性、主动性，也能使学生在相同的学习内容中得到更大的收获，这是我强调启发、强调举一反三的真正意义。

　　客问：先生教育思想的丰富和教学方法的灵活，是尽人皆知的。从先生的日常生活实际中，我还看到您与您的学生相处得极为融洽，您并没有后人想象的那种师道尊严的架子，但学生们在谈到您的教育魅力时，却常常赞不绝口(《子罕》)。请问先生，您这样做,是否有意为之?这其中是否暗含着您的某种教育思想或教学方法呢?

答问:我和学生之间相处得非常融洽,我从不用声色俱厉、耳提面命的方式对待学生。与学生和谐相处并不是放任自流,也不是说有意要讨学生们的欢心,而是说,要想做一个称职的,尤其是优秀的老师,必须深入了解学生,让学生把你当知己,这样你的教育才可能有的放矢,才可能真正使学生有所进步、有所提高。记得有一次端木赐向我请教说:"一个人贫穷时不巴结奉承,富有后也不骄傲自大,先生认为这样做怎样?"我告诉他:"那是可以了;不过还不如贫穷却乐于道,有钱却谦虚好礼更好一些。"端木赐听后说:"《诗经》上说:'如切如磋,如琢如磨。'指的就是这个意思吧?"(《学而》)我听到端木赐能够引用《诗经》上的话解释人的学问道德的提高,说明他能够活学活用、能够举一反三,我马上给予肯定和表扬。今天想来,端木赐引用《诗经》上的这句诗还有另外一层意义,就是说它所说的也正是我和学生们之间的关系:相互切磋,教学相长。

我的教学常常是自由讨论式的。在讨论中,一般围绕一个中心话题,大家各抒己见,畅所欲言。每逢这时候,我不仅是主持者,也同时是发言人,像学生一样或直接表达自己的意见(《公冶长》),或声明自己赞同某人的看法(《先进》)。这样,学生把他们自己的意见和我的意见相比较,就能受到启发,受到教育。当然,我和学生之间也不免发生争论,不管结果如何,我也总是主张以理服人,而反对伶牙俐齿的狡辩(同上)。

我和学生之间通过平等讨论、相互切磋,最后达到教学相长,这才是教育的目的。《礼记·学记》中有一段话说得很好:"学然后知不足,教然后知困。知不足,然后能自反也;知困,然后能自强也。故曰:教学相长也。"所谓"教学相长",不仅指老师自身"学"与"教"两者的相互促进,而且也指作为老师的"教"一方与作为学生的"学"一方的相互促进。后者意义上的教学相长,在我的教育实践中确实也落到了实处。比如一向以直率见称的子路,就多次对我的言行提出反对意见(《阳货》《雍也》),他的许多意见我都虚心接受、虚心采纳了。因为做老师的,也不可能永远正确,只有采纳学生的正确意见,才能既促进自己,又鼓励学生,我何乐而不为呢?从这一点上来讲,我对于不提意见的学生倒是不满意的。比如颜回,可以说是我最欣赏的学生,但他却有个缺点,就是对我的话句句顺从,从不提反面意见。因此,我就批评他不是一个能帮助我的人(《先进》)。

总之,我和学生平等相待,融洽相处,相互切磋,教学相长,暂且抛开它在教育理论上的意义不谈,仅从实践效果上看,其作用实在不能低估。甚至我可以说,如果不是这样,我的一生不可能像现在这样充实和快乐,我的学生也不可能像现在这样有作为。

客问:可见先生对自己一生从事教育事业和弟子们取得的成绩是满意的,也正是这一点对后世的影响最大。不过,在先生的教育工作中,我还有一个老问题至今弄不明白,即人们常说先生以"六义"教,把"六义"作为教育内容,但"六义"向来有两种说法:一指六经,也就是《诗》《书》《礼》《乐》《易》《春秋》。《史记·滑稽列传》上说:"孔子曰:'六艺于治一也,《礼》以节人,《乐》以发和,《书》以道事,《诗》以达意,《易》以神化,《春秋》以义。'"一指六种技艺,即礼、乐、射、御、书、数。《周礼·地官·司徒·保氏》载:

"养国子以道,乃教之六艺:一曰五礼,二曰六乐,三曰五射,四曰五驭(御),五曰六书,六曰九数。"为了调和两种说法,有学者认为前者是您教学的高级教材,后者是初级教材(匡亚明说);也有人说前者是您用于教学的六种教本,后者是您的学生游憩、娱乐的内容(燕国材说)。这些说法有无道理,我则不敢断定。请问先生,您对此究竟是怎样考虑的呢?

答问:在我的教学实践中,"六经"和"六艺"都是我用于教授学生的教学内容。两者有联系,又有区别。

我在前面已经谈到,在我的教育思想中,"学"主要指读书、读简策。那么什么是我要求读的书、要求读的简策呢?就是"六经",就是《诗》《书》《礼》《乐》《易》《春秋》。这是必修课程。"六经"是六种教材,六种课本。你知道,我一向是主张学以致用、学用结合的。我甚至认为,实践从某种意义上说比读书更重要。这样说当然不是认为读书不重要,而是说读书要和实践相结合,读书的收获要落实到实践中,要通过实践来获得验证。这样就提出了一个问题,教育除了教导学生读书之外,是否还需要教学生实践性、操作性的课程?我认为,是要的。那么这种实践性、操作性的课程是什么?就是"六艺",就是礼、乐、书、数、射、御。所谓"艺",就是"伎艺"(郑玄说),相当于现代人说的技术、手艺。和"六经"相比,"经"中讲的是理论,要求学习的人知道是什么和为什么;而"艺"讲的都是操作,要求学习的人一步步、一件件做出来。打个比喻,我觉得学"经"要求培养的是工程师,学"艺"要求培养的是钳工。就我个人来讲,我不但认真研究过"六经",也能熟练地操作"六艺",我说的"游于艺"(《述而》),"吾不试,故艺"(《子罕》),都是指这一点。因此,我要求学生也要兼通两者。事实上在我这里,"六经"和"六艺"不存在高、低问题,也不存在先、后问题。毛泽东先生说学生以学为主,兼学别样。我不说学生以学"六经"为主,兼学"六艺",而是说"六经""六艺"兼学、兼通,才能达到"博"。

匡亚明先生说我教学生学"六艺",其中的"射""御"是体育内容,说明我办教育同时重视体育锻炼(《孔子评传》)。从这个意义上说,我还教学生学"数",读经又学数学,是重视人才培养的文、理兼通了。这样理解也不为错,不过实话说来,这不是我当时的真实想法。我当时的实际想法是,不管是读书学"六经",还是操作学"六艺",都是为了增进学习者的德行。读书学经可以进德不言而喻,而对操作学艺为进德的想法,后人多不理解。不过,钱穆先生是看到了这一点的,他说:"游于艺,不仅可以成才,亦所以进德也。"(《论语新解》)如果人们能够这样理解我对教学内容的设置,也就不再会发生"六经"和"六艺"谁高谁低、谁主谁辅的争执了。

客问:关于先生的教育思想、教学方法等,上面已经请教了很多。现代人讨论先生的教育事业时,常常很注重的一个问题,是先生的教育目的。因为您的学生子夏说过"仕而优则学,学而优则仕"(《子张》)的话,人们大多认为子夏的话可以代表您的思想,而且更进一步断定后一句"学而优则仕"就是您的教育目的(匡亚明《孔子评传》等)。当然,对此也不是没有不同的看法(高专诚《孔子·孔子弟子》),但认为您教育的目的就是为了培养学生出仕做官的观点,占更大的优势。那么请问先生,您个人究竟怎样看待这个问题?"学而优则仕"是您的教育目的吗?

答问:你提的这个问题很关键,后人对我的不少思想,都存在或多或少的误解和曲解,但没有合适的场合,也就没办法有针对性地申明立场,以匡谬说,以正视听。今天你提到教育目的这一问题,那么针对这个问题,我来申明一下我的真实立场。

首先,子夏说的两句话,是对我的思想的合理引申,可以代表我的观点。但是理解这两句话不能有偏颇。古代学者自何晏(《论语集解》)以至朱熹(《论语集注》),都释"优"为"有余力",因此杨伯峻先生把它翻译为"做官了,有余力便去学习;学习了,有余力便去做官"(《论语译注》),这个理解大体是对的。两句话合起来说明"学"与"仕"的关系,是一个整体。而不能只强调"学而优则仕"一半,把"仕而优则学"放下不管,那就不是我的思想了。

其次,承认子夏的话可以代表我的思想,并不能说明在我这里教育的目的就是让学生出仕做官。如果那样讲,我就没有必要把我的学生分为德行、言语、政事、文学四个专业了,只设政事一个专业就可以了。其实,关于我培养、教育学生的目标,我在前面已经提及,就是努力完善人格。在努力完善自我的同时,争取通过各种方式去影响他人、社会和国家。毫无疑问,在完善人格的内容中,从政为官是一个重要方面。但也只是一个重要方面而已,并不是全部。也正是出于这样的考虑,我一方面承认"学,禄在其中矣"(《卫灵公》),肯定学习与俸禄之间的内在关联;另一方面又赞赏"三年学,不至于谷"(《泰伯》)的非功利态度。尤其对还不具备做官资格的人,如果一定要他做官,我认为那简直是有意害人(《先进》)。总之,就"学"与"仕"的关系而言,我认为,学习可能导致做官,但学习并不一定非要做官。学习不以做官为唯一追求,那么也就不能说我的教育目的就是让学生出仕做官了。

再次，学习尤其是好学在我看来是一种很高的人格境界，但在我也同时承认学与禄的现实关系，承认学与仕存在可能性之后，历代的利禄之辈一步步把它推向极端，把它片面发展了。他们不但完全放弃"仕而优则学"方面，而且把学完全当作单纯追名逐利的手段。平民百姓把"书中自有黄金屋，书中自有颜如玉，书中自有千钟粟"作为追求目标，已经相当低俗；而在位者不仅不把学作为仕的先决条件，而且反而使学依附于仕，使学人依附于官僚，这就更加恶劣，更加使人无法接受。从理论上讲，从强调学的重要，到学成为仕的手段，我是要负责任的。但在历史发展过程中，学、仕关系完全被颠倒，这是我始料不及的。只能说，是历史给我开了个不大不小的玩笑。

第六章
善与美

以仁学为基础的美学/成于乐,游于艺/兴、观、群、怨/善与美/
文质彬彬/智者乐水,仁者乐山/
和而不同的君子人格/中庸的美学批评

客问:我越来越觉得先生的精神世界是一个蕴藏极为丰富的宝库,您不仅于哲学、政治、伦理、教育方面多有建树,而且在美学、文艺思想方面也有许多独到见解。因此,就美学、文艺思想方面,我也想向先生请教一些问题,仍请先生不吝赐教。谈到先生的美学思想,学术界比较早的一种观点是由李泽厚、刘纲纪提出的,说先生美学思想的基础是仁学(《中国美学史》第一卷)。自从李、刘二先生提出这一看法后,人们大多都采用此说。请问先生,您是否同意这种说法?它符合您的思想实际吗?

答问:不仅李、刘二位先生认为我的美学思想的基础是仁学,现时通行的大多数美学论著也多持此论,就连哲学史家张岱年先生也这样认为(《孔子》)。我本人很同意这一说法,我认为这样说是符合我的思想实际的。

实事求是地说,在我的整个思想中,美学是一个有机组成部分,但我的美学思想本身并没有形成系统,没有构成独立完整的框架结构,它实际上是我从仁学出发去观察和解决审美和文艺问题所得出的结论。因此,仁学构成美学思想的基础,不了解我的仁学,就无法了解我的美学的精神实质。

关于我仁学的主要内容,在前面的讨论中已经说过,简言之,我认为"礼"所规定的上下等级、尊卑老幼秩序,不是人为强制的东西,而是建立在以氏族血缘关系为核心的亲子之爱的基础上的。与此相联系,对于人的看法被重新确立和被重新解释:我把个体和社会的发展,放置在由血缘关系所产生的亲子之爱的基础上,这就极大地突出了人相互依存的社会性;我主张高扬个体人格的主动性和独立性,并把个体人格的发展和完成,看作是真正实现社会和谐发展的极为重要的条件。

由于在仁学中,我对人做了新的理解和解释,那么这就从根本上决定了我在中国美学史上第一个对审美和艺术这种社会现象提出具有普遍意义和长远价值的见解。因为审美和艺术归根到底是人从自然的人向社会的人生成的这一漫长历史过程中的结果和产物。那么在我的美学思想中,其重大价值就在于它第一次充分自觉地、明确地从人的内在要求出发,而不是从宗教神学或其他什么外在信仰出发,去考察审美和艺术。

从人的内在要求出发,自觉完善人格,构成我仁学思想的主要内容。从人的内在要求出发,去观察和解决审美和艺术,构成我美学思想的主要内容。因此,可以肯定地说,我的美学是以我的仁学为基础的。

客问:既然先生肯定您的美学是以仁学为基础的,那么您的美学思想的特征是否也像仁学一样,带有明显的心理、伦理色彩呢?

答问:是的。因为建基于仁学之上,我认为一向混杂于礼中的文艺,对促进理想人格的形成和导致社会的和谐发展,也不能是外在的工具,而是有启发、陶冶人的性情,使人乐于为"仁"的内在功能。在仁学中,我就坚持重视和强调人的情感因素和心理因素。那么,对于以作用于人的情感为其重要特征的审美和艺术,我就尤为重视了。这样,从仁学中我便很自然地导引出美学。可以说,美学实际上是我的仁学的自然延伸。一方面,我充分肯定满足个体官能欲求的必要性和合理性,另一方面我又要求把这种心理欲求的满足导向符合于社会伦理的道德规范;一方面,我高度重视发挥审美和艺术对个体的情感心理的感染愉悦作用,另一方面我又强调这种作用,只有在能够导向群体的和谐发展时,才具有真正的意义和价值。这样,我的美学事实上是心理学、伦理学的美学。它最显著的特征,就是表达个体的心理欲求和社会的伦理规范两者的交融统一(李泽厚、刘纲纪《中国美学史》第一卷)。

客问:先生的美学以仁学为基础,因此也就决定了先生的美学思想具有心理和伦理色彩,这一点在听了先生的上述教诲后,已经有所领悟了。可是,不管怎么说,美学所关心的应该首先是艺术问题。那么,我想请问先生,您如何看待艺术的意义和价值,或者说您的艺术观如何?

答问:美学离不开艺术,美学思想首先要涉及的就是给艺术定位,对艺术的意义和价值做出判断。在我的美学思想中,能够表达和说明我的艺术观的,有这样两个要点:其一是"成于乐",其二是"游于艺"。

关于"成于乐",我的完整表述是"兴于《诗》,立于礼,成于乐"(《泰伯》)。意思是说,要成为仁人、君子,其首要的任务是学《诗》。《诗》在这里不是单纯的艺术品,而是一种政治性、宗教性、历史性的文献。通过学《诗》，一个人可以获得做仁人、君子所必备的有关政治、伦理和历史的种种知识。但是《诗》毕竟不是僵死的教条，不仅包含知识性，而且具有艺术的品质，具有陶冶情感的意义。不用说，学《诗》并不是目的，学《诗》的目的是"立于礼"，只有立足于礼，以礼为一切行动的规范，才能达到成就仁人、君子的目的。《诗》虽然具有陶冶情感的意义，但主要以提供知识而见长。那么通过知识学习而使人成为仁人、君子，这仍不免是强制的和生硬的。为了避免这种外在的强制和生硬，从"兴于《诗》"到"成于礼"之间，则需要"乐"来促进、来完成。"乐所以成性"（孔安国注），"乐以治性，故能成性"（刘宝楠《论语正义》）。这话是颇得我心的。因此，我认为，以音乐为代表的艺术，以它特有的形式，通过感染和陶冶，使人在不知不觉中提高素养，以达到理想的为人境界。这是我高度肯定它的意义的原因。

"成于乐"之外，我还提出"游于艺"。我说："志于道，据于德，依于仁，游于艺。"（《述而》）我认为，一个人要成为仁人君子，首先要以学道为志向，其次是要遵循德，再次要归依于仁，最后还要涉历游观于各种艺事。这里所说的"艺"，准确的内涵应该是礼、乐、书、数、射、御所谓"六艺"，但事实上这里面是包括艺术在内的。还有这个"游"字，它当然有涉历的意思，但也包含游憩、观赏和娱乐。我的思想和道家学者的思想虽然存在很大不同，但是我很喜欢庄周讲"逍遥游"中的那个"游"。所谓"游"，就是不出不入、不即不离，庄周讲的是人生境界，我用"游于艺"来表达人掌握六艺时所获得的自由感受，这其实正是艺术创造的感受，也同时就是审美感受。

我对"成于乐"和"游于艺"的理解和强调，集中代表了我的艺术观。但两者相比,"成于乐"主要强调乐对人在伦理培养中的作用,即通过乐的陶冶感染,以使人的心理和伦理达到交融合一;而"游于艺",则要求熟练掌握各种自然规律以服务于人的生活,在这种对规律的掌握中,人获得某种自由感。"成于乐"的"成",是指人的道德的成熟和完成,主要和伦理道德相关;而"游于艺"之"游",固然有游历之意,但它同时更突出一种自由感和自由愉悦的含义。

客问:从先生的艺术观看,在艺术还没有完全独立、尚未得到充分发展的时代,先生对艺术能够达到如此精深的理解,是很了不起的。您的艺术观如此,那么您对艺术的功能与作用,又做何理解呢?

答问:在我看来,所谓艺术在我的价值系统中具有工具性。但是,在成就理想人格和促进社会和谐发展方面,艺术又是其他东西所无法代替的。也就是说,艺术有其他东西所不具有的功能,它能发挥其他东西所不能发挥的作用。具体说来就是兴、观、群、怨四个方面。我说过:"诗,可以兴,可以观,可以群,可以怨。"(《阳货》)这里对诗的作用的分析,实际上包含了对一切艺术作用的理解和评价。

先说"兴"吧。

所谓"兴",古代为之作注的人很多,但我认为只有两个人的注,最符合我的思想实际。一个是孔安国注为"引譬连类"(何晏《论语集解》引),一个是朱熹注为"感发意志"(《论语集注》)。"引譬连类"是指通过某一个别的、形象的譬喻,让人通过联想领会到与这一譬喻相关的某种带普遍性的人生道理。这种用个别、形象的譬喻,引导人们领会某一普遍性道理的做法,接近于你们今天所说的"形象思维"(李泽厚、刘纲纪《中国美学史》第一卷)。也就是说,不把个别、形象的譬喻作为说明某一普遍性道理的例证或手段,而是通过直观、联想的作用,使譬喻与普遍性道理融合为一,并且直接作用于人的心理和情感,这种方式及其得到的结果就是审美性的。按照这个理解,可以认定我所说的"兴"虽然是含混的,但已经开始包含对艺术形象的个别性与普遍性、有限性与无限性的认识,也包含对想象、联想、情感和认识等各种因素在艺术中的作用的探索。当然,"兴"的施动者是人,那么这其中也表达了我对艺术创造和艺术欣赏过程中人的主体性的强调。

客问:那么您所说的"观",又是什么意思呢?

答问:我所说的"观",其实就是考察、观察的意思。不过,我的考察和观察,并不是主张完全用一种理智、冷静、不动心的态度去进行,而是要求用一种情感与理智相结合的实践理性精神去进行。因此,在我这里,考察和观察过程始终是带有情感好恶特征的。郑玄将"观"注为"观风俗之盛衰"(何晏《论语注解》引),大体符合我的本意。我认为,《诗》是反映社会生活的,它是诗人表达生活状况和对生活做出评判的一种方式。在《诗》中,或者说在艺术作品中,从创作者的角度看,他对"风俗之盛衰"或表示赞美,或表示批评;从读者的角度看,通过读《诗》,也可以因此而感受到《诗》中反映的生活现实的盛与衰,也可以由此而做出自己的判断。也就是说,不管从《诗》作者的角度,还是从读《诗》者的角度,都可以表现"观",都可以表现自己对风俗盛衰或赞美或厌恶的道德情感和心理状态。比如说,我认为《诗经》三百篇一个最重要的优点,就是总体思想内容纯正无邪(《为政》),像《关雎》这样的篇章,则表现出"乐而不淫,哀而不伤"(《八佾》)的情感,我对此是很欣赏的。但是,与《郑风》配套的音乐,却表现得靡曼淫秽(《卫灵公》),以至于破坏了典雅的诗文,这又是我要批评和反对的。

《诗》、乐如此,其他艺术形式也是如此。我认为,所谓艺术反映社会生活,不能只停留在描写社会生活中的一般事件、制度和风俗习尚方面,而要细致入微地揭示出人的精神情感和心理状态的丰富性、复杂性、多样性。只有这样的艺术品,才可以说是真正反映出了时代的精神风貌。从审美的角度说,你考察一件艺术品,也就是要从艺术中去看它反映一个社会、一个时代的状态,尤其要看表现在艺术品中的那个社会、那个时代的人们的精神、情感和心理状态。这两个方面加在一起,也就是我说的"可以观"的全部意思了。

客问:对"群"应该怎样理解呢?

答问:关于"群",孔安国注为"群居相切磋"(何晏《论语集解》引),朱熹注为"和而不流"(《论语集注》),两说虽然对后人影响比较大,也不能说理解得完全不对,但总让我觉得还不够准确,没有做到一针见血。

我说的是《诗》"可以群",要了解《诗》"可以群",需要先了解我是如何看待"群"的。我认为,"群"是人区别于动物的一个重要特征,它指的是人在以氏族血缘为基础的社会伦理关系中的生存和发展。为此,我反对人脱离社会而过隐居生活,认为隐居独处就如同与鸟兽相处一样(《微子》)。因此,人是否能够获得社会性存在,对我来说是至关重要的。人的社会性生存、社会性交往,是我主张"群"的一个核心内容。但是,主张"群"又倡导"群而不党"

(《卫灵公》),反对党同伐异,而主张人与人之间以互爱为基础。这就是我对"群"的理解。

"群"既然对人如此重要,那么如何使人互敬互爱、和谐交往、平等相处地生活于群体之中,就成了我必须认真考虑的问题。于是,我想到了《诗》,进而想到了艺术。我看到《诗》正是进行这种陶冶和感染的重要手段,经过《诗》的熏陶,个体就有可能成为有社会意识、社会情感,以爱人为自己行为准则的人。个体的这种成长和变化,就会给群体生活带来和谐。这就是我所说的《诗》"可以群"的实质。

我不仅在理论上对此予以提倡,而且在论《诗》时也始终贯彻这一点。比如我曾说:"不学《诗》,无以言。"(《论语·季氏》)认为学《诗》是"言"的基础,而"言"正是人们交往的重要手段。通过"言",通过交往,感情得以沟通,群体才能够和谐。我曾向我的儿子伯鱼强调,一定要学好《周南》《召南》(《阳货》),因为我认为《诗经》中的《周南》《召南》反映了生活中人与人之间的各种关系,学好这些诗,就同时学会了如何处理和对待这种种关系。人人如此,整个社会也就自然达到协调。我认为,学《诗》近可以侍奉父母,远可以侍奉君主,也说明《诗》是可以协调政治、伦理关系的。这些都是《诗》"可以群"的作用。当然,我说《诗》"可以群",强调的虽然是《诗》的社会作用和社会功能,但《诗》却是艺术地发挥这种作用和显示这种功能的。从某种意义上说,我的这一主张,恰与十九世纪俄国伟大作家列夫·托尔斯泰所谓"艺术是一种交际的手段,因而也是追求进步的手段"(《艺术论》)的说法不谋而合。不知道我这样讲,你是否同意?

客问：我完全同意。先生主张艺术发挥社会作用，但坚持一定要以艺术的方式发挥这种作用，这本身就是艺术见解，就是美学见解。那么，下面请先生再谈谈诗"可以怨"，好吗？

答问：好的。先说"怨"的含义，我认为它起码包括这样几个方面的内容：首先，我主张真实、真诚地对人对事，反对"以德报怨"，认为"以直报怨"才符合真实和真诚的原则。特别是对虚与委蛇的伪善和矫饰尤为反感，"匿怨而友其人，左丘明耻之，丘亦耻之"（《公冶长》）。其次，是怨恨不良政治之"怨"。孔安国注"怨，刺上政也"（何晏《论语集解》引），正指此而言。我认为，执政者如果"择其可劳而劳之"，爱惜民力，使民以时，人民就不会怨恨（《尧曰》）。相反，如果统治者"放于利而行"，只考虑个人和政权的利益，就理应招致人民的怨恨（《里仁》），而人民的怨恨也就是合理的。再次，是出于理性的自觉，我主张"不怨天，不尤人"（《宪问》）。但当在感情上、心理上遭受挫折和打击时，仍不免对天表示悲痛和怨恨，比如颜回去世以后，我就认为老天简直是在要我的命呀！（《先进》）总体说来，我认为凡是不违背仁道原则、不超出礼制规范的感情宣泄，不管是怨恨还是谴责，都是正常的、合理的。这就是我所理解的"怨"的本来含义。

基于这样的理解，我认为《诗》以艺术的形式完全具备这样的功能，它可以直抒胸臆，表达作者的真实情感；可以"刺上政"，批评乃至批判不良政治。这都是《诗》能够发挥的社会作用。但是，诗歌、艺术所发之"怨"，必须具有社会普遍性和高尚的道德价值。如果是出于纯个人的不满和牢骚，这种"怨"虽然可能也是真实和真诚的，而我仍然认为它是无意义的。总之，我所说的"怨"，既是真诚的，又是抒情的，而且还是有普遍性和道德感的。三者缺一不可,否则就不是我的主张。

客问:先生的"兴""观""群""怨"说,表面上看起来似乎比较简单,没想到经先生这番阐释,才知道其中竟蕴含着如此丰富的内容,这就难怪它会对中国文学、文学批评、文艺学和美学产生那么大的影响了。四者的含义如此,那么对四者之间的关系,先生还有何见教?

答问:在我看来,"兴""观""群""怨"四者之间,不是彼此孤立、互不相关的,而是互相关联、相辅相成的。明代的王夫之对此做过深入研究,他说:"'《诗》可以兴,可以观,可以群,可以怨。'尽矣。辨汉、魏、唐、宋之雅俗得失以此,读《三百篇》者必此也。'可以'云者,随所'以'而皆'可'也。于所兴而可观,其兴也深;于所观而可兴,其观也审。以其群者而怨,怨愈不忘;以其怨者而群,群乃益挚。出于四情之外,以生起四情;游于四情之中,情无所窒。作者用一致之思,读者各以其情而自得。"(《诗绎》)王夫之这段话不但讲了四者的共同特点,四者之间的关系,而且还涉及以四者为标准的文学批评,以及文学接受,可以说既出于我、又发展了我的思想。所以有王氏这段话在,我就不必多说了。

客问:上面先生所谈的主要是艺术方面的问题,在美学上,您也有很重要的贡献和与众不同的见解,比如美与善的区分和统一的问题,请先生谈谈好吗?

答问:好的。在我的美学思想中,区分美与善是很基础的工作,但却是根本性的。因为在我之前,美与善两个概念基本上是混而不分的(《里仁》《颜渊》)。那么,不把美从善中分离出来,美学问题就无从谈起。我本人就首先做了这一开创性工作，比如我说过："不有祝鮀之佞，而有宋朝之美，难乎免于今之世矣。"(《雍也》)我的学生子贡也说："有美玉于斯，韫椟而藏诸？求善贾而沽诸？"(《子罕》)这里的两个"美"字，都明确指的是形式美，也就是说，美在我这里已经获得了独立性，它从此不再被善所掩盖和淹没了。此外，我还主张重视文辞的修饰美，还有居室、宗庙的建筑美(《子路》《子张》)，都说明我对能给人带来精神的愉快和享受的感性形式的重视。

当然，给人印象最深的还是我对《韶》《武》之乐的评价，我认为《韶》"尽美矣，又尽善也"，认为《武》"尽美矣，未尽善也"(《八佾》)。《韶》为舜乐，《武》为周武王乐。历代注家都认为我对《韶》《武》的不同评价，是因为《韶》乐表现的是尧、舜禅让，而《武》乐表现的是周武王征伐，所以前者尽善，而后者则未尽善(朱熹《论语集注》，何晏、邢昺《论语注疏》等)。如果对两首乐曲做"知人论世"的历史考察，再参以我"为政以德"的主张，这样理解也是没有什么问题的。但我为什么认为两首表达不同内容的乐曲，却都是"尽美"的呢？这就涉及曲子的形式——声调、节奏、乐器以及舞蹈等。就《武》乐来说，从善的内容方面看，它并不是完满的；但从美的形式方面看，却又是相当完满的。我之所以在它"未尽善"的情况下仍然对它的"尽美"予以欣赏和肯定，就是因为看到它能够给人以审美快感和审美享受的形式特征。试设想，我在齐国欣赏《韶》乐之后，竟"三月不知肉味"，这连我自己都没想到(《述而》)。音乐能使我达到如此沉迷和陶醉的程度，如果不是它本身具有异乎寻常的感性震撼力，光靠理性的道德说教，是无论如何也不可能达到的。

我把美与善予以明确区分,目的是使美获得独立。但是区分是为了更好地统一,更自觉地统一。换言之,我强调美的相对独立性,强调审美给人带来的感性愉快和享受,以及由此对人造成的熏陶和感染作用,并不意味着我对善、对艺术理性内容的轻视和放弃。相反,美与善相比,我还是认为善是更基础、更根本的。"人而不仁,如乐何?"(《论语·八佾》)人行仁道是第一位的,如果不行仁道,"乐"对其就没有任何作用。"如有周公之才之美,使骄且吝,其余不足观也已。"(《论语·泰伯》)即使有周公那样的才干和美貌,如果品行不高尚,照样一无可取。也就是说,仅有善而无美是不完美的,但仅有美而无善是无意义的。这样,我所希望看到的是,既重视感性形式的审美愉悦功能,又强调理性内容的根本决定作用;既要美,又要善。二者相对独立,又紧密联系,缺一不可。因此,我所追求的理想,是尽善而又尽美。"思无邪"的内容,由"洋洋乎盈耳"的形式来表现,是我最理想的美学境界。

客问:先生所说的尽善尽美,从美学上看是一个道德判断与审美判断的关系问题,确立了美的相对独立地位,也就等于确立了审美判断的独立地位。因此,先生的这一思想,在中国美学史上的确具有非常重要的意义。与此相关,先生还提出"文质彬彬"论,请问先生,"文质彬彬"是否也具有美学意义?它所包含的美学内容是什么?

答问:还是围绕人格修养的那个老问题,我提出:"质胜文则野,文胜质则史。文质彬彬,然后君子。"(《雍也》)这里虽然谈的是人,但其中却包含一个重要的美学命题,即文、质关系问题。"文""质"两个概念,我曾经多次说到。关于"文",我说:"君子博学于文"(同上),"文之以礼乐"(《宪问》),"周监于二代,郁郁乎文哉"(《八佾》)等等。我的"文"兼有文献典籍、文采和社会文明等义。宋代司马光说:"古之所谓文者,乃诗书礼乐之文,升降进退之容,弦歌雅颂之声。"(《答孔文仲司户书》)也是看到了君子修养中与"文"有关的各个方面,而这些方面大都与审美有关。关于"质",我也说过:"君子义以为质,礼以行之,逊以出之,信以成之。"(《卫灵公》)"夫达也者,质直而好义。"(《颜渊》)等等。很明显,"质"是指人应具备的内在道德品质。

我认为,在人的修养中,无非包含"文""质"两个方面,两者构成一种对应关系。如果"质"多"文"少,人就不免粗野;如果"文"多"质"弱,那么人又不免显得浮华。只有"文"与"质"有机结合,人才能达到完美境界。对于我的这一说法,不理解者大有人在,比如棘子成就曾问我的学生子贡,做君子只要有好的本质便足够了,还要那些文采干什么?针对这一糊涂认识,子贡说,对君子来说,本质和文采同样重要。举例说吧,如果把虎豹的皮和犬羊的皮都除去有文采的毛,那这两种兽皮不就没什么区别了!(同上)我觉得子贡的回答非常巧妙,也非常形象。就君子人格来说,"文"是形式,"质"就是内容。内容不能脱离形式,更不能代替形式,形式本身自有其独立存在的意义和价值。如果你只重内容,不顾形式,结果就可能会失去人格高低优劣的判断标准。与过去的看法相比,我在这里突出强调了一个思想,就是关于"文"的独立价值,和它对于"质"的表达作用。

总的说来,我提出的"文质彬彬",在美学上是一个有价值的命题,它从人的存在问题切入,把美的本质理解为"个体的社会性存在同人类文明发展相称的形式中的完满实现"(李泽厚、刘纲纪

《中国美学史》第一卷)。由此引申出艺术的内容与形式的关系问题,认为"质"不是"文","文"不是"质";艺术的内容不等于形式,艺术的形式也不等于内容。两者相对独立,又相互依存,失去一方,另一方也就失去了规定性。同时,就像通过皮毛的花纹可以鉴别是虎豹之皮还是犬羊之皮一样,艺术的外在形式也能够对内容产生某种制约、限制和表达作用。我想,这一点至今对艺术创作和艺术批评都是有意义的。

客问:从人出发来讨论艺术和审美问题,是先生的一贯立场,前面的谈话中,先生一直在突出这一点。相对于人本身,还有广袤的大自然。对自然之美,先生是怎样理解的?

答问:我一生重视对人本身的问题进行探讨,在美学讨论时也不例外。重视人并不意味着就不热爱大自然,比如有一次我和弟子们讨论人生志向时,我独对曾点"莫春者,春服既成,冠者五六人,童子六七人,浴乎沂,风乎舞雩,咏而归"(《先进》)表示赞同,由此你就不难想象到我对自然而自由的生活是何等的神往。当然,我并没有专门谈过自然问题,更没有专门谈过自然美。但是,我在谈人时,涉及或者说包含我对自然美的看法。这一点一些当代学者是看到了的(李泽厚、刘纲纪《中国美学史》第一卷,张岱年主编《孔子大辞典》)。

不用说,我所说的"知者乐水,仁者乐山。智者动,仁者静;智者乐,仁者寿"(《雍也》),原本也是从君子的人格修养上来说明"知"与"仁"各自所侧重具有的品质特征的。但是这其中隐含着的另一个问题是,人们的精神品质不同,其对自然山水喜欢、喜爱的倾向也就不同。或者进一步说,一定的自然对象之所以引起人们的喜爱，其实是因为它自身具有某种与人的精神品质相似的东西。具体地说，"知者"之所以"乐水"，是因为水具有活泼流动的"动"的特点，这与"知者"捷于应对、敏于事功的"不惑"特征，正相契合。而"仁者"之所以"乐山"，是因为山阔大宽厚、巍然屹立的"静"态，与"仁者"稳健沉着、宽厚得众的特征，也相契合。我这样来谈人和自然物之间的关系，实际上是揭示出人与自然在广泛的样态上有某种内在的同形同构，从而可以互相感应交流的关系。从美学上看，认定这种关系显示出的正是审美性的心理特征。

在揭示人和自然物之间内在的同形同构、互相感应交流的关系过程中，我首先是从人的立场、人的选择尺度来看待和定位自然物的。那么对自然物做出定性和定位之后，我又由自然一方来反观人，来象征和譬喻人格的某种特性和特征。也就是说，在肯定自然美和展示自然美的时候，我始终都坚持和突出人的主体性地位。

自从我提出"知者乐水，仁者乐山"以后，在确立人与自然的品格关系方面，就形成一种程式，而且影响很大。比如《韩诗外传》就说："夫水者，缘理而行，不遗小间，似有智者；动而下之，似有礼者；蹈深不疑，似有勇者；障防而清，似知命者；历险致远，卒成不毁，似有德者。"直到清代著名画家石涛论画山水，谓之"山之拱揖也以礼，山之行徐也以和，山之环聚也以谨，山之虚灵也以智"（《画语录·资任章》），也仍然把山水之美看作是人的某种精神品质的表现。国人从不单纯讨论大自然，总是以人性来看待自然性，又用自然性反过来说明人性。这不仅是我们的一种思维习惯，也同时是我们的一种审美习惯。

客问:按照先生的一贯思路,您思想中丰富多彩的理解和认识,常常是从您有关社会人生的思考中引申出来的。比如说您用"礼之用,和为贵"的"和"(《学而》),来描绘您的社会政治理想,也用"和而不同"的"和",来概括和形容您所认为的君子德行境界。还有,您称"中庸之为德也,其至矣乎!"(《雍也》),既把"中庸"作为一种道德理想,也把"中庸"作为一种为人的原则和尺度。那么请问先生,由"和"与"中庸",是不是也可以引申出关于美学思想方面的思考呢?

答问:你的这个提议正和我的想法不谋而合,从"和"与"中庸"中,当然可以引申出关于美学思想方面的思考。

关于"和",早在我之前就已经有人提出和进行过论述(《国语·周语》《国语·郑语》《左传·昭公二十一年》),其中合理因素不少。但从总体上看,他们将感性生理问题与社会政治进行简单比附的痕迹还比较明显。我提出将它用之于社会人生评判,这就变换了问题讨论的角度和针对性,也同时为把"和"这一概念引向伦理学美学思想铺平了道路。回想起来,我曾经提到"和"与美发生关系的大致有两种情况:一是"礼之用,和为贵,先王之道斯为美"。(《学而》)在这里,我认为先王之道是美的,先王之道之所以美,恰恰是因为有"礼"对社会政治适宜而又适度的调节和制约,从而使整个社会达到安定与和谐。人与人之间以礼为前提条件的和合,是作为社会和谐安定的前提条件存在的。因为它本身就是一种美的境界,所以才导致"先王之道"的美。二是指个体与他人之间的协调关系,如我认为:"盖均无贫,和无寡,安无倾。"(《季氏》)如果人和人之间能够以"和"相待,不仅彼此都不再感到孤独,而且结合在一起的力量也会因此而强大。但是,个体与个体之间的"和",又不是要求放弃原则、盲目顺从,是需要任何一方都保持其个性的"和",而不是失去个性的"同";是有机结合,而不是机械相加。所以,我认为"和而不同"(《子路》)才是君子应有的美德,才是一种美的人格。由"和"引申出的美学思想,对后人影响很大。比如当代美学家周来祥先生就认为美的本质是和谐(《美是和谐》)。不用说,这个思想是从我关于"和"的论述总结和发展而来的。

与"和"思想相关,我又提出"中庸"说。"中庸之为德也,其至矣乎!"(《雍也》)从哲学、伦理学方面看,我认为"中庸"是一种为人的标准和原则。引进美学范围,我认为"中庸"则是一种审美批评尺度。它要求在美和艺术中,处处都应当把各种对立的因素、成分和谐地统一起来,不能片面地强调一方而否定另一方。对立因素的统一,每一因素适度的发展,是我对作为美学批评尺度的"中庸"的基本要求。我不仅在理论上这样主张,而且也用之于美学批评实践。比如我在谈到诗、乐对人生情感的表现时,要求"乐而不淫,哀而不伤"(《八佾》)。在我看来,真正美的艺术作品,其情感表达应该是适度的。如果超出一定的限度,欢乐就有可能成为放肆,悲哀就有可能堕入感伤。这样的艺术品既不美,又无益于人。在"中庸"的美学批评尺度框定之下,中国艺术在两千多年的发展中,基本上保持一种理性、节制的品格,很少有粗鄙的情欲发泄和迷狂的情绪冲动的艺术品出现,更没有以宣泄情欲和情绪的美学主张出现。这从反面恰恰证明了我"中庸"美学批评主张的影响力。

把"和"与"中庸"从社会人生问题引入美学艺术领域,从而使我的审美艺术批评形成鲜明的伦理特点,造成巨大持久的影响力,但它同时也给审美和艺术的自由发展带来难以摆脱的限制。经过长时期的反省,我自己已越来越清楚地认识到这一点。

第七章
论经济、军事和历史

君子喻于义,小人喻于利/富民、薄赋、节用/以礼治军/教民以战/《春秋》褒贬/史家当秉笔直书/为尊、亲、贤者讳/无征不信

客问:历史对于后人是一面镜子,在先生的思想里,我们常常发现至今都有启发和教育意义的理论。眼下,中国自上而下考虑的中心问题是经济建设问题,而且人们也很想了解先生的经济思想,并企图从中获得一些启发和教益。那么,请先生再谈谈您的经济思想,好吗?

答问:好的。经济思想和经济生活密切相关,现代人的经济生活丰富、广泛,所以经济思想涉及的范围会非常广。在我那个时代,所谓经济主要包括基本利益和基本生活需要。所以,古今对经济的理解,是有不少差别的。

后人由于注意到我"罕言利"(《子罕》),又见我反对樊迟学种庄稼、种菜,以为我只要精神不要物质,只要道德不讲经济,这或多或少会影响对我的经济思想的正常传播和接受。而事实上,我对人的基本物质生活、基本生活需要不仅承认,而且是持肯定态度的。"饮食男女,人之大欲存焉;死亡贫苦,人之大恶存焉。"(《礼记·礼运》)在我自己的实际生活中,我也主张"食不厌精,脍不厌细"(《乡党》);教导学生"学也,禄在其中矣"(《卫灵公》)。

但是,肯定人的基本物质欲望,肯定人的基本生活需要,并不是无限制地提倡。如果说一个人单纯追求物质欲望和物质生活的话,那么他有可能会得到富贵。但我坚持认为,一个人,特别是君子,如果有选择富贵或道义的可能和机会,还是要"义以为上"(《阳货》)。"富与贵,是人之所欲",如果不以其道而得到,那宁肯放弃;"贫与贱,是人之所恶",如果不以其道而摆脱,也宁肯承受。(《里仁》)士人君子是以追求真理为自己的目标的,如果过分注重物质生活,这个人是没前途的。所以,我认为,拿富贵和道义相比,道义显然更为重要,吃粗粮、喝冷水,弯起胳膊当枕头,乐在其中。而靠干不正当的事得来的富贵,对我来说就像天边的浮云一样遥远和无意义。(《述而》)

总的来说,我首先承认衣食为人之所必需,基本物质要求是合理的,富贵也是人们所希望得到的。但对这些东西既不能刻意追求,也要看到这些东西在人生中的价值的相对性。因此,在我看来,君子应该"忧道不忧贫"(《卫灵公》)。不管在什么情况下,坚持道义、追求道义,才能获得生命的意义。其实,我之所以赞赏颜回,说他一筐饭、一瓢水,住在小巷子里,别人都受不了那穷苦的忧愁,颜回却能不改他自有的快乐(《雍也》),也是因为他能够以道义为重,而不太在意物质生活的困窘。这样处理富贵与道义、物质与精神的关系,是能部分显示我经济思想的倾向性的。

客问:经先生这么一讲,过去对您思想中的不少误解,就都可以澄清了。先生虽然很少谈利,但并没有将义、利对立,更没有以义来取代利。如此看来,孟子反对言利(《孟子·梁惠王上》),朱熹也以为"计利则害义"(《论语集注》引程子语),都不是对您思想的真正继承。但是,先生说"君子喻于义,小人喻于利"(《里仁》),对利明显抱贬抑态度,这又如何解释呢?

答问:我确实说过"君子喻于义,小人喻于利"的话,但我讲这句话主要不是为了显示褒贬,表明价值判断,而是陈述一个事实。我所说的"君子",是指士以上的政治统治者,"小人"是指被统治者,主要包括农民、手工业者、商人以及城市平民。我认为,士以上的社会阶层,不存在具体的生计问题,他们看重的是义,所以对他们要"喻于义"。而被统治者在生存中首先遇到的是生计问题,是基本物质需要问题,所以对他们如果只空谈大义是没有用的,而应该"喻于利"。

而且,我这样讲也是出于维护社会安宁稳定的需要,就是说要让执政者明白一个道理:对不同的人要采取不同的教育引导方法。如果社会中各阶层的人都以利为重,上下交征利的局面就会出现,这样就有可能出现国家危亡的严重后果。因此,我认为统治者要以义为利,因为"义以生利,利以平民"(《左传·成公二年》),这是为政的关键。为政不抓关键,不看大方向,是很危险的。而且我还认为,执掌国家权柄的人,不必着急财富不多,只需着急财富不均;不必着急人民太少,只需着急境内不安。如果财富均等,便无所谓贫穷;境内和平团结,便不会觉得人少;境内平安,便不会倾危。(《季氏》)这是需要统治者认真对待的问题。

客问:先生主张统治者"义以为上",反对与被统治者争利,这是很重要的思想。那么先生既然认为被统治者有理由"喻于利",从维护统治的角度看,统治者对维护统治、维护政治安定应该采取怎样的经济措施呢?

答问:我认为一个国家的统治者要想维护统治、维护政治稳定,对国家社会起码要采取以下经济措施:首先,要先富后教。

就是说执政者要先设法让人民富裕起来,要保证人民过上正常的日子,然后再加以教育。人民富裕了,生活没有困难,统治者的教育、教化才会收到实效。其次,要薄赋敛。我反对鲁国用田赋增税的办法,主张"施取其厚,事举其中,敛从其薄"(《左传·哀公十一年》)。治理国家,让老百姓种地纳税是必需的。但统治者必须考虑到人民的承受能力,政府不能过分加重人民的赋税负担。赋税过重过苛,社会机制就会失衡。我之所以反对冉求为富于周公的季氏聚敛财富(《先进》),就是因为看到这一点。再次,是要节用爱人,使民以时。我认为,拥有一千辆兵车的国家,执政者就要有敬业精神,办事讲信用,尤其要节约财政支出,不在农忙季节役使人民。(《学而》)因为从道理上讲,节用是薄敛的前提,国家财政开支减少了,征收的赋税就会少一点,人民的负担就会减轻一些。另外,老百姓是照季节规律从事生产的,政府派徭役要避开农忙季节,这样农民就不会因此而耽误农时,就有可能在风调雨顺的情况下增加收入。政府薄敛,老百姓收入增加,执政当局就会得到人民拥护。政治向心力增强,国家的综合实力自然也就增强了。这岂不是对上、对下两全其美的事情!

客问:关于先生的经济思想,经先生这番陈述,学生已知其大体了。说到这里,我忽然想起,先生所处时代是个战争频仍的时代,而且孟子还说过"春秋无义战"(《孟子·尽心下》)之类的话,可见频繁的战争给后人的印象是十分深刻的。有战争就离不开军事,就军事方面,不知先生有何高见?

答问:高见谈不上,但身处战乱之秋,对战争、对军事有些感想或发些议论,是难免的。不知道在军事方面你想了解哪些问题?

客问:我首先想了解的是,先生怎样看待军事在治国中的作用?

答问:我认为军事在为政治国中的作用非常重要,重要到什么程度呢,我给你举个例子来说明。有一次,子贡向我请教如何治政,我回答他,一要充足粮食,二要充足军备。做到这两点,老百姓对政府就有信心了。(《颜渊》)由此你就不难明白,我是如何看待军事的政治作用了。从理论上讲,我认为政治是军事之本,军事为政治之用,两者相辅相成。打个比方说,政治和军事就像车子的两轮、鸟的两翼,二者绝对不可偏废,我当年陪同鲁定公出席鲁、齐夹谷之会时提出"有文事者必有武备,有武事者必有文备"(《史记·孔子世家》),所体现出的就是这个思想。

客问:记得先生当年游学到卫国时,卫灵公曾向先生请教军事问题,先生回答卫灵公说:"俎豆之事,则尝闻之矣;军旅之事,未之学也。"(《卫灵公》)根据《礼记》记载,先生告诉学生子游,说如果"治国而无礼",出现的政治弊端之一就是"田猎戎事失其策,军旅武功失其制"(《礼记·仲尼燕居》)。由此可见,军事的重要性远不能与礼相比。那么请问先生,可不可以说在您看来礼是军事的指导原则和灵魂呢?

答问:可以这么讲。当年卫灵公问我军事问题,我之所以顾左右而言他,是因为在我看来卫国当时的迫切任务是确立礼,而"军旅末事,本未立,不可教以末事"(何晏《论语集解》引郑玄注)。

这里就有一个怎样看待两者之间的关系问题,也就是说,是礼义重要,还是军事重要?是礼义在先,还是军事在先?那么我的理解是,礼重于军事,礼先于军事。因为发展军事只不过是维护国家安全和安定的手段,而礼却是治国的根本。照此推论,礼也必然是军事的原则和根本。

礼既然是军事的原则和根本,那么顺理成章,我就提出要"以礼治军"。这其中包括,不仅对内防范,而且对外交战,只要动用武力,都首先要考虑行动本身是否符合礼节。即使是勇武精神,我认为也应该受礼义统率。因此,在我看来,一个人身为君子,如果有勇而无义,也会捣乱和造反;而小人的有勇无义,就只有做土匪强盗的份了(《阳货》)。说实话,我平生最憎恶的人之一,就是"勇而无礼者"(同上)。

强调礼义为军事的原则和根本,这其中还包含我的另一个思想,就是要对兵戎战事持严肃谨慎态度。所谓严肃谨慎,一方面是说不能轻易动武(《述而》);另一方面指即使在不得已的情况下动武,由于慎重对待,也会事先考虑周密,结果是战而胜之(同上)。

需要特别说明的是,我所强调的礼义对军事的指导和统率作用,是从战略上讲的,而不是从战术上讲的。如果战术上也坚持用礼义统率军事,就不免要犯宋襄公式的错误(《左传·僖公二十三年》)。那不仅是可笑的,而且是可怕的。毛泽东先生讲,在战略上要藐视敌人,在战术上要重视敌人。我则强调,在战略上要重视礼义,在战术上要藐视礼义。其中包含的都是同样的道理。

客问:先生主张以礼义统率军事、指导军事,这可以说是先生看待军事的基本立场。但是,您在那个战争连年的时代,有时对军事行为持反对态度(《卫灵公》),有时又表示赞成和支持。那么这其中您所坚持的标准又是什么呢?

答问:对军事行动包括军事讨论,是支持还是反对,最重要的标准是,看它是正义的还是非正义的。凡保家卫国、反对侵略的战争,我就认为它是正义的,也就表示支持,比如鲁哀公十一年(前484年),我的学生冉求率兵打败齐军,我认为这一仗打得好,是正义之战(《左传·哀公十一年》)。而凡以侵略他国为目的的战争,我就认为它是非正义的,当然也就表示反对,也就支持反抗。比如鲁定公十年(前500年)齐国胁迫鲁国参加的夹谷之会,齐国就怀有侵略和颠覆鲁国的野心,所以我全力协助鲁定公,终于挫败齐国的侵略阴谋(《左传·定公十年》《史记·孔子世家》等)。还有,鲁国的世卿季氏曾经要讨伐颛臾。颛臾本是小国,根本没有力量和季氏抗衡。季氏声称"讨伐",事实上只能是侵略,我当然表示坚决反对。我认为治政和用兵的目的,不是为了侵略别国。季氏谋动干戈之意不仅在侵犯颛臾,更严重的是企图危及鲁君的地位。对此,我怎么能不坚决反对、坚决制止呢?(《季氏》)可以说,是自卫还是侵略,这是划分正义还是非正义战争的界限。对于正义的战争,我是支持的;而对于非正义战争,我则旗帜鲜明地表示反对。这就是我的战争观。

客问:先生既然支持正义战争,那么对于执政者发动人民参加保家卫国的战争,您是否完全支持呢?

答问:国家一旦遭受外来侵犯,每个社会成员都有责任和义务参加保卫国家的战争。但是,对执政者来说,发动人民投入战争,要事先做好准备,要事先对人民进行作战的教导和训练。我曾经说过:"善人教民七年,亦可以即戎矣。"(《子路》)我所说的"七年"教民,当然主要内容是礼义教化,但军事教导、军事训练也包括其中。我教育学生学习的"六艺",其中就有军事内容,比如射箭和驾车,都可以用于战争。相反,如果执政者用未经训练的民众去作战,"以不教民战,是谓弃之"(同上),那简直是糟蹋生命,与故意杀人没有什么两样。

不用说,我的这一主张是和我仁的思想直接相关的,它对后世的影响也主要表现在爱人、民本方面。比如孟轲就说:"不教民而用之,谓之殃民。"(《孟子·告子下》)这与我的思想是一致的。但孟轲更进一步认为,执政者只要坚持实行仁政,对人民注重礼义教化。人民个个懂得仁义,即使面对拥有坚甲利兵的强大敌人,自然也会不战而胜(同上)。这就有些过分宣扬精神万能论了。到宋代朱熹,在这一点上更有超孟轲而上者,比如他把我"善人教民七年,亦可以即戎矣",理解为"民知亲其上,死其长,故可以即戎"(《论语集注》),这实在是对我的本意的歪曲和篡改。试设想,如果对参战的民众只上思想品德教育课,不对他们进行军事训练,那么到战场上还不是白白送死吗?所以,这里面依然存在一个我们前面已经说到的战略和战术的区别问题。一旦混淆两者,就会上演南辕北辙的悲剧。

客问: 先生即使谈军事也不忘以史为鉴,比如刚才先生阐述战略与战术的区别时,就以历史上的宋襄公为例,以古喻今,很能说明问题。这使我想到先生曾修《春秋》,是名副其实的历史学家。因此在史学方面,一定也会有不少深刻的见解。比如您写作

《春秋》的真实动机是什么,请谈谈好吗?

答问:关于我写作《春秋》的真实动机,真是说来话长。根据你对我生平行状的了解,不难想象得到,我一生都在为实现理想而奋斗。但是,不管我在鲁国国内,还是外出干谒游说,颠沛流离几十年,政局不但不见好转,而且一天比一天动荡,这多少有些让我感到失望。于是,我想到与其到处游说、宣传自己的主张,不如把我对政治的期望和对人事的褒贬通过书写历史著作的方式表达出来。司马迁看到了这一点,说:"孔子知言之不用,道之不行也,是非二百四十二年之中,以为天下仪表,贬天子,退诸侯,讨大夫,以达王事而已矣。"(《史记·太史公自序》)而且对我"欲载之空言,不如见诸行事之深切著明也"(同上)的做法,也表示同情的理解。

以著作历史的方式,用具体、生动的历史事实,来说明道义、表达自己的见解和立场,这肯定只有私家修史才有可能,而且也与我坚持以"立言"来追求不朽的价值观有关。但是,这种做法事实上也表现出一个重要的史学思想,那就是通过叙述历史,来表达对现实的主张和见解,以为现实政治服务。书写的历史不可能保证它一定就是完整的历史事件本身,更何况我又是带着爱憎褒贬的感情态度去写历史的。今天的史学理论界,常常称道意大利史学家贝奈戴托·克罗齐所谓"任何历史都是当代史"(《历史学的理论与实际》)这一相当坦率的说法,殊不知早在两千多年前,我的历史思想和实践中,就已经包含了这个想法。

客问:在先生之前,传统的史学只是"左史记言,右史记事"(班固《汉书·艺文志》),如实记录统治者的言行而已。到了先生这里,则开始在叙述历史的同时,阐述历史的意义并由此提出个人的思想主张。您认为这一变化的史学意义是什么?

答问:我认为这一变化的意义,起码有两点:第一,从历史家本人来说,传统史学中史官记录历史仅仅为了完成其职责,他们所记录的统治者的言行,最多只具有档案价值。而我要求史家在叙述历史的同时,既记述历史事实,阐述历史的意义,又通过对历史事件的评价而提出个人的思想主张,这实际上就把记录历史的过程转变为参与历史的过程,史家推动历史和改造历史的主动精神和主动意识,也就由此得以实现。第二,从史学发展来讲,由于我提出新的史学观,从此人们对史学功能的认识得以深化,对史学的领域范围也会有所拓展。汉代史家司马迁在写作《史记》时,不仅明白宣称自己完全继承了我借写史表达个人见解、阐述个人思想的史学观念,而且在写史实践中更自觉地追求"欲究天人之际,通古今之变,成一家之言"(《史记·太史公自序》)的文体自觉意识,这对中国史学的影响,无疑是深远而巨大的。不瞒你说,在我身后能有司马迁这样的史学继承人和发展者,实在是一件让我感到高兴的事情。

客问:先生身为史家兼史学家,对治史的体会是很深的。那么请问先生,您认为史家治史最重要、最需要坚持的原则是什么?

答问:我认为是一个"直"字。所谓"直",就是要求史家在治史的时候,要不虚美、不隐恶、不畏权势,秉笔直书。比如鲁宣公二年(前607年)晋国的赵穿杀死晋灵公,赵穿的哥哥赵盾门下史官董狐就把这件事记载为:"赵盾弑其君。"赵盾对此进行申辩。董狐却说:"您是正卿,逃亡不越出国境,返回也不讨伐逆贼,杀死国君的人不是您又是谁呢？"赵盾自知理亏，只好认可董狐的记载。我对董狐的这种做法非常赞赏，认为他实事求是，秉笔直书，是一位出色的史官。(《左传·宣公二年》)还有，为《春秋》作传的左丘明，为人刚直不阿(《公冶长》)，我认为他就具有史家所应该具有的潜在品质。

我本人在写作《春秋》的过程中，也始终是以秉笔直书为原则的。正因为我不虚美、不隐恶，从事实记述的准确程度到对人对事的评价分寸上，我"笔则笔，削则削，子夏之徒不能赞一辞"(司马迁《史记·孔子世家》)，所以孟轲认为："孔子成《春秋》而乱臣贼子惧。"我个人也认为，别人如果想了解我的真实心迹，只有通过《春秋》；如果有人想罗织罪名、找我的麻烦，也是因为我写了《春秋》。(《孟子·滕文公下》)由此你也不难看出，在权力大于正义的时代，特别是到了秦、汉以后的君主专制时代，史家治史坚持"直"的原则，常常是要付出代价的，有时还会因此而牺牲自己和家人的生命。正因为如此，努力坚持实践这一点就显得尤其可贵，也尤为重要。

客问：先生治史重"直"，这是个真实性问题，也就是说这是对治史的真实性要求。但先生又认为体现和表达道义是史学的根本任务，这对治史提出的又是道德性要求。事实上，真和善在许多情况下并不完全统一。那么您认为应该怎样协调两者之间的关系？

答问：这个问题是史学理论中带有根本性的大问题。从理论上讲，历史真实性永远是最重要，应该摆在第一位的，道德表达和道义要求只能以真实性为基础，而不能高居真实性之上。否则，历史的写作就是虚假的、无意义的。但在具体操作中,如何把握真与善之间的关系和分寸,那是相当有难度的。就拿我的亲身实践来说吧,鲁昭公十二年(前530年)楚灵王由于奢侈淫佚,滥用民力,终于在乾谿遇难。我对楚灵王的作为提出批评,认为楚灵王如果能够克制自己的欲望,及时回到礼仪上来,他就不会受辱于乾谿。(《左传·昭公十二年》)还有卫献公,暴虐无道,多行不义,后来被大夫孙林父、宁殖逐出国。当时诸侯史册将此事记为"卫孙林父、宁殖出其君",而我却认为卫献公的被逐是咎由自取,因此不能在史书中显出批评大夫孙林父、宁殖的意思,我就把这件事记为"卫侯出奔齐"(《春秋·襄公十四年》),以表示对卫献公的批评谴责之意。用司马迁的话说,这两个例子都属于"退诸侯,讨大夫"(《史记·太史公自序》)方面的,在把握真与善的关系、分寸上,难度不大。

让人犯难的是牵涉到周天子的历史记载。如鲁僖公二十八年(前632年)晋文公在城濮之战打败楚国后,于温地大会诸侯。这次会盟,原本是晋侯召请周天子前来,会上由晋侯带领各国诸侯朝见周天子,同时安排周天子打猎。但是我认为,晋侯以诸侯之身来召请周天子,这种做法是不能奉为楷模的。于是我在《春秋》中,就把这件事记载为"王狩于河阳",意思是说这里已经不是周天子的地方,而且还表彰了晋侯尊王的功德。(《左传·僖公二十八年》)我这样写,当然首先考虑的是周天子的形象和影响。由于主要顾及道德和礼义,所以就导致这个记载在很大程度上失真了。司马迁明确指出这一点,说:"王狩河阳者,《春秋》讳之也。"(《史记·晋世家》)实在说来,这个"讳"是和"直"相矛盾的,也是相违背的。从此,我的儒家后学们又进一步将这一做法发展为"为尊者讳,为亲者讳,为贤者讳"(《公羊传·闵公元年》),忌讳之风盛行。这不仅在史学方面造成严重而恶劣的影响,而且最终也破坏、玷污了道德本身的纯洁性。在今天看来,这是必须吸取的历史教训。

客问:历史写作其实也是一门遗憾的艺术,经过一段时间检验,当人们发现其中存在问题的时候,一切都早已成为遥远的历史事实。像先生这样的史家,能够坦陈自己的局限和不足,实在是很了不起的。先生思想中能够提供后人思考的地方很多,除了基本的史学观念之外,在治史的技术性问题上,比如怎样看待史料和处理史料,也请您谈谈自己的想法和做法好吗?

答问:史料对于任何史家来说都是最重要的,没有可靠的史料,治史就会凿空。所以,我认为史家必须高度重视史料的搜集工作,就像我曾经谈到的知识积累一样,要"多闻""多见"(《述而》),要提倡"每事问"(《八佾》)的精神。对于史籍中的阙文,我认为不能靠推理、想象填补,而应坚持阙疑态度(《卫灵公》《为政》)。在分析、考证史料方面,我提倡坚持"无征不信"的原则。比如说,我通过考察,发现夏、商、周三代的礼制存在因革关系,殷商沿袭夏朝的礼制,有所废除,又有所增加;周朝沿袭殷商的礼制,也有所废除,有所增加。(《为政》)尽管夏代的礼我能够说出来,殷商的礼我也能说出来,可是作为夏朝后裔的杞国和作为殷商后裔的宋国,都不能为我提供足够的证据,也就是说,在历史文件和贤人两方面,都没办法让我引以为证。所以,对三代礼制沿革的详情,我也只好存疑,而不敢下最后的定论。(《八佾》)总之,"多闻阙疑""多见阙殆""慎言其余""无征不信",就是我在治史中对待和处理史料的态度。

第八章
弟子三千,贤人七十

弟子三千/颜回/子路/子贡/子夏/子张/曾参/冉有/子游/樊迟/宰予/子弓/有若/闵子骞/原宪/高柴/漆雕开

客问:在初步了解了先生的生平和思想以后,我想继续追踪了解您的弟子们。因为您与您的弟子之间的关系和谐、融洽,堪称师生关系的楷模,您对弟子的了解远超过父母对他们的了解。所以,由您来谈弟子,一定会使我们有更多的收获。而且,要想了解先生的全貌,由弟子而反观先生,也不失为一条重要途径。我这样讲不知先生以为如何?

答问:可以暂且抛开后人的看法和评价不论,仅就我个人的体会而言,我认为我的学生们构成了我生命中不可或缺的有机组成部分。我一生从事教育时间之长、收授学生之多不说,我和学生们之间形成的和谐、融洽、无话不谈的亲密关系,在我和学生们之间是尤其值得珍视和宝贵的。我就曾向学生们公开说过:"你们这些学生以为我有所隐瞒吗?我对你们是没有隐瞒的。我把所有的一切都向你们公开,这就是我孔丘的为人。"(《述而》)我的学生陈亢曾对我的坦诚表示怀疑,认为我对儿子伯鱼的教导一定与他们有所不同。一次陈亢问伯鱼说:"您在老师那里怕是得到与众不同的传授了吧?"伯鱼说:"没有。父亲曾经一个人站在庭中,我恭敬小心地走过。他问我说:'学《诗》没有?'我说:'还没有。'父亲便说:'不学《诗》,就不会说话。'我退下之后便去学

《诗》。过了几天,他又一个人站在庭中,我又恭敬小心地走过。父亲说:'学礼没有?'我回答:'还没有。'他说:'不学礼,就没办法在社会立足。'我退下来便开始学礼。我听到的只有这些。"陈亢听了伯鱼的话欣喜异常,从此才真正明白了我对待儿子和对待学生是完全一样的(《季氏》)。

我满腔热忱地教育学生,将心比心,学生们也向我投以真挚的回报。他们不仅在我生前是我的伙伴和朋友,而且在我身后,也正是由于有他们的存在,才使我的思想、学说和精神,得以薪尽火传,留传世间。因此,不管在什么情况下,一想到我的学生,一说起我的学生,我都会感到兴奋。

客问:先生的这个态度,让我非常感动。那么,谈到先生的弟子,首先需要请教的就是先生收授弟子的数目。司马迁在《史记·孔子世家》中说:"孔子以《诗》《书》、礼、乐教,弟子盖三千焉,身通六艺者七十有二人。"但他在《史记·仲尼弟子列传》中又说:"受业身通者七十有七人。"《吕氏春秋·遇合》说:"委赞为弟子者三千人,达徒七十人。"《淮南子·泰族训》说:"孔子弟子七十,养徒三千人。"《盐铁论·刺复》说:"孔子无爵位,以布衣从才士七十有余人。"《颜氏家训·诫兵》说:"仲尼门徒,升堂者七十有二。"真可谓诸说迭出,不一而足。请问先生,您一生招收的学生到底有多少?

答问:我一生从事教育工作四十多年,在这四十多年里,随时都有弟子入学。他们来自不同国家,入学时间各不相同,当时既没有学籍档案,也没有人专门负责管理。所以,时间一久,就连我自己也记不清前后一共招收了多少学生。确切的学生人数虽难判定,但大体数字还是有的。你上面提到的几种记载,都分别提到两个数字,一是"三千",一是"七十"。另外汉代《文翁礼殿图》和《孔子家语》中,也都涉及"七十"之数。"三千"和"七十"其实都是举其成数而言,不是准确的数字。而"三千"和"七十"两者又是两种不同的弟子概念,"三千"是指我一生收授的弟子总数,其中大多数并没有行过"束脩"之礼,有的只是受过我的片言之教。而"七十"是"三千"中长期从游应对、学业上有成就的学生。

要了解我的学生,"三千"之数并不重要,重要的都在"七十"贤人之中。不过,自清代朱彝尊撰《孔子弟子考》以来,"七十"之数有不断增加的趋势。朱氏考出为九十八人,匡亚明判定为九十五人(《孔子评传》),李启谦更认为是九十七人(《孔子弟子研究》)。当然,作为学术研究,广征博引得出新的结果是有价值的。但是真正让当代学者有话可说的别说九十余人,就是七十多人,也大多语焉不详。李启谦先生在《孔子弟子研究》中,按《史记·仲尼弟子列传》排列的顺序,对我的二十九位重要弟子做重点探讨,而对其他弟子只做简单介绍。这个做法还是比较实事求是的。

客问:在后人的印象中,先生最得意的弟子当推颜回了。关于颜回的情况,请先生向我谈谈,好吗?

答问:颜回的确是我最喜欢的学生,我也乐意首先把他介绍给大家。颜回,字渊。后人又称他为"颜叔"(《易林·随之谦》)或"颜生"(《抱朴子·讥惑》),鲁国人。他的父亲颜路是我的早期弟子,但不及颜回有成就。颜回比我小三十岁(《史记·仲尼弟子列传》《孔子家语》),家境贫寒,一生追随在我身边,他终身未仕。

关于颜回生活于世的年龄,后人颇有不同说法。大致说来,有十八岁说(《淮南子·精神训》注、《列子·力命》)、三十一岁说(《孔子家语》)、四十一岁说(毛奇龄《经问十二》、刘宝楠《论语正义》、钱穆《先秦诸子系年》)。事实上,颜回生于鲁昭公二十一年(前521年),死于鲁哀公十四年(前481年),实足年龄为四十一岁。

客问:据说颜回早逝给您带来很大痛苦,您甚至认为这是老天在要您的命(《先进》)。请问先生,您为什么这样看重颜回呢?

答问:我如此看重颜回,原因是多方面的。从感情上讲,颜回对我就像对待父亲一样(《先进》),他常随侍我左右,用《庄子·田子方》中的话说,叫"夫子步亦步,夫子趋亦趋"。我虽然有时对他"于吾言无所不说"(同上)的完全顺从表示不满,但他的这种真挚、虔诚之心,总是让我对他怀有一份特别的感情。从学业上讲,颜回是我所有学生中最为好学深思的一位。有一次,鲁哀公问我学生中哪位最好学,我不假思索地说出颜回(《雍也》)。颜回不仅好学,而且还善于思索,他对我说过的话都要认真思考、认真领会,从不怠惰(《子罕》)。而他在课下经过思索及与同学切磋,对我的话总能有所发挥(《为政》)。他这种"闻一以知十"的深思精神,连我都不能不感到佩服(《公冶长》)。

除此以外,我认为表现在颜回身上最突出、最可贵的,是他一贯坚持实践仁、礼统一的精神。比如有一次,他向我请教如何求仁。我对他说:"约束自己来践行礼,那就是仁了。"颜回说:"请您讲得更详细些。"我说:"凡不合礼的不看,凡不合礼的不听,凡不合礼的不说,凡不合礼的不做。"颜回听后说:"我资质虽钝,但愿照先生的话去做。"(《颜渊》)颜回说到做到,学生中只有他一个人可以做到长时间不离开仁道,其他人则只是偶尔想一想而已(《雍也》)。我一向认为,身为学人一定要有追求真理的志向,因此对衣食的好坏、物质生活的丰俭,不必放在心上(《里仁》)。颜回在实践中真正做到了这一点。他虽然过着箪食、瓢饮、居住陋巷,在别人看来很难忍受的艰苦生活,却完全不驻于心,仍然以快乐、乐观的心态来追求学业增进和道德提升(《雍也》)。颜回志向高远(《孟子·滕文公上》),但他矢志不夸耀自己的好处,不表白自己的功劳(《公冶长》)。他能够做到"不迁怒,不贰过"(《雍也》),这就尤其难能可贵。"颜氏之子,其殆庶几乎。有不善未尝不知,知之未尝复行也"(《易·系辞下》),颜回能够得到这样的评价,的确是名副其实的。我一生从事教育,教育出的学生虽多,但在德行学业上像颜回这么出众的并不太多。有颜回这样的学生以光耀我的门楣,我怎么会不特别看重呢?

客问:颜回身后似乎也产生了一定的影响,比如韩非就说过,时至战国中后期,儒家分为八派,其中一派就是"颜氏之儒"(《韩非子·显学》)。还有,自汉初颜回被列为"七十贤人"之首以后,历代朝廷又不断给他追加谥号,甚至还在曲阜为颜回建立了"复圣庙"。对此,先生有什么看法?这一切都与事实相符吗?

答问:韩非所说的儒家八派中有"颜氏之儒"一派,由于他既没有讲明这个派别中的成员,也没有讲清这个派别的发展和思想主张,所以让后人颇费琢磨。在我的学生中,共有颜氏门徒八人,颜回之外,有颜回的父亲颜路,还有颜幸、颜高、颜祖、颜之仆、颜哙、颜何等(《史记·仲尼弟子列传》)。这些人中以颜回学业成绩最好,德行最高,影响也最大。所以我想,如果在我之后确实"儒分为八",八派之中又有"颜氏之儒"一派的话,那么能够担当一派代表人物的最大可能是颜回。

至于说历代朝廷对颜回的推崇,据我所知是从东汉明帝时就开始了(《后汉书·明帝纪》)。三国南北朝以后,颜回的地位仅随我之后,越来越超出他的其他同学。至唐太宗时,颜回被尊为"先师";到唐玄宗时又尊颜回为"兖公";此后,宋真宗又加封颜回为"兖国公";元文宗又尊他为"兖国复圣公";明代嘉靖皇帝又改称"复圣颜子"。至今,山东曲阜还有"复圣庙"——颜子庙,得以完整保存。颜回在世时一生贫困,而死后随着历朝历代的政治需要,也随着我的被抬高、被美化和被利用,一步步由质朴学子演变为华衮圣人,这真叫人哭笑不得。历史的被篡改,于颜回身上可见一斑。他人他事,也就无须多论了。

客问:颜回之后,我想请先生向读者谈谈仲由。仅在您的《论语》中,仲由的名字就出现了三十八次之多,由此也可部分说明仲由与先生关系之密切。那么,仲由为人如何?您对您的这位弟子作何评价呢?

答问:仲由姓仲名由,字子路。因为他曾做过鲁国季氏的家臣,所以人们又称他季路,习惯上多称他为子路。子路比我年轻九岁,原本出身贫贱(《荀子·大略》《说苑·建本》),但性格耿直好勇,在这一点上他比我更有过之(《公冶长》)。子路的这一性格特点导致两种偏向:一是由于逞勇而办事果断,但却失之鲁莽;二是由于尚勇不免表现出轻学倾向。特别是针对他的后一种偏向,我没有少批评过他。比如子路有一次推荐子羔去做费县县长。

我认为当时子羔年龄还小,学业还不成熟,如果鼓励他从政,结果会害了他(钱穆《论语新解》)。可是子路却说,那里有人民,有社稷,治民事神都是学习,为什么一定要读书才算是学习呀?(《先进》)可见子路对读书学习的重要性缺乏深刻认识。由此,我专门单独提醒他要把读书学习重视起来,否则就会影响一个人一生的成长,即爱仁德不爱学问,容易被人愚弄;爱耍聪明不爱学问,会流于放荡无所归宿;爱诚实不爱学问,容易被人利用反害了自己;爱直率不爱学问,会说话尖刻刺伤人心;爱勇敢不爱学问,其弊病是扰乱闯祸;爱刚强不爱学问,结果会胆大妄为。(《阳货》)不过批评归批评,教育归教育,一个人先天的性格往往在很大程度上决定一生的事业成就,甚至包括命运。子路虽经我一再指点教育,但他的学问在我看来始终没有达到我弟子中的最高水平,也就是说子路的学问只是"升堂矣",而"未入于室也"。(《先进》)

不过,子路的耿直好勇,也并不能全看成缺点,有时候他的这种为人方式,能够做到其他学生做不到的事情。比如自从子路投到我门下之后,再也没有人敢在我面前口出恶言了(《史记·仲尼弟子列传》)。不仅如此,子路的坦率直言,也常常给我一种提醒,比如鲁哀公二年(前493年)晋国的佛肸派人邀请我去中牟,参加他正在进行的对抗晋国执政赵简子的活动。我当时正在卫国,处境并不得意,所以接到佛肸的邀请,颇有些动心。但当我把自己的想法告诉学生们的时候,子路马上站出来表示反对。由于子路的明确反对态度,我只好放弃前往中牟的打算(《阳货》)。在这件事上,我是很感激子路提醒的。如果没有他的提醒,我到中牟的结果恐将不堪设想。另外,在我会见卫灵公夫人南子的问题上(《雍也》《史记·孔子世家》),在我提出为卫国主政一定先从正名开始的问题上(《子路》),子路都曾对我提出过批评。他的意见不见得一定正确,而且他粗鲁的方式有时还不免使我尴尬,但他的话却并非完全没有道理。子路不仅敢说别人不敢说的话,而且敢做别人不敢做的事。我认为,如果我因为主张行不通而想坐个木筏到海外去的话,那么甘愿随我一起去的人,怕只有子路一人(《公冶长》)。这种勇于担当又十分忠诚的精神,是很可宝贵的。而且,他还有说到做到、雷厉风行的作风,从不随便拖延自己的诺言(《颜渊》)。

子路曾自言其志向是:"愿车马衣轻裘与朋友共,敝之而无憾。"(《公冶长》)由此可见子路之"心体廓然"(钱穆《论语新解》)。不用说,他的这种志向,成就了他的行政才干。比如说子路曾做季氏的家臣,这项工作他就做得很出色。我担任鲁国司寇时所实施的"堕三都"计划,主要助手和参谋就是子路。他曾经治理蒲地三年,其政绩也十分显著(《韩诗外传》)。子路在行政上的成绩颇得益于他的恪守信义。鲁哀公十四年(前481年),小邾国一个名叫射的人带领句绎人前来投奔鲁国,射提出一个条件,就是一定要子路出面代表鲁国来签订盟约,对鲁国的其他人一概不信。用冉求的话说,叫"千乘之国不信其盟,而信子(子路)之言"。虽然后来子路考虑到不能鼓励射干背叛国家的不义之事,而没有答应射的请求,但由此可见子路守信的知名度已经很高了(《左传·哀公十四年》)。子路有这样的守信知名度,其从政有号召力就不难理解了。

子路一向刚强勇武,为此我很早以前就有一种预感,觉得子路这种性格,怕不会有好结果(《先进》)。没想到我的话不幸而言中,鲁哀公十五年(前480年),子路在担任卫国大夫孔悝的邑宰期间,由于卫国宫廷发生内讧,子路为保卫孔悝而被敌方砍成了肉酱(《左传·哀公十五年》《礼记·檀弓上》等)。子路早年粗鄙无礼,后来在我的教育诱导下渐渐走上正途。尽管他身上一直有一种不易驯服的野性,但他的坦率、正直、守信,越来越使我感到他的可爱和重要。在我晚年,可以说子路是我最喜欢、最重要的学生和朋友之一,他甚至可以说是我一个难得的依靠。因此子路的死,带给我的痛苦和打击并不亚于颜回之死(《公羊传·哀公十四年》)。

客问:颜回和子路是先生门下风格大不相同的两个学生,也是对您来说最为重要的两个学生,他们的死肯定很使您伤心。说到子路,让人不免想起您的另一个学生子贡,子贡虽以"言语"见称,但他的"政事"才华,也不在子路之下。有学者认为,子贡是您门下"唱反调"的学生之一(**高专诚《孔子·孔子弟子》**),不知您是否同意这种说法?还有,您对您的这位弟子如何评价?

答问:说不上评价,姑且算一种介绍吧。关于高专诚先生的说法,我已经注意到了。他的概括虽然加入了不少他个人的理解,但总的说还是蛮有道理的。

子贡姓端木,名赐,字子贡,也叫子赣,又称卫赐,比我年轻三十一岁,原是卫国商人出身(《尸子》)。子贡是我门下比较特殊的一个学生。说他特殊,有这样几个原因:一,他是商人出身,入我门下之前已开始经商;二,他自恃才高,思维敏捷,理解力强,在向我讨教问题时,多关心治国安邦的大经大略;三,他利口巧辞,擅长外交;四,他对我最为尊崇,在我身后,对我形象的捍卫最为有力,对我思想的宣传影响也最大。

客问：请先生具体谈谈好吗？

答问：先说子贡的经商吧。他不仅出身商人，而且确有经商才能，往往能抓住机会，猜中行情（《先进》）。他在曹国和鲁国之间经营生意（《史记·货殖列传》），结果发了大财（《史记·仲尼弟子列传》）。

子贡善于经商，但又不是一个纯粹的商人，而对从政怀有极大的兴趣，仅《论语》中就有多次"子贡问政"（《颜渊》《子路》）、"子贡问事君"（《宪问》）的记载。与子路在从政方面的具体务实作风相比，子贡的奋斗目标和从政理想是高远的。比如子贡有一次问我说，假若有这么一个人，广泛地给人民以好处，又能帮助大家生活得很好，这样可以说是达到仁道了吗？我告诉他，那岂止是仁道，那一定是圣德！那是连尧、舜怕也未曾实现的境界。（《雍也》）像这样大的志向、这样大的口气，是其他弟子绝不敢讲的。

子贡头脑灵活，又擅长利口巧辞，在外交方面是个难得的人才。我也因势利导，不断给予鼓励。比如有一次，子贡问我如何做一个合格的士。我告诉他说，自己的行为要保持羞耻之心，出使外国，能很好地完成君主的使命，这就是一个合格的士。（《子路》）渐渐地，他本人也把"得素衣缟冠，使于两国之间，不持尺寸之兵、升斗之粮，使两国相亲如兄弟"（《韩诗外传》），很好地完成外交重任，作为自己的自觉追求了。后来，在我周游列国，厄于陈、蔡时，我派他出使楚国。子贡很快完成任务，使楚国派兵把我们接到了楚地（《史记·孔子世家》）。在鲁哀公十五年（前480年），子贡在鲁、齐媾和会谈中，又成功地说服齐君，使齐国退还成地（《左传·哀公十五年》）。由此可见，子贡的外交才能是相当出众的。

既擅长经商,又反应灵敏、言辞辩捷、热衷外交,那么对读书做学问就不免有所轻视或懈怠。子路的轻学,我在前面已经提到。如果说子路表示轻学的态度就像他的性格一样是坦率直爽的话,那么子贡由于为人聪明灵活,在轻学问题上可以说表现得相当婉转。一次,子贡对我说:"学生我事奉您已经多年,感到才智已尽,学问上不能再有什么长进了,请求您同意让我停下来休息休息吧。"我一听他话中有话,就问他想在哪些方面停下来,他表示希望"休于事君""休于事父母""休于事兄弟"等。我当即对他的想法予以批评,让他端正生命不息、学业不止的态度(《韩诗外传》《荀子·大略》等)。子贡对学业和学问的态度,由此可见一斑。

　　子贡对于自己的聪明,是有自觉意识的。这主要表现在:他常常注意对方的心理,在顺从别人心理的基础上,又尽量表达自己的见解。比如我和弟子们当年被困陈、蔡的时候,子贡对我们那时的处境是很不满意的,当我问他我们今天受困于此,是否因为我的主张错了。子贡回答:"先生的主张因为太伟大了,所以天下才容不下您。因此,希望先生再把理想稍微降低些。"我当然不能接受他的建议,对他提出了批评。但是对于子贡这样的学生,一般的批评并不能使他改变看法,更不能使他口服心服。当然,子贡表达个人的见解,也时见精彩之处。比如他说,商纣的恶劣,不像现在传说的这么厉害。所以君子憎恨居于下流,一居下流,天下的任何坏名声都会集中到他身上。(《子张》)还有他与棘子成辩论文质关系的见解(《颜渊》),可以说既十分精彩,又发人深省。问题在于,子贡自知聪明,为人也颇为自负,对人评头论足太多(《史记·仲尼弟子列传》《宪问》)。"子贡利口巧辞,孔子常黜其辩"(《史记·仲尼弟子列传》),此言不虚。也正因为如此,我对他的为人要求是"己所不欲,勿施于人"(《卫灵公》)。

问题往往发生让人意想不到的吊诡,比如说我一生最喜欢的学生是颜回,但颜回对我的话无所不听、无所不悦,所以对激发我的思想和扩大我思想的影响,就没有实质性的帮助。倒是像子路、子贡这些常提反面意见的学生,在这方面发挥的作用更大,其中尤其应该提到子贡。

子贡对我的崇敬虽然经历了一个过程(《论衡·讲瑞》),但当他认识清楚以后,就对我表现出异乎寻常的尊敬,和对我形象、声誉异乎寻常的维护。比如说吧,"子曰:'予欲无言。'子贡曰:'子如不言,则小子何述焉?'"(《阳货》)"卫公孙朝问于子贡曰:'仲尼焉学?'子贡曰:'文武之道,未坠于地,在人。贤者识其大者,不贤者识其小者,莫不有文武之道焉。夫子焉不学?而亦何常师之有?'"(《子张》)"南郭惠子问于子贡曰:'夫子之门,何其杂也?'子贡曰:'君子正身以俟,欲来者不拒,欲去者不止。且夫良医之门多病人,檃栝之侧多枉木,是以杂也。'"(《荀子·法行》)他说:"夫子之不可及也,犹天之不可阶而升也。"甚至认为:"仲尼,日月也,无得而逾焉。"(《子张》)对我有这样的颂扬,这在我的门人弟子中只有他一个人能做到。我去世后,鲁哀公前来致哀,子贡毫不客气地批评他对我生前不重用,死后却来吊唁的非礼行为(《左传·哀公十六年》),并且独自一人为我守墓六年。对于我身后别人对我的非毁,子贡直言相告:"无以为也,仲尼不可毁也。"(《子张》)甚至当有人说他比我高明时,他立即予以纠正,说:"就拿围墙作比吧,我家的围墙只有齐肩高,谁都可以探望到房屋的美好。我老师的围墙有几丈高,找不到大门走进去,就看不到他宗庙的雄伟和房舍的多样。"(同上)这样的澄清和驳斥,不仅肯定和维护了我的思想和形象,而且也在客观上扩大了儒家一派的影响,巩固了儒家一派的地位。

我很同意司马迁的说法,他说:"子赣既学于仲尼,退而仕于卫,废著鬻财于曹、鲁之间,七十子之徒,赐最为饶益……子贡结驷连骑,束帛之币以聘享诸侯,所至,国君无不分庭与之抗礼。夫使孔子名布扬于天下者,子贡先后之也。此所谓得执而益彰者乎?"(《史记·货殖列传》)子贡就是这样的学生。

客问:先生以前曾明确指出,"仕而优则学,学而优则仕"(《子张》)这句话可以代表您对"学""仕"关系的看法,但说这话的却是您的学生子夏。那么由此可见,子夏对先生的思想是颇为理解的。下面请先生谈谈子夏好吗?

答问:子夏本姓卜,名商,字子夏,魏人,比我年轻四十四岁,是我门下的晚期弟子。他出身贫贱,"衣若县鹑"(《荀子·大略》),"甚短于财"(《说苑·杂言》)。从才性、志趣看,子夏长于文学。从治学风格看,子夏主张"博学而笃志,切问而近思",强调"学以致其道"(《子张》)。特别是他提出的"仕而优则学,学而优则仕"(同上)主张,既代表了我的意见,又对后人产生了巨大影响。甚至可以说,正因为子夏讲过这句话,所以他的知名度被大大提高了。

子夏虽然做过莒父宰(《子路》),也有为政的理想,但他终究还是做了一位较为纯粹的学人。这主要与他个人的性格、兴趣有关。据说,他虽然很贫困,但当有人问他为什么不出仕做官时,他回答说:"诸侯之骄我者,吾不为臣;大夫之骄我者,吾不复见。"(《荀子·大略》)恪守这种不为诸侯、大夫驱使的原则和态度,他当然就不会在政事上有大作为了。所以,等我去世之后,子夏就退居西河,专以教授子弟为业,用他的学问和业绩昭于四方。由于他学问好、名声大,竟被魏文侯拜为老师(《史记·仲尼弟子列传》),他也招收了许多学生,"田子方、段干木、吴起、禽滑釐之属,皆受业于子夏之伦"(《史记·儒林列传》)。在西河当地,老百姓俨然视子夏为我孔丘了(《礼记·檀弓上》)。

子夏在后代以学问见称,但他的为学是既重内省,又重实践,这一点既与颜回不同,也与曾参有别。(《孟子·公孙丑上》)由于他在为学问题上兼重读书和实践,所以他才有"仕而优则学,学而优则仕"这样兼顾读书和出仕,又明显包含辩证原则的思想发挥。他的有些读书见解,甚至能道我所未道。比如有一次,子夏向我请教《诗·硕人》,问我"素以为绚"究竟应该如何理解,而当我刚刚说出"绘事后素"时,他就马上得出"仁先礼后"的见解,他的这个说法对我是很有启发的(《八佾》)。学,当然是为用。但子夏坚持认为,学是用的基础和前提,没有很好的学,就不会有出色的用。"哀公问于子夏曰:'必学然后可以安国保民乎?'子夏曰:'不学而能安国保民者,未之有也。'哀公曰:'然则五帝有师乎?'子夏曰:'臣闻黄帝学乎大填,颛顼学乎禄图……未遭此师,则功业不能著乎天下,名号不能传乎后世者也。'"(《韩诗外传》)他的这一立场,是对我在这一问题上所持观点的直接继承。

子夏的为学,重点在治史方面。"有读史记者曰:'晋师三豕涉河。'子夏曰:'非也,是己亥也。夫己与三相近,豕与亥相似。'"(《吕氏春秋·察传》)由此可见子夏治史的功夫。由于子夏晚年因丧子哭之失明,此后离群索居(《史记·仲尼弟子列传》),所以汉以后学者多以为子夏是大部分儒家经典的传授者。范晔就曾记载:"《诗》《书》《礼》《乐》,定自孔子,发明章句,始于子夏。"(《后汉书·徐防传》)此种说法,清人章学诚(《文史通义》)和近人钱穆(《先秦诸子系年》)已有辨正,实不可信。但是,子夏传授《春秋》却是事实。《韩非子·外储说右上》已谈到"子夏之说《春秋》也"。司马迁更有明确记载:"至于为《春秋》,笔则笔,削则削,子夏之徒不能赞一辞。"(《史记·孔子世家》)子夏确实是我写作《春秋》时的助手,他对《春秋》的理解,在我弟子当中是最深刻的一个。所以由他来传授《春秋》,是最有资格的。传说后来传授《春秋》的两个重要人物公羊高(《春秋·公羊传》何休《序》引戴宏序)和穀梁赤(《春秋·穀梁传》范宁《序》引《风俗通》),都是子夏的门人,也许是真实的。

客问:说到这里,我要打断您一下。近人郭沫若在谈到前期法家的发展演变时,认为子夏思想中有"法家精神",还说前期法家著名人物如李悝、吴起、商鞅,"都出于儒家的子夏"。而且韩非开列儒家八派,"而独无子夏氏之儒",也"是因为韩非把子夏氏之儒当成了法家看待的"。(《十批判书》)以您对子夏的了解,可否判断一下郭说的真实性?

答问:郭沫若先生治史多创新说,不周不确之处在所难免。他将子夏与法家挂起钩来,也属于不周不确的说法之一。他提出的子夏和前期法家的"渊源"证据,没有一个经得起推敲。比如他说"李悝、吴起、商鞅都出于儒家的子夏",其根据是什么? 没有说。司马迁只说"受业于子夏"的是田子方、段干木、吴起、禽滑釐(《史记·儒林列传》),哪曾说到有李悝、商鞅? 即使吴起,《史记·孙子吴起列传》中只说他"事曾子"。《吕氏春秋·当染》也说:"吴起学于曾子。"可见说吴起出于子夏,也大成问题。郭说"慎(到)虽属于黄老学派而后于子夏,可知他的明法主张是受了子夏氏之儒的影响",这话也实在不通。怎么能说后于子夏就是受了子夏的影响,况且还承认慎到是黄老学派?如果这样讲也算符合逻辑的话,那么韩非、李斯也可以说是渊源于子夏了,因为他们也"后于子夏"嘛!还有,郭说韩非开列儒家八派中"独无子夏氏之儒","那是因为韩非把子夏氏之儒当成了法家",这话也说得离奇。韩非所说的八派中不仅没有子夏氏,而且还没有闵损氏、冉求氏、子路氏、宰我氏等等,那也太多了,岂能是"独"?再说,儒家八派中无子夏氏之儒,也不等于韩非就一定把子夏"当成了法家"呀!因此,我认为郭沫若先生关于子夏与法家渊源关系的说法,离事实太远了。

我倒是可以举出几个子夏与法家无缘的例子:其一,根据《史记·孙子吴起列传》和《吕氏春秋·当染》的记载,法家人物吴起曾受业曾参。但因吴起不孝,最终被曾参逐出门外。而吴起未曾学于子夏。其二,子夏为魏文侯师,史载,当时各国君主中"独魏文侯好学"(《史记·儒林列传》),"六国之君,魏文侯最为好古"(《汉书·礼乐志》)。魏文侯当政期间,"贤人是礼,国人称仁,上下和合"(《史记·魏世家》)。这理应与子夏以儒家思想指导有关。其三,真正受业于子夏的田子方和段干木,其为人风格、为人方式颇类乃师子夏,似只稍稍多了一点指点江山的清气,而全不像法家人物的英气逼人、叱咤风云。关于田子方,《史记·魏世家》记载颇详。关于段干木,《吕氏春秋·下贤》也可为证。总之,我认为子夏不会成为前期法家的渊源。

客问：钱穆先生认为您的学生子张入先生门是在鲁哀公十一年（前484年）之后（《先秦诸子系年》），如此说来自是道地的后进。子张虽从先生游之时间总共没有几年，但《论语》中记其问学次数，竟达二十次之多。而且韩非论儒家八派时，竟然把子张氏列为第一（《韩非子·显学》）。由此推测子张或许自有与众不同之处，请先生谈谈子张好吗？

答问：钱穆先生的说法大体不差，子张的确是我返鲁后招收的最后一批弟子中的一位。他本姓颛孙，名师，字子张，比我年轻四十八岁。子张的祖先原为陈人，后奔鲁；至子张时，已沦为微贱，因此子张曾一度做过马市经纪人（《尸子》）。

在我的众弟子中，子张虽入门晚、年纪轻，但从学后学业出众，与子夏、子游齐名（《孟子·公孙丑上》）。因此，《论语》中多记有他向我问学的情景。

子张起初很有从政的愿望，"子张问入官于孔子"（《大戴礼记·子张问入官》），"子张学干禄"（《为政》），"子张问政"（《论语·颜渊》），这很能说明子张的心迹。但我认为他当时年纪尚轻，学问功底还不扎实，说话做事还欠成熟，因此就没有对他的从政念头特别予以鼓励（《为政》）。再加上他英年早逝（《礼记·檀弓》），结果他一生为官从政的理想最终没能实现。

子张未能走上从政之路，却在学业上显示出过人的才华。从他关心的学业问题看，我认为他的为学特点首先是博。比如，"子张问行"（《卫灵公》），"子张问善人之道"（《先进》），"子张问明"（《颜渊》），"子张问崇德、辨惑"（同上），等等。他请教问题的态度是严肃、虔诚的（《卫灵公》），而他请教的问题又多是抽象的和具有独创精神的。但是，子张毕竟年纪轻，学养积累不厚，对待学问每每从大处着眼,不拘于琐细小节,这表现出子张身上一种很好的素质。但学养不足,一涉及具体问题就不免捉襟见肘。比如,一次子张向我请教读书人怎样做才可以叫"达",我问他:"你说的'达'是什么意思?"子张回答:"做国家的官时一定要有名望,做大夫家的工作时一定要有名望。"可见他说的是"闻",而不是"达"(《颜渊》)。由此可见,他在提问前还未把"闻""达"的区别弄清楚。这样虽然常从大处着眼,因为内在修养不足,最终得到的很可能只是很表面化的东西。

眼高手低,欲速则不达,这是子张这样的年轻学生常出现的问题。为了因材施教,所以当子张向我请教"仁"时,我对他说:"能行五者于天下,为仁矣。""恭、宽、信、敏、惠。恭则不侮,宽则得众,信则人任焉,敏则有功,惠则足以使人。"(《阳货》)当他问政时,我告诉他要"尊五美,屏四恶"。所谓"五美",就是"惠而不费,劳而不怨,欲而不贪,泰而不骄,威而不猛";所谓"四恶",就是"不教而杀谓之虐;不戒视成谓之暴;慢令致期谓之贼;犹之与人也,出纳之吝谓之有司"(《尧曰》)。我对子张两次提问的回答,事实上都是很有针对性的。一是要求他从具体事情做起,一是要求他多一点中庸精神,这样就可以避免因志高而流于偏颇的毛病(高专诚《孔子·孔子弟子》)。对于我的这一良苦用心,宋代朱熹是看到了的,所以他引尹氏之言说:"子张之学,病在不务实,故孔子告之皆笃实之事,充乎内而发乎外者。"(《论语集注》)

子张"见危致命,见得思义"(《子张》)的气质,也常常表现出一种居高临下的姿态。他认为:对于道德,行为不坚强,信仰不忠实,这种人有他不多,没他不少(同上)。其实这话是很有排他性的,所以也就不可避免会遭到其他同学的批评,比如子游就说他虽然难能可贵,但并未达到仁;曾参更批评他为人高不可攀,很难同他人携手一起进入仁德(同上)。

不过,话得说回来,子张的阔大气度和他对大理论框架建构的良好素质,也自有他人不可及处。比如,拿子张和子夏相比吧,有两件事很能见出两人的高下,一是:"子夏之门人问交于子张。子张曰:'子夏云何?'对曰:'子夏曰:可者与之,其不可者拒之。'子张曰:'异乎吾所闻:君子尊贤而容众,嘉善而矜不能。我之大贤与,于人何所不容?我之不贤与,人将拒我,如之何拒人也?'"(同上)二是:"孔子过康子,子张、子夏从。孔子入坐,二人相与论,终日不决。子夏辞气甚隘,颜色甚变。子张曰:'子亦闻夫子之议论耶?徐言暗暗,威仪翼翼,后言先默,得之推让,巍巍乎,荡荡乎,道有归矣。小人之论也,专意自是,言人之非,瞋目搤腕,疾言喷喷,口沸目赤。一幸得胜,疾笑嗑嗑。威仪固陋,辞气鄙俗,是以君子贱之也。"(《韩诗外传》)这后一则记载显然有些夸张,但却形象地展现了两人的不同风格特点和对问题持论境界的高下。我曾评价他们二人是"师也过,商也不及"(《先进》),也是针对此而言的。

子张从我问学的时间并不长,但经过努力却能在我身后形成颇具影响力的儒学支派,这和他个人的才华和创造性大有关系。青年学者高专诚将原因归结为这样几点:第一,在学问上,子张虽不得孔子的赞赏,但从态度上讲,其心思基本上别无他用;第二,因为子张有另辟蹊径的理想,所以他亦颇有做学问的勇气和毅力;第三,就其学问自身言之,虽不能说已达到孔门弟子中的一流水平,但其深度和广度上的独创性,亦使其在儒学内部不乏成长的活力;第四,子张的后进弟子身份,使他在孔子去世后尚有大量单独活动的时间。(《孔子·孔子弟子》)高氏的这个分析,还是很有道理的。

客问:由于《论语》中有一段关于曾参对先生所谓"一贯之道"的解说(《里仁》),后儒遂以为曾参独得先生学说之宗旨,朱熹就曾说:"三千之徒,盖莫不闻其说,而曾氏之传独得其宗。"(《大学章句序》)因此,不仅将《大学》《孝经》的著作权归于曾参,而且还将曾参推为"思孟"学派的开山。曾参能对后世造成这样大的影响,肯定是有原因的,所以想请先生谈谈曾参,并帮助我们分析一下曾参之所以对后世产生如此大影响的原因。

答问:好的。曾参姓曾名参,字子舆,鲁国南武城人,少我四十六岁,是我晚年招收的学生之一。其父曾点,也是我的弟子。曾参为人性格内向,处事谨慎,表面上看有些迟钝(《先进》)。但在他从我问学的仅有的几年时间看来,我认为他对我的仁学内涵有很深的理解,他把我的"一贯之道"解释为"忠恕而已",也是颇得我心的。

曾参以"孝"著称。这包括两个方面:一是他的孝行,二是他对孝道理论的发挥。关于曾参的孝行,有证可查的记载颇多,仅举两例以见一斑:"曾子养曾晳,必有酒肉。将撤,必请所与。问有余,必曰有。"(《孟子·离娄上》)"曾子孝于父母,昏定晨省,调寒温,适轻重,勉之于糜粥之间,行之于衽席之上,而德美重于后世。"(《新语·慎微》)舍弃那些过分神乎玄乎的记载(《论衡·感虚》),仅从这两个平常之极的记述中,人们就不难体会到曾参孝行以小显大的难能可贵了。

所谓对孝道理论的发挥,是指在我孝道理论基础上的发挥。

我曾经说过:"事父母几谏,见志不从,又敬不违,劳而不怨。"(《里仁》)"父在,观其志;父没,观其行;三年无改于父之道,可谓孝矣。"(《学而》)在我看来,父子之间构成一种对应关系,两者之中,父占主动地位,子居服从地位。但是,子对父的服从,不仅仅是提供衣食之养,有事情年轻人效劳,有酒食年长的人吃喝,这还不能说就是孝。因为这样的养活,对于狗马都能做到。那么怎样才算是孝呢?这需要在"养"之外,再加上"敬"和"色难"。就是说,"养"是孝的基础,但不是孝的全部。养、敬、和颜悦色三者合一,才是孝的完整内容。(《为政》)

在我孝道理论的基础上,曾参则有自己的发挥。他不仅遵循我"敬"与"色难"的要求,对行孝提出更严格、更具体的行为准则,而且把这种子对父的精神之养,推向了须臾不可脱离的极致。他说:"一举足不敢忘父母,一出言不敢忘父母。一举足不敢忘父母,故道而不径,舟而不游,不敢以先父母之遗体行殆也。一出言不敢忘父母,是故恶言不出于口,忿言不及于己。然后不辱其身,不忧其亲,则可谓孝矣。""草木以时伐也,禽兽以时杀焉。夫子曰:'伐一木,杀一兽,不以其时,非孝也。'"(《礼记·祭义》)这显然是一种泛孝主义的主张。不仅如此,他还认为:"居处不庄,非孝也;事君不忠,非孝也;莅官不敬,非孝也。"(《吕氏春秋·孝行》)他把事君是否忠作为衡量孝与不孝的标准,这个发挥离我原来的想法就很远了。

曾参重孝,当然也重修身。对于修身,曾参不仅守约克己(《韩非子·外储说左上》),而且不怨天不尤人,以"吾日三省吾身"(《学而》)为方法进路。不放弃任何一件小事,既勤勉,又一丝不苟,因此就成了曾参修德为人的一种典型风格。也正因为如此,直到他生命的弥留之际,才刚刚感受到人生责任解脱的轻松(《泰伯》)。曾参一生以弘扬仁道为己任,而他的做法又是扎实不虚和躬行不怠的,所以他对生命历程的"任重道远",尤有深切的体会(同上)。在这一点上,曾参在我弟子中是最突出的一位。

曾参虽然天资稍嫌迟钝,但由于好学深思又耐力持久,所以在学业、德行上都达到了较高层次。他后来授徒讲学,弟子众多(《孟子·离娄下》),相传他为思孟学派鼻祖的说法虽难完全落实,但在我之后的儒学传播上,却占重要地位。另外,由于他对孝道理论的特别发挥,虽然曾参曾恃道傲势、睥睨王侯(《大戴礼记》),历代政治家还是给了他很高的政治待遇。因为提倡孝道、孝行,他也由此获得广泛的世俗影响。如果说他对后世产生重大影响是有原因的话,我想其中最重要的原因,就是他突出的与众不同的孝行实践和孝道理论吧。

客问:先生门下有政事才能的弟子,除子路之外,还有冉有。以行政才干言,冉有似乎比子路有过之而无不及;以两人与先生的亲密程度言,似乎子路又超过了冉有。不知先生以为这个看法对否?下面请先生介绍一下冉有好吗?

答问:冉有姓冉名求,字子有,通称冉有,鲁国人,少我二十九岁。他出身微贱,多才多艺,是我门下最有政治才干的学生。所以我认为,千户人口的私邑,任他做县长;百辆兵车的大夫封地,叫他做总管,他是再合适不过的人选。(《公冶长》)而他自己的志向也是"方六七十,如五六十,求也为之,比及三年,可使足民"(《先进》)。

冉有早年曾随我周游列国,"子适卫,冉有仆"。那时他就不时以治国问题请教于我(《子路》)。鲁哀公三年(前492年)季康子将冉有召回鲁国。当时我就感到,"鲁人召求,非小用之,将大用之也"(《史记·孔子世家》)。果然,冉有回鲁后任季氏宰,从此他的政治才干也一天天显示出来。

我一向主张士人参政,更希望我的学生能够在政治上一显身手。但是我也认为,政治要以道德为准绳,为政不能放弃礼制和道德,对士人参政者尤其应该特别提出这个要求。而冉求在做季氏宰之后,却越来越背离这一原则。有这样几件事,很能说明他的态度:一是季氏有一次要去祭祀泰山。照当时礼制,只有天子和诸侯才有祭泰山的资格,季氏的祭祀明显是僭礼行为。所以,我让冉有阻止此事的实施,冉有却说他不能阻止(《八佾》)。这件事颇让我失望。二是"季氏将伐颛臾"。颛臾本是鲁国的藩属,我要冉有阻止季氏的这一行动。起初冉有说自己也不同意季氏的意见,但随后又说颛臾近费,有可能对季氏的费邑形成威胁。这种辩解,足以说明他是支持季氏的伐颛臾行动的。我认为,冉有的作为,完全失去了身为季氏辅佐的意义,所以当场严厉批评了他(《季氏》)。三是鲁哀公十一年(前484年),季氏要用田赋制度以增加赋税,派冉有前来征求我的意见。对此,我当然是反对的。而且冉有代表季氏征求意见,说明他不仅是支持者,而且很可能是倡议者(《左传·哀公十一、十二年》《国语·鲁语下》),这真有些让我忍无可忍了。所以,我认为他为季氏"聚敛而附益之"的做法完全违背师教,严词斥责他"非吾徒也,小子鸣鼓而攻之可也"(《先进》)。

与子路、子贡相仿,冉有由于擅长政事,也用心政事,所以对学问、道德方面就不免有所轻视。比如有一次,冉有对我说:"学生不是不喜欢先生的学说,而是感到我自己的才力不够。"我明白他的心思,像冉有这样的学生哪会才力不够,只不过是想为自己的厌学找借口而已。所以,我也直言不讳地告诉他:"如果你真是力量不够,那么会走到半路再停下来。现在你是没有开步走,就画地为牢。"(《雍也》)由这一件事,就不难看出冉有对学问、道德的态度。冉有毕竟是聪明的,也是坦率的,他自己未致力于学问、道德,那么对礼乐教化也就不敢抱什么自信,所以即使在他坦白地表达个人的为政志向的时候,也谦虚地说:"如其礼乐,以俟君子。"(《先进》)可见,他也自知在礼乐教化方面不会有什么作为。

冉有虽然厌学,但仍不妨碍他的多才多艺。他不仅政事才能突出,而且还能带兵打仗。比如鲁哀公十一年(前484年)齐国进犯鲁国,在鲁国右师溃退的严重形势下,冉有率领左师大败齐军(《左传·哀公十一年》)。这样出色的军事才能,在我的众弟子中尚不多见。另外,在学业问题上,我尽管对冉有的批评很是严厉,但并没有因此而影响我们之间正常的师生关系。他在季康子面前不时称颂我,而且也是在冉有的说服、斡旋下,季氏才终于在鲁哀公十一年(前484年)把我迎回鲁国。

客问:在先生的门下,子游也不能不说是一个重要而有特点的弟子。他不仅是先生文学科中的第一名(《先进》),而且也曾得到孟子的赞颂(《孟子·公孙丑上》)。荀子虽然对他有过激烈批评(《荀子·非十二子》),但也因此增加了子游的知名度。那么,请先生介绍一下子游吧。

答问:子游姓言名偃,字子游,吴人,少我四十五岁。与子夏、子张同为我晚年招收的学生。因为他在礼乐典籍方面用力较勤,所以成为我门下文学科的高才生。子游本人治学善于联系实际，他在任武城宰期间，遵循我"君子学道则爱人，小人学道则易使"的教导，治理武城注重礼乐教化。有一次我去武城，竟满城"闻弦歌之声"(《阳货》)。而且他在武城宰任上，还发现了一个人才，那就是我的另一个学生澹台灭明(《雍也》)。

子游的为人风格是充满理性，且不拘小节。比如说，他认为对待君主如果过于烦琐，就会招致侮辱；对待朋友如果过于烦琐，就会反被疏远。(《里仁》)这个态度是相当理性的。他之所以认为澹台灭明是个人才，肯定澹台灭明的优点之一，就是"非公事，未尝至于偃之室也"(《雍也》)。说他不拘小节，主要指他在治学的风格倾向上偏重于理想建构和大处着眼。这样，他和子夏虽然同是我文学科的高足，但二人风格却大不相同。可以说，子夏的主张是一砖一瓦的积累，而子游的主张则是框架组合。所以他认为："子夏之门人小子，当洒扫、应对、进退，则可矣，抑末也。本之则无，如之何？"(《子张》)他的这个意见虽然不免苛刻了些，但应该说基本上是中肯的。通过他对子夏弟子的批评，就很清楚地显示出他自己的风格。

客问：先生认为荀卿对子游的批评意见有道理吗？

答问：荀卿批评子游，说他"偷儒惮事，无廉耻而嗜饮食"，并且以"贱儒"称之(《荀子·非十二子》)。这个批评显然是太情绪化了。所谓好吃懒做、不肯出力干事，这样的批评难免给人"骂人每不揭出别人的宗旨，而只是在枝节上作人身攻击"(郭沫若《十批判书》)的印象。但是，要说荀卿的批评完全是信口开河、无的放矢，也未必正确。子游考虑问题的理想化和他的宏观把握，很容易给人以不切实事的感觉。这一点也许成为荀卿这位重功业、讲效益者最看不过眼的弊端了吧。

客问：近人郭沫若认为《礼记·礼运》"是子游氏之儒的主要经典"，而且认为其中记载您与子游谈论"大同""小康"，事实上也不是没有可能的(《十批判书》)。对此，您怎样看待？

答问：我在前面已经说过，《礼记·礼运》中反映的"大同""小康"思想不是我的思想，我从来没有谈起过这个问题。从时间上讲，我如果是在任鲁司寇期间发表这番议论的话，那么子游当时的年龄还不足十岁，是完全不可能有这番谈论的。这一点钱穆先生已辨之甚详(《先秦诸子系年》)。如果说是在我晚年返鲁以后发生的事情，那么首先，这样讲缺乏任何根据；其次，以我晚年的处境和心情，也绝不会再有这样的理想和憧憬。郭氏说《礼记·礼运》是子游氏之儒的主要经典，没有强有力的证据，仅仅是一种有某些合理性的猜测。我认为，最大的可能是子游的弟子或再传弟子假托我和子游的谈话，而发挥了一通"大同""小康"的思想而已。

客问：根据《论语》记载，您的学生樊迟一次向您请教种庄稼和种菜，结果被您斥为"小人"(《子路》)。由此有学者认为，他的思想与您的思想"格格不入"(赵纪彬《论语新探》)。也有学者认为，您斥责樊迟"显然是不对的"，樊迟"倒是孔门弟子中的佼佼者之一"(匡亚明《孔子评传》)。那么请问先生，您当时批评樊迟的真实用心是什么？樊迟在您眼里又是怎样一个学生呢？

答问：樊迟姓樊名须，字子迟，人们习惯上称为樊迟，鲁国人，少我四十六岁。樊迟兴趣广泛,求知欲强。比如关于什么是仁,他就曾向我请教过三次。不仅问"仁",还问"知",问"孝",问"崇德、修慝、辨惑"。(《颜渊》)特别是向我请教种庄稼和种菜,这是其他学生所不会提也不曾提出过的问题。你刚才问到我当时批评樊迟的真实用心,这其实很简单,因为我认为社会应该有分工,对于统治者来说,最应该精通的是礼。只要懂得礼,用礼统治社会和管理社会,那么老百姓就不敢不尊敬,就不敢不服从。统治者做到以礼行事,天下四方的老百姓就会扶老携幼前来投奔,种庄稼种菜的工作自然会有人做,哪里还用得着统治者自己动手。所以,我说樊迟请教的问题,是"小人"所关心的问题。

樊迟年纪尚轻,求知欲又强,碰到问题就问,所以才提出这个在我看来是毫无价值的问题。如果由此而认为他的思想与我"格格不入",就未免太苛刻牵强了。但是如果因此而判定他是我弟子中的佼佼者,也不免太过武断。我认为,樊迟勤学好问,但所提问题良莠兼具,这就使他对真正有价值的问题的思考不可能达到很高水平。另外,樊迟虽在求知方面有穷根究底的精神,但理解能力并不太强。比如有一次,他向我请教什么是"仁",我答以"爱人"。他又问"知",我答以"知人"。可是看得出他没明白我话中的意思,我只好再进一步解释说:"把正直的人提拔出来,位置在邪恶人之上,就能够使邪恶人变得正直。"他听后只是点头称是,但实际上好像还是没有弄明白。事后,他又找到子夏,经子夏一番举例说明,他才勉强弄通(《颜渊》)。樊迟就是这样对待问题的。

樊迟为学不敏,但有尚武精神。鲁哀公十一年(前484年),鲁、齐之战发生时,他正仕于季氏。当时他要求参战,季氏嫌他年龄太小(李启谦《孔门弟子研究》)。了解他的冉有还是同意了他的请求,并任他为副将。结果,樊迟的一个建议,在此次战斗中发挥了关键作用,他也因此立下了战功(《左传·哀公十一年》)。鲁、齐之战,应该说是樊迟一生中的一次重要经历。

客问: 说到先生批评樊迟为"小人",就很容易使人想起您的另一位学生宰予。宰予在先生门下,是以"言语"著称的,但先生对宰予的批评之严厉,是门下所有学生都难与之相比的。您对宰予的批评,对后世论人的影响很大,如三国时就有人把宰予与尧时之四凶,周初之管、蔡相提并论(《三国志·魏书·少帝纪》)。那么,我想请教先生,您当时批评宰予是不是善意的?您认为您这位弟子究竟如何?

答问: 说到宰予,我真感到有点遗憾。我遗憾不是对宰予的失望,而是想到由于我的批评,使我这位学生在后人心目中竟成了丑恶的反面人物。其实,宰予和我的其他学生一样,没有什么特别的地方。他姓宰名予,字子我,鲁国人,少我二十九岁。其人能言善辩,曾随我周游列国,游历期间我曾派他出使齐国(《孔丛子·嘉言》)和楚国(《孔丛子·记义》),他都出色地完成了任务。

宰予为人思想活跃,善于独立思考。这本是一种好素质,但他有时却过于大胆,也太自以为是,所以也就不免遭到我的批评。想来,我对宰予的批评大概有这样几次:一是鲁哀公问宰予作社主用什么木料。宰予说:"夏代用松木,殷代用柏木,周代用栗木,用栗木的意思是使人民战栗。"我听了,觉得宰予对鲁哀公有教唆的嫌疑,而且对周代的解释也有失公正,所以就批评了他。(《八佾》)二是宰予有一次竟以"君子三年不为礼,礼必坏;三年不为乐,乐必崩"为理由,提出要把三年之丧的传统礼制改为一年。我的其他学生还没人敢提出这样大胆非礼的问题,宰予公然提出这个问题,我对他的批评当然也不会客气。(《季氏》)三是一次宰予问我说:"有仁德的人,你如果告诉他井里有仁德,他是不是也会跟着跳下去呢?"我一听他这样问仁,就显出明显的旁门左道,而且感到其设想的作为也有失厚道。所以,我对他说:"你为什么要这样做呢?对待君子,你可以叫他远远走开,却不可以陷害他;可以欺骗他,却不可以愚弄他。"(《雍也》)再有一件,是那个众所周知的"宰予昼寝"的故事。我看到宰予白天睡大觉,十分恼火,就批评他是"朽木不可雕",不可救药了。这是我对他批评最为严厉的一次。平时宰予巧言利口、谈辩卓荦,常常表达一种不合礼义的思想,本来已经让我很不高兴,这次又看见他白天大模大样地睡起觉来,就越发感到生气和失望。(《公冶长》)从宰予的"言语"看,他是出色的;但他的所作所为,却常常让我很不满意。于是,我从宰予身上总结出一条经验,那就是不管对任何人,都要"听其言而观其行",绝不能仅仅看重他言辞的漂亮与否(同上)。这是我至今还记得起来的几次对宰予的批评。

批评归批评,老师教育学生总免不了批评学生。从宰予来说,他并没因为我对他批评得严厉而失去对我的尊敬和称颂。比如一次他在和子贡谈话中,就说:"以我看,我们的老师比尧、舜高明多了。"(《孟子·公孙丑上》)而从我来讲,我对宰予的批评始终都是善意的,虽然说过"朽木不可雕"的话,但也并不就因此认定宰予为人、为学一无是处。老师对学生,不管表扬还是批评,其实最终目的无非都是帮助学生进步。否则,还怎么称得上"诲人不倦"呢?

还有,我必须纠正一个讹误,就是司马迁说:"宰我为临淄大夫,与田常作乱,以夷其族,孔子耻之。"(《史记·仲尼弟子列传》)事实上,"与田常作乱"的不是宰予,而是阚止。因为两人都字子我,司马迁写《史记》时把这两个人弄混了(司马贞《史记索引》)。这是个冤假错案,应该为宰予平反昭雪。

客问:学术史有一桩路人皆知的公案,即荀子在《非十二子》中激烈批判他之前的许多学者,而独尊先生和子弓。荀子尊先生,自在情理之中;荀子尊子弓,其原因则有待讨论。再有,对于荀子所谓"子弓",学者多认为是您的学生仲弓。但也有个别学者认为是"馯臂子弓"(郭沫若《十批判书》)。请问先生,您认为"子弓"是仲弓吗?仲弓为人如何?

答问:仲弓姓冉名雍,字仲弓,鲁国人,少我二十九岁。仲弓出身贫贱,因此我曾把他比作"犁牛之子"(《雍也》)。

仲弓的为人、为学特点是,既好学深思,又善于在政事方面发挥自己的德行,因此我认为他具有南面称尊(同上)的潜在素质。由于他具有这种素质,所以在问学时,我也注意在这方面及时引导。比如仲弓问仁,我告诉他,出家门工作就好像接待贵宾,役使百姓就好像去承当大祀典。自己不喜欢做的事,不要强加于人。在工作岗位上没有怨恨,不在工作岗位上也没有怨恨,这就达到了仁。后来,他做了季氏宰,问我如何为政。我对他说,为政之要就是工作上带头,不计较别人的小错误,提拔优秀的人才。(《子路》)仲弓在我的教导下,不断把德行增进用之于为政实践,不仅形成踏实、稳重的作风(《公冶长》),而且在管理政事上真正做到了抓大体、不烦琐。这种风格、这种做派,我是非常欣赏的(《雍也》)。以德行为内在基础,并把这种德行有效地外推于政事实践之中,从而产生出看得见的客观业绩和社会效果,这是仲弓的为人、为学特征,也是荀卿之所以推崇他的根本原因。

当然,要说荀卿推崇仲弓,还需要说明所谓"子弓"就是仲弓,而不是馯臂子弓。关于这个问题,何良俊曾说:"荀子以子弓与仲尼并称,而尊之甚至。子弓或者即仲弓欤?盖孔子于诸人中,独许仲弓以南面,知不同于群弟子矣。同时又有馯臂子弓,他无所见,恐不足以当此。"(《四友斋丛说》)钱穆则对此有更详密的考辨,其结论也认为"子弓"即仲弓(《先秦诸子系年》)。至此,关于"子弓"是否仲弓的争辩,应该告一段落。总之,仲弓为人、为学最得我首肯,他把德行外推于政事的做法,与荀卿理想最为接近。所以,荀卿所谓"子弓",即我的学生仲弓。

客问:据司马迁记载,先生的弟子有若在先生去世后,因"状似孔子",被"弟子相与共立为师"(《史记·仲尼弟子列传》)。司马迁的这段记载,颇受后人攻讦,其中以清人梁玉绳之论最有说服力(《史记志疑》)。究竟孰是孰非,今人很难定论。因此,今天请先生来谈谈您印象中的有若,或许既有利于读者了解有若,也有助于解开有若是否因长相像先生而被立为师的千年聚讼之谜。先生以为如何?

答问:好的。有若也是我晚年招收的学生。他姓有名若,字子有,鲁国人,少我三十三岁。

有若身高体伟,相貌的确有些像我。不仅如此,他还很有勇力,鲁哀公八年(前 487 年),鲁国大夫微虎打算夜袭吴王舍,在"私属徒七百人"中物色勇壮之士三百人,有若名列其中(《左传·哀公八年》)。从这一点看,司马迁说他"状若孔子",并非完全没有根据。

问题是司马迁把有若的长相看作"弟子相与共立为师"的唯一原因,这就出了问题。其实,有若不仅相貌若我,重要的是他在为人、为学方面也能得我的真精神。比如他学习异常刻苦,为了防止读书时打瞌睡,特意准备下火堆,一有困意就用火烙手以提神(《荀子·解蔽》)。这样做虽然听起来有些残酷,但是很合乎我"学而不厌"精神的。他在发挥我的仁学思想方面,特别重视"孝",认为"孝弟"是"仁之本",其作用在于能够防止犯上作乱(《学而》)。他又主张以"礼"为本,以"和"为贵,认为过去圣明的君王治政最可宝贵的就在于此(同上)。这和我仁、礼统一,以孝释礼的思想又是完全一致的。他明确主张统治者要藏富于民,反对鲁哀公于田税之外又加赋的赋税办法,要求恢复什一之税,说:"百姓足,君孰与不足?百姓不足,君孰与足?"(《颜渊》)这无疑是对我"为政以德"思想的具体运用。即使在丧葬问题上,他也能够准确理解我的本意和本心,并因此而得到子游的高度评价,说:"有子之言似夫子也。"(《礼记·檀弓上》)当然,在尊崇、赞颂我的思想方面,有若也有不俗表现,比如他就曾经说过:"出乎其类,拔乎其萃,自生民以来,未有盛于孔子也。"(《孟子·公孙丑上》)

综上可见,有若不仅长相似我,而且在思想继承和发挥方面,也很得我的真精神,甚至包括他对我的尊崇和颂扬,这诸种因素综合起来,都提高了他在同学中的威信。所以,我推想在我死后,有若被我的弟子们"共立为师"的动议,是有可能发生的。但是像司马迁记载的那样离奇如儿戏,却不大可能发生。

客问:先生门下德行科除颜渊之外,还应特别提及的是闵子骞。闵子骞似乎尤以孝行著称于世。下面请先生谈谈闵子骞好吗？

答问：闵子骞姓闵名损，字子骞，鲁国人，少我十五岁。是我德行科中的著名弟子。

闵子骞为人持重，在我身边侍奉的时候，总是表现出恭敬正直的样子（《先进》）。他平时少言寡语，从不轻易发表议论；但他只要讲话，就能说得很中肯。比如，鲁国要役使百姓翻修仓库，闵子骞说："在原来的基础上修理一下不就可以了，为什么一定要重新翻修呢？"我认为他这话说得就很对（同上）。

闵子骞的孝行确实非常突出，在这一点上我的弟子中只有他和曾参两个堪称楷模。这里有一个很典型的例子：闵子骞少年丧母，继母对他很不好。继母给亲生儿子做的棉衣中絮的是丝绵，而给闵子骞絮的是芦花。后来这事被闵子骞的父亲发现，父亲便要驱逐后母，闵子骞却劝阻说："有继母在，只有我一个衣服单薄；没有继母，我们兄弟几个都要挨冻。"（《说苑·佚文》）由此，我认为闵子骞真是个名副其实的孝子（《先进》）。在孝行方面，闵子骞对后人的影响是很大的，《汉书》（《谷永杜邺传》）、《后汉书》（《吴延史卢赵列传》等）、《初学记》《太平御览》中，对闵子骞都有很高的评价。

闵子骞为人清高，仕途观念淡薄。季氏曾经想请他担任费邑宰，闵子骞却对来人说："请你好好地替我辞掉吧！如果你再来找我，我一定会逃到汶水以北去。"（《雍也》）以这样决绝的态度来对待仕禄，即使在我的弟子中，也是不多见的。"不仕大夫，不食污君之禄"（《史记·仲尼弟子列传》），这是我对闵子骞仕禄态度的一个基本概括。

客问:读《论语》,我们知道原宪曾经担任您的家宰(《雍也》)。那么,我们由此可以推断,对于这位学生,您是既信任、又欣赏的。请您介绍一下原宪吧。

答问:原宪姓原名宪,字子思,又称原思(同上)或仲宪(《礼记·檀弓上》),鲁国人,少我三十六岁。

原宪为人的主要特点是安贫乐道。这主要表现在:他重修身,主张不行"克、伐、怨、欲"(《宪问》),也就是说反对好胜、自夸、怨恨和贪欲,这是他一生的道德追求。他不仅有这样的志向,还能够把这种志向落实到日常实践中,这就尤其显得难能可贵。比如,原宪做我的家宰,我给他的薪水是小米九百,他嫌多不肯接受。这就和公西华使齐"乘肥马,衣轻裘",冉求却一再请求多给公西华母亲小米的情形形成鲜明对照(《雍也》)。再有,原宪一次问我什么叫可耻。我告诉他,国家政治清明,做官领薪俸这是应该的;国家政治黑暗,依旧做官领薪俸,这就是可耻了。(《宪问》)原宪对此也是做到了身体力行的。他不仅在当时一片混乱的政治情势下,一直没有出仕为官;而且在我死后,竟过起隐居生活(《史记·仲尼弟子列传》《孔子家语》)。当然,以隐居对抗现实的生活方式,我是不完全赞同的,但由此却可以显示出原宪的风格。

说到原宪的笃志守道、安贫守贱,有一个故事不能不介绍给诸君。据说,我死后,原宪隐居于卫国,过着"不厌糟糠,匿于穷巷"的清贫生活(《史记·货殖列传》)。这时,他的同学子贡正值相卫而春风得意。一天子贡"结驷连骑,排藜藿入穷阎,过谢原宪"。原宪衣衫褴褛迎见子贡。子贡见原宪如此潦倒,口含讥讽地说:"夫子,您岂不是病了吧?"原宪却义正词严地说:"吾闻之,无财者谓之贫,学道而不能行谓之病。若宪,贫也,非病也。"听了原宪这番话,子贡只好惭愧地离开(《史记·仲尼弟子列传》)。原宪的安贫乐道,由此可见一斑。

我曾经把人的行为风格大体分为三种:一是中行之人。这种人恪守中庸之道,就人格境界而言,这是为人的最高境界。另两种则是狂和狷。狂者进取,狷者有所不为(《子路》)。像原宪这样的人,我把他归于有所不为的狷介者一类。

客问:您的学生高柴,据记载其长相丑陋(《孔子家语》),您又说他"愚"(《先进》)。但他在行政方面,却颇有可称道者(《说苑·至公》)。请先生谈谈高柴好吗?

答问:我的学生高柴,他姓高名柴,字子羔,亦称子皋、子高、季皋等,卫国人,少我三十岁。

高柴其貌不扬,身材矮小(《史记·仲尼弟子列传》),面目也颇丑陋。以我的看法,他才智也不高。但是他在行政方面确有特长。他还很年轻的时候,子路就曾推荐他去担任费邑宰。我当时认为高柴年纪还轻,学业功底还不扎实,就把那个动议反对掉了(《先进》)。我周游列国期间,子路做卫国的蒲大夫,高柴也担任"卫之士师"(《孔子家语》)。直到我回鲁国以后,高柴一直都在卫国任职。后来卫国宫廷发生内乱,子路遇难,高柴从卫国逃到鲁国。在鲁国,他又先后任武城宰(同上)、城邑宰(《礼记·檀弓下》)。

高柴行政的最大特点,是执法公正。比如,他在卫国担任士师时,一个人犯了罪,高柴依法砍了他的脚,并罚他去看守城门。后来卫国发生内乱,高柴逃跑时正遇上那个犯罪人值班。可是这被砍去脚的当年的犯人,不但没借机报复他,反而帮高柴从城中逃出。由此可见,"善为吏者树德,不善为吏者树怨",真正依法行事的人,就应该像高柴这样(《说苑·至公》)。

客问:《韩非子·显学》中所谓儒家八派中有"漆雕氏之儒"一派,先生弟子中有漆雕开,不知韩非之"漆雕氏"是否指漆雕开?漆雕开为人行事如何?

答问:韩非所说的"漆雕氏之儒",按照郭沫若先生的研究结果,就是漆雕开和他的弟子所形成的学术宗派势力,那漆雕氏也就是漆雕开(《十批判书》)。这个说法基本上是正确的。

漆雕开,姓漆雕名开,字子开,又称子若(《孔子家语》),鲁国人,少我四十一岁(宋翔凤《论语发微》),也是我晚年招收的学生。

漆雕开是否出仕为官,我现在已经记不清了。不过,有一次我曾劝他去做官,他说:"我对做官还没有信心。"我对他这种谨慎、谦虚的态度,很是赞赏(《公冶长》)。漆雕开为人不屈,很有勇气,韩非就曾说他:"不色挠,不目逃。行曲则违于臧获,行直则怒于诸侯。"(《韩非子·显学》)他曾经犯过罪、受过刑(《墨子·非儒》),但是漆雕开受刑致残,并不是由于他自己的过错(《孔丛子·诘墨》)。思想方面,他似乎对人性论有独到见解,他坚持主张人性是有善也有恶的(《论衡·本性》)。

漆雕开学成之后,也设坛讲学。其办学授徒的详细情况,已不得而知,然而在社会上产生影响是肯定的,并且还有著作流传于世,《汉书·艺文志》就载有《漆雕子》十三篇。不过,他的著作后来也失传了。清代马国翰《玉函山房辑佚书》中有《漆雕子》辑本一卷,从中可窥见漆雕开思想面貌之一二。

客问：不知不觉您已经向我们介绍了您的十六位学生,可是,这个数字还不足您"贤人七十"中的四分之一。毫无疑问,关于学生,我想先生肯定还有许多有趣的故事和精彩的见解可讲给我听。但是,限于篇幅,关于这个话题,我们只好暂时告一段落。不过,最后我还要请问先生,如果下一次还有机会,您将准备继续向我们介绍您的哪些学生,请透露一下好吗?

答问：我开头就说过,谈我的学生是一个让我兴奋的话题,心中要说的话实在很多。上面谈到的我的十六位弟子,虽然都是各方面最出色的,但他们并不能完全代替他们所有的同学。如果以后还有机会谈我的学生,我将继续介绍像冉伯牛、澹台灭明、宓子贱、公冶长、南宫适、公皙哀、曾点、颜路、商瞿、司马耕、公西华、巫马施等人。在他们身上,依然可以看到我教育的影响和结果,依然可以看到有趣和有益的思想和行为。总之,我的弟子是一个无尽的话题。

第九章
朋友们

郑大夫子产/齐相晏婴/鲁执政卿季桓子、季康子/季氏家臣阳虎/
左丘明/老子李耳/君子蘧伯玉/楚大夫叶公沈诸梁/
老朋友原壤/诸侯国君

客问：听了先生对弟子们的一番介绍以后，我想就先生的交游方面提出一些问题。先生一生到过许多国家，经历多，交游广，结识的朋友也就多。当然，有的朋友可能一生并未晤面，但彼此心仪已久者理应也包括在内。那么，先生首先要介绍给我们读者的朋友，会是哪一位呢？

答问：要说朋友，我一生中有许多。当然，朋友有不同方面和不同意义上的，也有密切的和不太密切的。但是我想，凡是我向读者诸君说及的朋友，起码在某一方面是应该有代表性、有特别之处才好。这也姑且算我对自己交友所定的一个标准吧。"友谅，友直，友多闻""乐多贤友"（《季氏》），此之谓也。

话说回来。我向大家介绍的第一个朋友，是那个大名鼎鼎的子产。子产本名公孙侨，字子产，又字子美。因为家住东里，所以人们又常称他东里子产。

子产是郑国大夫，在郑简公、郑定公时，执政长达二十二年之久。对于他在行政方面的成绩，比如推行作封洫、制丘赋、立谤政、铸刑书等，后人评价颇高。但是我并不认为他所做的这一切都是值得肯定的，特别是铸刑书一项，我认为此举的影响不是单方面的。后来晋国荀寅、赵鞅也效法子产，铸范宣子刑书时，我就提出过批评(《左传·昭公二十九年》)。

但是,无论如何子产称得上是一位宽厚慈惠的人(《宪问》),这一点也表现在他采取的为政措施方面。比如郑国设有乡校,人们常在乡校里游玩聚会,议论政事得失。有人建议毁掉乡校,以免人们对政事评头论足。子产却认为,乡校不仅不能毁掉,而且应该扶植。因为从乡校人们的议论中,可以听到百姓对政事的反映。老百姓认为好的,我们便推行;老百姓认为不好的,我们便加以改进。最后,在子产的坚持下,郑国政府一如既往地保持了乡校的存在。当听到这个消息,我说,由此看来,如果有人说子产不仁,我是不会相信的。(《左传·襄公三十一年》)

子产不毁乡校的时候,我虽然年纪尚轻,但是他这种以宽为政、以宽服民的思想,对我产生的影响是很大的。当然,为政并不是越宽越好,子产为政也是有宽有猛、宽猛相济的,因为"宽以济猛,猛以济宽,政是以和"(《左传·昭公二十年》)。我是完全同意这个观点的。

我与子产虽然没有见过面,但我一直把他作为我心仪的朋友。子产身为政治家,不但有出色的政治才能,而且有那么多的人文情怀,是很难得的。在我看来,子产身上起码有四种行为合于君子之道:容颜态度庄严恭敬,对待君上认真负责,教养人民实施恩惠,役使人民合于道理(《公冶长》)。他所表现出的仁爱,实在大有古人遗风。因此,鲁昭公二十年(前522年)听到他去世的消息,我感到非常难过(《左传·昭公二十年》)。

客问:先生与子产未曾晤面,但心仪久之。先生与晏婴是有过交往的,可是两人之间似乎存在不小分歧(《史记·孔子世家》),想必晏婴在先生心目中,不会有子产那么高的位置。请先生谈谈和晏婴的交往,好吗?

答问:晏婴字平仲,也是我的一位政治家朋友。他在齐灵公、齐庄公、齐景公三届政府中担任齐国国相,"以节俭、力行重于齐"。说他节俭,是指自担任齐相以后,他坚持一顿饭只吃一个肉菜,他的家人也不许穿丝帛衣服;说他力行,是指他在朝中工作勤勉,又善于平衡各种关系。因此,在晏婴担任相国期间,齐国在诸侯中享有很高的威望和地位(《史记·管晏列传》)。

晏婴是个很善于和别人交朋友的人,和他交往时间越久,别人就会越尊敬他(《公冶长》)。说到晏婴为人的这种感召力,我这里给你举一个例子:一次,晏婴坐着马车外出,车恰好经过闹市。这时车夫的妻子正好站在路边的家门口朝这边张望。她见自己的丈夫高坐驷马大车之上,神气十足地挥舞马鞭,吆五喝六地喊叫人们让开,那得意忘形劲儿就别提了。等车夫下班回到家里,妻子已收拾好包袱,提出要与车夫离婚。车夫感到非常疑惑,忙问其中原委。妻子说:"人家国相身高不足六尺,却身为大国宰相,远近诸侯无所不知。他虽然身为一国之相,我今天看他坐在车上,却是低头沉思,神情谦恭。你可好,身高八尺有余,不过是个驾车的车夫,可看你赶车时的样子,简直神气得像个宰相。就是因为这个,我才要求与你离婚!"车夫听了妻子这番话,心里非常惭愧,从此以后也变得行为检点了。(《史记·管晏列传》)由此一件小事,你就不难想象晏婴在为人方面的魅力。

我周游列国期间曾到过齐国,与晏婴的真正交往、接触,也就是从这时候开始的。我在鲁国不得意,本想到齐国后借助齐景公在政治上有所作为。起初,齐景公对我颇有好感,曾多次向我问政。后来据说齐景公要"以尼谿田封"我,因此遭到晏婴反对。照司马迁的记载,晏婴当时是这样说的:"夫儒者滑稽而不可轨法;倨傲自顺,不可以为下;崇丧遂哀,破产厚葬,不可以为俗;游说乞贷,不可以为国。自大贤之息,周室既衰,礼乐缺有间。今孔子盛容饰,繁登降之礼,趋详之节,累世不能殚其学,当年不能究其礼。君欲用之以移齐俗,非所以先细民也。"(《史记·孔子世家》)晏婴对齐景公是否说过这番话,我无法断定。但以后齐景公对我的信任程度和热情程度,却一天天降低。我在前面已经说过,晏婴本人确是一个有丰富经验的、成熟的政治家,而我则更主要是一个思想家、学者。这样,我和晏婴之间在为政治国问题上发生分歧是在情理之中的。从我这一方面来讲,对晏婴在齐景公那里向我施以软排斥措施,也并非完全不能理解。

相传晏婴著有《晏子春秋》。《晏子春秋》是否真正晏婴的著作姑且不论,然而其中有关我与晏婴之间的交往的记载,多是不真实的。如《外篇第七》记载,我说晏婴"事三君而善不通于下",结果引得晏婴找上门来;《外篇第八》记载"仲尼之齐,见景公不见晏子"等等,这样的记载既缺乏事实根据,写法上又有失典雅。以我对晏婴的了解,他是不会这样看待、描述我们两人之间的关系的。反过来,我也不会这样做。

客问:从鲁定公十年(前500年)到鲁定公十三年(前497年)这段时间里,先生曾在鲁国政府中担任重要官职。这时鲁国的执政卿是季桓子。按常情推测,这段时间您与季桓子一起共事,理应有许多交往。请先生谈谈您和季桓子之间的关系,好吗?

答问:好的。应该说在我任职鲁国政府之前,与季桓子之间彼此就已经相当熟悉,只是没有面对面共事的机会。季桓子本名季孙斯,是在其父季平子死后,于鲁定公五年(前505年)嗣位的。作为鲁国"三桓"中势力最大的一支,他在鲁国政府中具有举足轻重的地位。

在我和季桓子之间,有这么几件事值得提及:一是我于鲁定公九年(前501年)任中都宰,以至于后来任小司空、大司寇,都基本上得到了季桓子的支持。为什么这样说?因为此时季桓子为鲁国执政卿,他的权力很大,从一定意义上说,鲁定公的许多治国主张、措施,也都是出于季桓子的。因此,我的被任用和在短时间内的连续升迁,起码是没有遭到季桓子的反对。如果他站出来表示反对,那么事情的结果肯定不会是这样的。二是鲁定公十二年(前498年),我在大司寇任上决定实施"堕三都"计划。所谓"堕三都"就是拆掉三桓在采邑上兴建的高大城郭,以防家臣据此向政府闹独立。在实施这项计划的前期,季桓子一直是积极支持的。如果不是得到他的支持,费、郈两邑不会就那么顺利地被拆掉。当然,季桓子后来态度发生了变化,所以我在堕成邑时就遇到了麻烦,以致最后全部计划归于失败。三是自我担任鲁国大司寇以后,鲁国日强。一向以强凌弱的齐国看到这种情况,认为鲁国的强大有可能削弱齐国的霸主地位,就精选一批美女乐工送给鲁定公,结果"季桓子受之,三日不朝"(《微子》),鲁定公和季桓子从此沉溺于女色和音乐,鲁国政事一天天废弛。在这种情况下,我也只好不辞而别,离开鲁国,开始长达十四年的漫游。

总的来说,季桓子既有对我信任、支持的一面,也有贵族世卿享乐、怠惰、保护个人利益的一面;与我既有为政治国主张方面的分歧,也有一定的理解和友谊。对于他对我的理解、信任,事后是得到了证明的。据记载,鲁哀公三年(前492年),季桓子病重,他乘车游鲁城,长叹说:"昔此国几兴矣,以吾获罪于孔子,故不兴也。"并且叮嘱其子季康子,要他"相鲁"以后,一定把我召回鲁国(《史记·孔子世家》)。由这件事,很可以看出我与季桓子之间关系的某些真相。

客问:季桓子死后,他的儿子季康子继续担任鲁国正卿。在您回鲁国前,您的学生冉有已经被邀回鲁,担任季康子的家族总管,以后季康子又派人把您迎回鲁国。在以后的一段时间里,您与季康子之间应有不少交往。请问您和季康子相处得如何?您怎样看待你们两人之间的关系?

答问:季桓子死于鲁哀公三年(前492年),此后季康子肥就上台执政了。季康子与季桓子有所不同,应该说季桓子对我了解比较深,而季康子跟我交道少、交情浅,相对就比较陌生。因此,尽管季桓子临终前叮嘱他上台后一定要把我请回鲁国,但事实上季桓子死后,季康子并没有把这件事放在心上。倒是我的学生冉有很快被召回国,做了季氏总管。后来,子贡也回到鲁国任职。

季康子派人迎聘我回国的时间是鲁哀公十一年(前484年)。这一年春天,齐师伐鲁。冉有代表季氏率领左师,和我的另一个学生樊迟英勇出击,结果在右师失利的情况下,大败齐军。战斗结束后,冉有受到季康子夸奖。当季康子问冉有的军事本领是怎样得来的时候,冉有说他是从我这里学到的。借此机会,冉有在季康子面前把我大大赞扬了一番。这样,迎聘我回国的问题,才在季桓子去世八年后被正式提上议程(《史记·孔子世家》)。可以设想,如果不是齐、鲁这场战争,或者说战争的结果不是鲁国获胜,那么召我回国的话题,肯定仍被季康子遗于忘川之中。

上面所说的这些,就是我与季康子真正交往前的基础。不仅基础不牢固,而且政见也多有不同。这里有两件事最能说明问题:一是在我回国的当年冬天,季康子就着手出台新的赋税政策——用田赋。这个政策规定,要在原来"初税亩"和"作丘甲"的基础上,将赋税提高一倍。尽管季康子派我的学生冉有前来征询我的意见,我仍然无法表示赞同(《左传·哀公十一年》)。不管以什么理由加重人民的负担,我都不会赞成。二是季康子要伐颛臾(《雍也》)。此事我在前面谈及冉有的时候已经讲到,这里不再多说。在我看来,季康子要伐颛臾的真实目的,是怕颛臾与鲁公室联合起来对付自己,取消自己的特权(刘宝楠《论语正义》)。抑公室而强私门,也是我一向所不赞成的,因此我对季康子的这一举动,也公开表示反对。

有了政见上的这些分歧,尽管季康子还不时前来请教,但谈话总是感到不能特别融洽。比如有一次,季康子苦于盗贼太多,向我求教治理办法,我对他说:"如果您不贪求太多的财货,就是奖励偷盗,人们也不会去干。"又有一次,他向我请教政治。我告诉他:"'政'字的意思是端正。如果您能带头端正,有谁敢不端正呢?"还有一次季康子请教政治时说:"我在行政中如果杀掉坏人、亲近好人,您以为怎么样?"我说:"您做鲁国的执政,哪里用得着杀戮?您想把国家搞好,百姓们自然会好起来。领导者就像风,老百姓就像草。风向哪边吹,草就一定会向哪边倒。"(《颜渊》)我一再强调治理国家中领导者的责任,这话季康子并不怎么爱听。

我有我的看法,季康子有季康子的主意。所以在我回到鲁国后的几年里,虽然两人交往并不算少,但在几乎所有的重大问题上,两人均未达成共识。在季康子掌权的政府里,我虽被尊为"国老",而"终不能用",那是必然的。到最后,我对仕途也就不抱什么希望了(《史记·孔子世家》)。

客问:季氏家臣阳虎,是早年就与先生有过交道的。此人虽然起初对先生态度较为恶劣(《史记·孔子世家》),但后来却千方百计拉拢您(《阳货》)。不知先生怎样看待您和阳虎之间的关系?

答问:阳虎又名阳货。当我刚刚要步入社会的时候,阳虎已经担任了季氏权势颇大的家臣。记得我十七岁那年,季孙氏宴请士人,我初生牛犊不怕虎,也前往参加,但被阳虎拦在门外(《史记·孔子世家》),这是我和阳虎之间的第一次交往。这次阳虎给我的印象,是很恶劣的。

阳虎虽身为季氏家臣,但政治野心很大。在季氏家族内,他挟持季桓子,据有阳关,拥有很大权力。他和季氏的另一个家臣仲梁怀闹不团结,为了赶走对方,他居然囚禁季桓子,迫使季桓子与之结盟,最终驱逐了仲梁怀等人。

阳虎在季氏家族内的得势,更使他的野心加速膨胀起来。他本人心里明白,要想实现更大的政治目的,仅靠专横跋扈是不够的,还必须争取一些社会名流的支持。多少年过后,当年被阳虎拒之门外的我,通过刻苦自学、兴办教育,三十岁以后已经在社会上产生重大影响,这时阳虎又开始和我套起近乎来。记得有一段时间里,他多次要求会见我,我不同意,倒不是为当年被阻拦而耿耿于怀,而是觉得在为人方式、为人风格上,彼此实在扞格难入。另外也考虑到,以他对季氏的所作所为,和他发生干系极有可能会被他利用。但是,阳虎毕竟是老练、狡猾的,一天他打听到我不在家,就派人给我送来一只小蒸猪,意思是让我没办法拒绝而必须回访他。我也将计就计,趁他外出的时候前去拜访。没想到事也凑巧,结果我与阳虎两人在半路上相遇。会面在所难免,他以委婉而不乏教训的口吻提出要我尽快从政,我只好当面答应下来(《阳货》)。但我怎么可能为他做事呢?

阳虎在驱逐了仲梁怀之后不久,又与鲁定公及三桓盟于周社。事实上这时的阳虎,不仅控制了季氏,也在某种程度上掌控了整个鲁国的权柄。但是,阳虎在鲁国的非正常崛起,使他的欲望一发而不可收。因此,在鲁定公八年(前502年),阳虎纠集部分三桓家臣,图谋削除三桓势力。因谋杀季桓子未获成功,被迫逃到阳关;第二年三桓联合伐阳关,阳虎逃往齐国;以后又经宋国奔晋,最终成为赵简子帐下的谋臣(《左传·定公九年》)。

从阳虎这些作为看,我与他不能成为朋友,是一点也不用遗憾的。说来也真是奇怪,我与阳虎在为人和思想上如此悬殊,相貌却很相像。为此,我周游列国来到匡地时,匡人还错把我当阳虎,闹了一场误会:因为以前阳虎曾率兵攻打匡地、欺辱过匡人,我"状类阳虎",结果被匡人"拘焉五日"(《史记·孔子世家》)。我一生中代人受过,于此为甚矣!

客问:经先生这样一讲,我才真正明白了您与阳虎之间的真实关系。用先生的话说,您与阳虎主要是因为为人方式和为人风格不同,就是我们今天常说的是完全不同的两种人,结果必然分道扬镳。与此形成对照,您曾明确表白,鲁国另一贤人左丘明,与您在为人方式和为人风格上颇为接近(《公冶长》)。那么,您与左丘明的关系是怎样的呢?

答问:从为人方式和为人风格方面讲,左丘明尽管和我的交往并不算太多,却可以称得上是我名副其实的朋友。"巧言、令色、足恭,左丘明耻之,丘亦耻之。匿怨而友其人,左丘明耻之,丘亦耻之。"(同上)像这样的比较、这样的评价,我是不会轻易加诸一个人头上的。汉代刘歆说:"左丘明好恶与圣人同"(《汉书·刘歆传》),这话说得很对。

我与左丘明不仅"好恶"相同,而且学问专长也很相似,尤其在治史方面,两人差可比肩。学术上共同的志趣,更进一步加深了我们之间的关系。所以,我去世后,左丘明为使《春秋》在不失我本心真意的前提下得以正常流传,于是写了《左氏春秋》。对此,司马迁写道:"孔子明王道,干七十余君,莫能用,故西观周室,论史记旧文,兴于鲁而次《春秋》,上记隐,下至哀之获麟,约其辞文,去其烦重,以制义法,王道备,人事浃。七十子之徒口受其传指,为有所刺讥褒讳挹损之文辞不可以书见也。鲁君子左丘明惧弟子人人异端,各安其意,失其真,故因孔子史记,具论其语,成《左氏春秋》。"(《史记·十二诸侯年表》)以如此之心情、如此之作为,来表达我们之间的友谊,是他人所不可能做到的。因此,我对我们两人的关系,也就尤其看重了。

可是,汉代以后的学者,常常掺杂进经学门派之见,古文经学家为神圣《左氏春秋》,甚至不惜拿光武帝随便说出的一句左丘明"亲受夫子"的话作根据,不但肯定《左氏春秋》为左丘明作,而且认为左丘明是我的弟子,这个说法至今还有影响(匡亚明《孔子评传》、李启谦《孔门弟子研究》)。而今文经学家又千方百计论证左丘明与《左氏春秋》全无关系(蒋立甫《〈左传〉的作者及成书时代考辨》引)。事实上,左丘明虽不是我的学生,但确是《左氏春秋》

的作者。正因为有了左丘明的《左氏春秋》,我的《春秋》才得以完整保存和广泛流传。在我看来,《左氏春秋》正是我与左丘明友谊的见证和结晶。

客问:在儒家学派中,先生是其开山者。与此同时或略早,道家也形成宗派,其创始人是老子。关于先生与老子的关系,文献记载不少,比如像司马迁的《史记》,还有《庄子》。但是,有些记载或许并不可靠。今天请先生自己来谈您与老子的交往和关系,这样历史的真相就一清二楚了,您说好吗?

答问:我与老子的关系,历来传说多,事实少,因此一直未能形成大家共同认可的看法。根据司马迁的记载,我曾于鲁昭公二十四年(前518年)前往东周京师洛阳,问礼老子(《史记·老子韩非列传》《史记·孔子世家》)。这个说法是不准确的。我在前面已经谈到,此处不赘。

鲁昭公二十四年,我没有问礼于老子,并不说明我与老子就没有来往。老子是后人的尊称,再后来也就成了一种俗称。他本姓李名耳,字聃,人又称之为老聃。他出生于楚苦县厉乡曲仁里,曾做过周王朝的守藏室之史。因周朝衰微,他辞官而去,隐于民间,"不知所终"(《史记·老子韩非列传》)。著有《道德经》上、下篇。我与老子的来往,始于早年。那时我正发奋自学,老子年长于我,知识也多于我,所以我曾经向他请教过问题。比如,我就曾经协助老子为人料理过丧事,并且从他那里学到不少有关丧事的种种知识(《礼记·曾子问》)。后来我对礼仪规矩的精通,其中一部分是得益于老子的。

我虽然早年曾向老子问礼,但却没有一直唯唯诺诺终身对老子执弟子礼。道家后学在攻击儒学方面用力甚勤，其中一个重要方法，就是通过编造寓言故事，贬孔丘而尊老聃。《庄子》一书中的《田子方》《知北游》《大宗师》《天运》诸篇，对此竭尽编造之能事，其中或夸张，或变形，或杜撰，各种手段用尽，无非说明道家高于儒家。但绝大多数记述是不可信的。实际上，中晚年以后，我与老聃很少有当面接触的机会。偶有一见，谈话内容也多是各自阐发各自的思想。而且，我自而立之年以后，思想倾向大体定型，老子虽一再告诫我要寡欲去私、不与人争强争胜，但我已经对自己的理想坚定不移了。而自从老子辞官归隐之后，我们之间就失去联系，再也没有来往了。

如果用最简捷的话来概括我与老聃之间的关系，可以说他于我亦师亦友，早年为师，以后为友，再以后就各奔东西了。

客问：司马迁说先生您敬慕的朋友中，除老聃、晏婴、子产、孟公绰等人外，还有卫国大夫蘧伯玉（《史记·仲尼弟子列传》）。先生称赞蘧伯玉为"君子"（《卫灵公》）不说，在周游列国时还曾住在蘧伯玉家，可见与蘧伯玉的感情非同一般。请先生谈谈您和蘧伯玉的交往。

答问：蘧伯玉名瑗，谥成子，自卫献公至卫灵公时任卫国大夫。他比我年长而且寿长，为此后世有学者不免怀疑我们之间的交往是否实有其事（全祖望《经史问答》、蒋伯潜《诸子通考》等）。不过，人的寿命有长有短，以一般人之寿命推断，我成年时蘧伯玉似应作古，但是实际上并不像人们所推断的那样，我的确是与蘧伯玉有过交往的。

蘧伯玉在卫国有很高的威望，他的人格力量甚至对维护卫国的安定,都发挥过重要作用(《淮南子·泰族训》)。蘧伯玉为人的突出特点是求上进而善于改过,所以在世人中获得了"行年六十而六十化"(《庄子·则阳》)、"年五十而知四十九年非"(《淮南子·原道训》)的美誉。一次,蘧伯玉派使者来访问我。我问使者,蘧老先生在干些什么?使者回答,他老人家想减少过错,却还没能完全做到。(《宪问》)由此可见他的善于改过是人所共知的。

蘧伯玉为人、为官的原则性都非常强。据说,鲁襄公十四年(前559年),卫国执政孙文子图谋驱逐卫献公,蘧伯玉听说后立即从近关出奔。鲁襄公二十六年(前547年),卫献公图谋除掉孙文子而恢复君位,他听说后又从近关出奔。对于蘧伯玉这种政治清明就出来做官,政治黑暗就把自己的本领收藏起来的做法,我是深表赞成的。我认为蘧伯玉的作为,是大有君子之风的(《卫灵公》)。在出仕为官以是否能够行道为原则方面,我向来主张"天下有道则见,无道则隐"(《泰伯》),"道不行,乘桴浮于海"(《公冶长》)。在这一点上,我与蘧伯玉是两心相契的。在对蘧伯玉有了这样的了解和认同的基础上,我才在周游列国居卫期间,在蘧伯玉家中小住。当然,在卫国依附名大夫蘧伯玉,对我实现政治理想或许不无帮助。但是,如果没有我对他的敬慕,以及彼此的相互了解和友谊,那这样的事情就不可能发生。总之,蘧伯玉对于我,既是长者,也是朋友。

客问:说到蘧伯玉,使我又想到您的另一位朋友——楚负函守城大夫叶公沈诸梁。在前面,先生曾谈到自己和叶公之间政治共识不多,因此先生在负函期间基本上没能有所作为。但是叶公不但在您绝粮陈、蔡的危难之际给予了您关键性的帮助,而且在您居住负函的三年时间里,也一直在生活上给予您照顾,这是否也使你们两人建立起一定的友谊呢?

答问:我始终不能忘记当年我们师徒一行绝粮陈、蔡,身陷极其困难的境地,正是叶公迅速及时的帮助,才使我们转危为安。那次要不是叶公伸出援手,后果将不堪设想。所以至今一想到这件事,我都非常感谢我的这位楚国朋友。我们在负函居住的三年时间里,更多得叶公的帮助和照顾,这也是我一生都不能忘记的。

在政治见解上,我与叶公共识不算太多(《子路》)。其中原因既有政治家与学者的区别,也许还有楚文化和鲁文化的区别。叶公虽没有太多接受我的建议,但是他的行政能力事后证明还是蛮强的。比如鲁哀公十六年(前479年),他曾进谏楚令尹子西,不要召回白公胜,子西不从。结果,白公胜被召回不久,就起兵杀掉子西,并劫持楚惠王,控制了楚国都城。最后,还是叶公从边境发兵回救都城,打败白公胜,迎惠王恢复了王位。从此,叶公兼楚令尹、司马两任于一身(《左传·哀公十六年》)。

总之,叶公与我是有缘的,在我居留负函期间,他很好地尽了地主之谊。但直到我离开楚地,他对我的了解都可以说是很有限的(《述而》)。

客问:说到先生的交往,还有一个人是不能不提到的,那就是原壤。对于原壤,人们一般都说他是先生早年结交的朋友。但也有人认为:"大概这人是一位另有主张而立意反对孔子的人。"(杨伯峻《论语译注》)请先生谈谈您与原壤,你们到底是怎样一种关系?

答问:原壤的确是我早年结交的一位老朋友。他为人狂放,不拘礼节，思想和禀性与我大不相同。也许正是由于这种差别，才使我与原壤产生互补，竟然相处得很好，两人无拘无束的关系，一直保持到晚年。记得原壤的母亲病逝后，我帮他治丧，还为他母亲修理棺木，他却倚着一棵大树唱起歌来。他这样冒犯礼法，又对我如此怠慢，我的随从中有人劝我干脆别帮他治丧了。我了解原壤，并未把他的违礼和怠慢放在心上，直到把丧事办完。(《礼记·檀弓下》)又一次，我应约前去看他，他却坐在地上，两腿又开朝门口等候我。我见他那副模样，实在让人哭笑不得，就用手杖敲他的小腿说："你小时候不懂礼貌，长大了毫无贡献，老了还白吃粮食，真是个害人精！"(《宪问》)要是稍微客气的关系，他不会那么非礼，我也不会这么不留情面地骂他。我和原壤就是这样的朋友。人需要各种朋友，不必一见批评就心存芥蒂，就上纲上线。在我们之后，庄周和惠施不也是如此嘛！两人一见面就互相批评、驳辩，但庄周却认为一生最好的朋友还是惠施。

客问：先生的交游范围很广，不仅在大夫、士中，您有众多的朋友，而且与一些诸侯、君主也保持了相当不错的个人关系。比如说，您和鲁定公之间恐怕就不仅仅是君臣关系。请您谈谈您和鲁定公的交往，好吗？

答问：不管怎么说，鲁定公对我是有知遇之恩的。他从公元前509年即位以后，在季孙氏掌权、三桓势力强过公室的情况下，仍然尽心力于国事。他曾于公元前504年率兵伐郑，夺取匡地。在公元前501年，任命我做中都宰。第二年，又提升我为小司空；之后不久，又任命我做大司寇。在鲁国这样一个有深厚传统的国家里，对一个出身下层的普通士人，提拔如此之快，委以如此之重任,那也是需要一点胆略和魄力的。当然,对一个人、一个官职的任免,首先考虑的是国家的利益和前途。但是,事情具体落实到我头上,那么我对鲁定公的如此信任,从内心里讲,是理应不无感激的。

鲁定公在位期间,曾多次向我问政,这在《论语》中多有记载(《八佾》《子路》等),这里不必一一叙述。回想起来,定公对我的知遇,和我们君臣间的默契配合,有两件事最让人难忘:一是鲁定公十年(前500年),我作为相礼陪同定公与齐景公会盟于夹谷。由于事先我和定公分析准确,准备充分,结果使实力远不及对方的鲁国,取得了一场历史上少有的外交胜利。二是鲁定公十二年(前498年),由我提议和负责实施的"堕三都"计划,也是我们君臣密切合作的结果。这个计划众所周知最终虽以失败告终,但是定公自始至终都是持积极支持态度的。三桓在鲁国的势力实在太大,要削除之也非一日之功可毕,所以这个不理想的结果,也真怪不得定公。

有这样一段经历、这样一段相处,定公与我既是君臣,又在情感上超过一般君臣。在古代政治中,君臣际遇对于一个国家有时候是很重要的。郭沫若先生在谈到秦孝公和商鞅时,就曾提到过这一点(《十批判书》)。我在鲁国任职的这段时间,如果说对鲁国政治有所建树、有所推动的话,那么它在一定程度上也要归之于我和定公之间的君臣际遇。所以,当"堕三都"计划遭受挫折,不得已而离开鲁国的时候,我是"迟迟吾行也"(《孟子·万章下》)。这样做既与我离开父母之邦有关,也与我心系定公又哀其不幸有关。我一生中,与定公的相处,的确是一段难忘的日子。

客问: 定公之后,鲁君继位者是为哀公。先生晚年回到鲁国,正值哀公在位时期。您与哀公之间的交往如何?有没有您与定公之间那样的情感感受呢?

答问: 我在前面刚说过我与季桓子、季康子父子的交往,以及我与季氏父子两代的不同关系和不同感受。我与定、哀二公的来往和关系的亲疏程度,正与季氏父子相似,时间前后也大体一致。

鲁哀公于公元前494年继位。他在位期间,季桓子、季康子先后执政专权,哀公在政治上很难有什么作为。哀公十一年(前484年),鲁国在对齐战争中取得胜利。由于我的学生冉有在这场战争中发挥了决定性作用,所以此后不久,季康子就对我发出了回国邀请。与十四年前相比,我回到鲁国的最大感受是物是人非。就是说,政局依然并不太平,而国君、执政对我这个老头子基本上就不甚了解了。因此,名义上我受尊为"国老",哀公也曾多次向我和我的学生问政(《为政》《八佾》)。但事实上,我是被束之高阁,被作为鲁国的一个文化牌位供在几案上的。在这样的境况下,我与鲁哀公之间的交往,主要是礼节性的、仪式性的,而不可能有实质性的展开。这一点,你从我去世后哀公所致的悼词中,也可以看到:上天不善,不肯留下这位国老,以保障我的君位。我一个人孤孤单单忧思成疾。悲哀啊,尼父,您的离去使我失去了效法的榜样!(《左传·哀公十六年》)这就是我与哀公之间的真实关系。

客问: 先生除了与您的父母之邦——鲁国的两位君主有过交谊之外,您周游期间到过许多国家,会见过不少国君,那么您对他们中的哪些人印象比较深刻?

答问：司马迁曾说我"干七十余君,莫能用"(《史记·十二诸侯年表》),虽然有些夸张,但是事实上我确实到过很多国家,也当面会见过不少国君。回想起来,至今仍能给我留下印象的,只有两个人:一个是齐景公,另一个是卫灵公。

我与齐景公的第一次接触,是在鲁昭公二十五年(前517年)。那一年,鲁国发生"斗鸡之变",昭公出逃,鲁国陷入一片混乱。我便从鲁国来到齐国,通过齐国大夫高昭子会见齐景公。在齐期间,齐景公曾两次问政。一次是针对齐国的陈氏以大斗出、小斗入的办法收买人心,与公室争夺人心和社会影响的情况,我对齐景公说,为政之道就是要努力提倡君君、臣臣、父父、子子之礼。(《颜渊》)另一次,针对齐景公的极度奢侈(《季氏》)和齐国百姓的饥寒交迫(《晏子春秋·内篇谏上》),我告诉齐景公"政在节财"(《史记·孔子世家》)。但是这两次谈话,齐景公都没能准确理解我的意思。经过一段时间的接触,齐景公对我越来越信任,竟萌生要封田于我的想法,但后来又发生动摇,最终以"吾老矣,不能用也"(《微子》)相推辞。因此,我也只好离开齐国。

与齐景公的第二次接触,是在鲁定公十年(前500年)鲁、齐夹谷之会上。上次会见彼此是朋友,这次会见双方成了对手。其结果我在前面已反复说到,不再重复。总的来说,我与齐景公有过较深的接触,有可能共事,但最终却是以外交场上的对手身份结束了两人的关系。

如果说齐景公虽然奢侈傲慢,给人的印象还不失威仪和尊严的话,那么卫灵公最突出的特点,就是昏庸和荒唐。我与卫灵公的第一次交往,是在鲁定公十三年(前497年),这一年我的"堕三都"计划失败,感到在鲁国前途无望,遂决定外出漫游,而漫游的第一站便是卫国。因为我此时在社会上的名声已经很大,又曾做过鲁国大夫;卫灵公此时在内政、外交方面均无建树,为了赢得礼贤下士的美名,所以我到卫国后,他很快就召见我,并按鲁国的待遇标准,每年给我六万斗粮食做俸禄。卫灵公一开始对我的礼敬规格够高的,但并没有让我在卫国任职的意思。

这样平平淡淡地在卫国过了半年,卫国宫廷发生公孙戌谋杀卫灵公夫人南子事件,结果机密泄露,公孙戌被逐。我原来对公孙戌的父亲、卫国著名贤大夫公孙文子非常敬重,曾和弟子们一起采集过他的言论和事迹。据司马迁说,公孙戌被逐后,卫灵公对我与公孙氏的关系产生猜忌,并派人监视我。(《史记·孔子世家》)卫灵公派人监视的事是没有的,但卫灵公对我与公孙家族的关系是否放在心上,却不得而知。我看到的是,卫灵公待我不如以前真诚、周到了(《孟子·公孙丑下》)。所以,我在卫国待了十个月就离开了。

我离开卫国,本打算由卫赴陈,但是途中经过匡、蒲两地时遇到麻烦,于是决定再返回卫国。听到我回卫国的消息,卫灵公喜出望外,亲自郊迎。从他的热情和隆重看,似乎对我与公孙戌的关系并未猜忌。但是,在以后的时间里,他曾向我请教领军布阵的问题(《卫灵公》),也曾让我陪他和他的夫人南子乘坐马车招摇过市、上大街兜风(《子罕》),这些都不是我所理想的政治家作为。而且他与夫人南子荒淫糜烂的生活,更见出他的昏庸和荒唐。对于这样一个君主,我感到非常失望。我当时的理想是在政治上干一番事业,碰到卫灵公这样的国君,不管给我多高的生活待遇,我也不会在这里长期住下去。因此,在鲁哀公二年(前493年),我毅然离开卫国,踏上西去晋国的路程。从此,我和卫灵公再也没见过面。

第十章
孔子的命运:从战国到今天

孟轲与荀卿/汉学时期/叔孙通/董仲舒/郑玄/司马迁/宋学时期/朱熹/陆象山/王阳明/清初三家/颜元/乾嘉汉学/公羊学派/"打倒孔家店"/古史辨派/实事求是/政治待遇与思想代价

客问：先生为实现自己的理想，奔忙了一生、奋斗了一生，您立足学术，又关切政治。从一个学者、思想家的角度看，可以说您一生取得了巨大的成功；从一个政治家的角度看，您的一生则只能说是失败的。或许可以认为，恰恰因为您为政的失败，才成就了您的学术事业，也才使您的学术和思想达到了空前的高度和深度。但是，也正是由于您一生存在学术和政治的这一巨大反差，才使您比常人能够更准确、敏感地体会自己一生命运的坎坷和曲折。我对先生作这样的理解，您能同意吗？

答问：我完全同意，其实事实也正是如此。

客问：先生生前的命运是这样，而身后经历的跌宕起伏，就更复杂了。从战国初年到二十世纪末叶，两千多年间先生一直成为人们热切关注的对象。或出于不同的目的，或由于时代变迁，先生的形象和思想一直处于变动不居的运动过程中，这就又构成了先生的另一种命运——身后的命运。对此，请先生谈谈您的看法和评价，好吗？

答问：关于这个问题，我也早有耳闻。正像我生前由为学和为仕、学术和政治构成我一生的命运变奏曲一样，在我身后，我的命运变迁,也是沿着这两条线索发展的。不过,有一点身后和生前大不相同,那就是政治地位、政治待遇大大提高了。但是,得到一个空头的政治待遇,付出的却是巨大的思想学术代价。

客问:先生说自己身后得到的是空头政治待遇,付出的却是巨大的思想学术代价,这话是什么意思?可否详细谈谈?

答问:说来话长。从战国到二十世纪,时间经过了两千多年。在这两千多年中,总的发展走势是政治家越来越看重我,因此我的政治地位、政治待遇越来越高。相对于政治,学说和思想方面,研究的人越来越多,影响也越来越大,但大多是被改造之后变形的东西,真正属于我的思想和学说的却越来越少。当然,在这两千多年中,我的学说和政治命运变迁,又可分为若干阶段,各个阶段情况有所不同,不能一概而论。

客问:那么请先生先谈谈您身后的学说命运吧。

答问:我以为,我身后的学说命运变迁,大体可分为这样几个时期:一是战国时期,二是汉学时期,三是宋学时期,四是清代新汉学时期,五是二十世纪时期。把这五个时期联系起来,才构成我身后两千多年间学说命运的整体。

客问:战国时期,您的学说命运怎么样呢?

答问:战国时代学说纷起、学派林立,不同学说立场和不同学术派别之间的驳辩争论,是很普遍、也是很正常的。在别家、别派的学者看来,儒家学派率先崛起,并且以我为开山。于是,看法不同、观点不一,评头论足由此开始。但是,其中有一个明显倾向,即别家、别派的批评多笼而统之针对儒,而并未针对我本人。因为在我看来,即使在战国时代,孔学和儒学也是不能等同的。别家、别派对儒学的批评,并非完全针对我的思想学说的批评,更何况批评和反对也并非压制和消灭。事实也证明,"百家争鸣"在战国中、前期直接带来了思想学术的空前繁荣。因此,在不同学说立场和不同学术派别的批评面前,我的思想学说并未遭受什么不利于传播和发展的外部创伤。

反对者无力,继承者却有人。我的思想学说除了影响到直接受业的门人弟子之外,在战国中后期又得到两位学人强有力的继承和发扬,他们就是孟轲和荀卿。

先说孟轲吧。司马迁说他"受业子思之门人"(《史记·孟子荀卿列传》)。可他自己却说:"予未得为孔子徒也,予私淑诸人也。"(《孟子·离娄下》)公然以我的私淑弟子自居。孟轲私淑于我,自然有他的理由,他认为我"出乎其类,拔乎其萃","有生民以来未有孔子也"。他这样评价我的根据是,我做事情、看问题依时而定,不拘一偏。他说伯夷"非其君不事,非其民不使;治则进,乱则退";伊尹"何事非君,何使非民;治亦进,乱亦进";而我则"可以仕则仕,可以止则止,可以久则久,可以速则速",因此"乃所愿,则学孔子也"(《孟子·公孙丑上》)。

孟轲不仅口头宣称要宗师于我,而且事实上为继承和发展我的思想学说,他也确实做出了不小的贡献。全面介绍不大可能,仅举几例即可见一斑。首先,在我仁学的基础上,提出仁政的主张。我的仁学理论,主要是对士人个体人格的设计;对于政治,我则提倡为政以德。而孟轲则直接把道德要求落实在政治家头上,要统治者以"不忍人之心"行"不忍人之政",要求通过行仁政来

"王天下"(《孟子·离娄上》)。其次,以我的仁为前提,提出人性善理论。我所说的仁,是一种理想的人格境界,我认为每个人通过不断修养,最终即可达到此一境界。孟轲则把我设想达到的理想,作为已经实现的现实,从而提出性善论,为他的理论展开设定了一个起点。再次,我认为个体人格成长,需要"兴于《诗》,立于礼,成于乐"(《泰伯》),是一个积少成多的渐进过程。孟轲则以人性善为基础,要求人们不断自我反省、自我检讨,像寻找丢失的东西一样而不断"求放心"(《孟子·告子上》)——把丢失的本心、本性寻找回来。又次,我一向主张维护士人的人格和尊严,在道势关系处理上,提倡以道制势、从道不从君。因此,我提出"三军可夺帅也,匹夫不可夺志也"(《子罕》),以作为对士人人格和尊严的理想与要求。孟轲在这一点上表现得更加强项,也更为激烈,他认为在与国君交往时,要"说大人,则藐之,勿视其巍巍然"(《孟子·尽心下》)。士人要经得起任何考验,要做到"富贵不能淫,贫贱不能移,威武不能屈",真正成为一个堂堂正正、顶天立地的"大丈夫"(《孟子·滕文公下》)。仅从这几点看,完全有理由说,孟轲是战国时期我的思想学说的最重要、最出色的继承者和发展者。

客问:战国时期,先生思想学说的传人除孟轲之外,还有荀卿。孟轲继先生之后成为"亚圣",后人不曾有什么怀疑,而荀卿的传人地位,颇有后人提出质疑和挑战。比如,唐代韩愈就曾说孟子"醇乎醇者也",荀子则"大醇而小疵"(《读荀子》)。现代学者郭沫若,更认为荀卿"倒很像是一位杂家",竟说"杂家代表《吕氏春秋》一书,事实上是以荀子思想为其中心思想"(《十批判书》)的。那么,先生对此有何见教?

答问：郭沫若先生对荀卿的定性，只有结论，而没有论证过程，这样讨论问题很难使人信服。说荀卿对我的思想学说有继承，有选择，也有推进，这是正确的。如果说他是杂家，甚至把他和吕不韦相混淆、相等同，就说不过去了。相比较而言，韩愈的说法更接近事实。也就是说，战国时期我思想学说的两大传人，孟轲继承多，荀卿推进多。两人各有所长，各有千秋。

我为什么把荀卿视为孟轲之后我思想学说的另一传人，是有自己的理由的。第一，荀卿对他之前的诸多学者都有批评，而唯独推崇我和我的学生仲弓(《荀子·非十二子》)，师承于我之意非常明显(《荀子·儒效》)。第二，后世所谓"六经"都由我整理删订，在我之后，荀卿则是花大力量传授六经的重要学者。清人汪中说："荀卿之学出于孔氏，而尤有功于诸经"(《荀卿子通论》)，不为无见。第三，在崇尚仁义方面，荀卿与我是一致的，他的三十二篇著作充满了仁义观念。他甚至认为，在战争中"坚甲利兵不足以为胜，高城深池不足以为固，严令繁刑不足以为威"(《荀子·议兵》)，只有仁义才是最重要、最根本的。第四，荀卿重仁义，尤其重礼。在我的思想中，礼是人生一切行为的基本准则。在荀卿这里，礼不仅具有行为准则的性质，而且同时具有强制执行的法则意义。第五，他提出现实对历史的选择态度是"法后王"，他的"后王"，实际所指是周初圣王——周文王、周武王以及周公，这与我"郁郁乎文哉！吾从周"(《八佾》)是完全一致的。另外，荀卿的"天人相分"思想，是在继承我的天道观的基础上，侧重吸收和发展我思想中的自然之天一面。只是他的性恶论主张，与我的人性立场不甚相同，但他通过人性学说而强调后天学习、修养的重要，这又与我的仁学理论不无暗合之处。

从总体上看,荀卿对我的思想学说有较为透彻的体会和把握,在战国中后期为传播和发展我的思想学说发挥了重要作用。但是,从春秋末年到战国晚期,时间经过两三百年,社会变化很大,思想学术也理应随之而发生变化。所以,荀卿在继承和发展我的思想学说方面,渐渐由理想而走向实用,这也是历史变化使然。比如,他在理论上礼、法兼重,就是他纳道义原则入历史现实的结果。他培养出韩非、李斯这两个著名的法家学生,常为后人所诟病。不过我认为,因韩非和李斯而责及荀卿,未免太情绪化了。韩愈既说荀卿"大醇而小疵",又说"考其辞,时若不粹;要其归,与孔子异者鲜矣"(《读荀子》)。综观韩愈对荀卿的评价,可见韩氏还是很有常人所不及之见地的。

客问:先生认为您的思想学说在战国时期的传人是孟轲和荀卿,但是孟、荀二人不仅在思想取向上多有不同,而且荀卿还公然指斥孟轲"饰邪说,文奸言"(《荀子·非十二子》)。不知先生以为这种情况当如何解释?

答问:荀卿批评孟轲,这是学术史上尽人皆知的一桩公案。因为荀卿在孟轲之后,他有可能对孟轲进行总结和提出批评。反过来可以设想,如果孟轲在荀卿之后,他也会对荀卿的主张提出批评。两人都曾宣称自己的思想学说从我而来,而两人的主张又有不同,这恰恰说明了一个问题,即两人对我思想学说的继承是各有侧重的。后世学者常用"内圣"和"外王"来概括儒学中两种不同的学术风格和学术取向。如果套用这一说法来概括先秦儒学发展演变的大致走势,可以说在我的思想学说中,已兼有"内圣"和"外王"两种潜在可能,孟轲主要继承和发展了前者,从而把我的理想人格、培养思路，推进到了一个新的境界；荀卿则主要继承和发展了后者，在士人如何把理论的理想转换为具体的现实方面，做出了更大的贡献，从而使创造社会效果和客观业绩也被理所当然地视为价值追求。这是我的思想学说在战国时期发展演变的实情。

话说回来，战国中后期孟轲和荀卿各立门派、设教授徒，对我的思想和学说各有所取、各有发挥。这种不同的择取、不同的推进，甚至包括驳辩和批评，恰恰造成了阔大的声势和广泛的影响。从我身后思想学说经历的命运来看，战国时期是一个被合理继承、发扬光大的时期。经历这一时期，经过孟、荀两人向不同方向推进的努力，我在中国思想文化中的地位终于得到了巩固和确立。

客问：战国之后，照先生前面的阶段划分，下面就应该是汉学时期了。先生的思想学说在汉学时期的命运如何呢？

答问：冯友兰先生曾经说过，战国结束，历史进入秦汉。从此，子学时代终结，经学时代开始（《中国哲学史新编》第二册）。照我的理解，所谓子学，是指诸子百家之学，这里面是包含学术平等的意思在其中的。所谓经学，即天经地义之学，是说某些学派或学说被尊之为经，而此外的学派和学说，就等而下之了。可以说，在战国时期，我和我的思想学说经历的是较为纯粹的学术命运，不用说我的继承人孟轲和荀卿，即使反对派代表如墨翟、庄周，也没有假政治以抑扬学术。到战国末年的韩非和李斯，政治干预学术的倾向已大体明朗，但秦人的焚书和秦国推行的挟书律对我思想学说的打击，其实只是皮肉之苦，而真正致命的是汉人对我思想学说的利用、歪曲,甚至阉割和肢解。

汉学时期时间较长,学者又多,不可能详细讨论,我在这里略做抽样调查,你就能够了解我在此一时期的尴尬遭际。

先说叔孙通。此人原为秦博士,山东薛人。陈胜起兵山东,秦二世召问博士诸儒,叔孙通巧言应对,终于免祸。之后逃归薛地,追随项羽。以后又率弟子百余人降汉。汉王刘邦拜为博士。汉一统天下,刘邦登帝位,因群臣争功,醉酒后肆意吵闹喧哗,叔孙通建议刘邦制定礼仪法度,理由是"儒者难与进取,可与守成"(《史记·叔孙通列传》)。高祖采纳了叔孙通的建议,结果让刘邦第一次体会到了"为皇帝之贵"(同上)的出乎意料的幸福感。我一向反对把礼仅仅视为典礼仪式的做法,对行为主义、操作主义更深恶痛绝。而"汉家儒宗"叔孙通所着力从事的,恰恰就是这些。建汉之初,叔孙通的投机行为可以说正是汉人释放出的第一个简化、歪曲、利用我思想学说的信号。

叔孙通之后,汉学人物有代表性的应该是董仲舒。与叔孙通不同,董仲舒其意不只在投机,他对我的思想学说也有叔孙通无法望其项背的准确理解和体会。尽管如此,由他解释和阐发的我的思想,却大大走样了。比如,在天道观方面,他承认天的自然性,但又认为天有喜怒哀乐之心(《春秋繁露·阴阳义》)。我认为合规律性与合目的性的统一,是"天人合一"的中心内容,而董仲舒却把这种精神相合发展为一种形式的相类。他认为,人之所以为人,是能够在自然中找到相应根据的,人体则是天地自然的摹本(《春秋繁露·人副天数》)。董仲舒以治《春秋》名世,但他是《春秋》公羊学的代表人物。因此,他对《春秋》的理解,也与我的本意不同。比如,我在《春秋》中记灾异多达一百二十二次(高士奇《左传纪事本末》)。因为在我看来,自然灾异是实有的事实,它是历史内容之一。而且,我所记述的灾异都与民生日用密切相关,并不言其事应。董仲舒却说我所记灾异,是为了表达天谴天威,以告诫人君(《春秋繁露·必仁且知》)。这种天人感应之说,是我思想学说中根本没有的。特别是,董仲舒用五行说解释《春秋》,这不但埋没了我的本意,而且也开了汉代符瑞、谶纬之风的先河。由自然而走向神秘,由学术而走向政治,这是董仲舒对我的改造,也是对我的歪曲。当然,并不是说董仲舒解说我的思想全无是处,有些地方他还是很有体会的,比如他对仁义之法的开掘,就颇得我思想之精髓(《春秋繁露·仁义法》)。但是,由于他以学术服务于政治的欲望太强,所以汉武帝虽然接受了他的建议,罢黜百家,独尊儒术,我身后第一次享受了最高规格的政治待遇。但是,由此而付出的学术代价,由此而造成的学术伤害,却是致命的。试设想以《春秋》公羊学断案决狱,以《春秋决狱》为法律指导,那是怎样的荒唐和荒谬!

客问:董仲舒以阐释义理著称。在汉学时期,搞训诂、作传注的更大有人在,他们是怎样对待您的思想学说的,请先生谈谈,好吗?

答问:可以说,叔孙通是个投机者、御用文人,他对我的思想学说几乎一窍不通。董仲舒是个学者、今文经学家,对我的思想学说颇有体会,但因为致用心太切,所以到头来表达见解虽然打的是我的招牌,而实际上宣扬的却是他自己的东西。

汉代研究我的思想的人很多,其中搞训诂、作传注的所谓古文经学家,占有很大的比重。就说东汉末年的郑玄吧。可以说郑玄是两汉古文经学的集大成者,也是一位杰出的文献学家。他早年曾入太学从京兆第五元先治《京氏易》《公羊春秋》,又从东郡张恭祖学《周官》《礼记》《左传》《韩诗》和古文《尚书》;后入关师事马融学古文经。郑玄的学问修养很好,他博贯群经,通天文、历算,在名物训诂方面颇有造诣。他曾遍注群经,因为他的学问水平主要集中在名物礼仪制度方面,所以他的"三礼"注释水平较高。但是,他对义理思想的悟性不高,因此尽管大胆打破今、古文两派经学的成见,在注释中以古文经说为主,兼采今文经说,同时还偶用谶纬,而最终对我的思想学说的理解,依然难得要领。比如,他注《周易》自创爻体说,这是一种明显的杜撰;他解说我的思想,多援引充满神秘迷信色彩的纬书。纬书之荒谬不可信,举一斑可见。如《春秋演孔图》云:"孔子长十尺,大九围,坐如蹲龙,立如牵牛,就之如昂,望之如斗。"又云:"孔子之胸有文,曰:'制作定,世符运。'"如果用这样的材料来解释我的思想,试想怎么能够让人信服?所以,在汉代古文经学家这里,我遭到的依然是被歪曲、被改造的命运。

客问:汉代经学家对先生的重视,有意无意间演化成对先生的利用,这对先生的形象和思想,或多或少都是一种伤害。不过,汉代还产生了一位与众不同的人物,那就是司马迁。请问先生,您认为司马迁对您的理解,准确程度如何?您怎样评价他在宣传和弘扬您及您的思想方面所发挥的作用?

答问:司马迁虽然生活于汉代,也是汉学时期内的重要人物。但他对我和我的思想学说的理解,远比同时代以及后代许多经学家都要准确。司马迁是史家,他虽然没有专门阐释我思想的著述,也没有为经书作注,但通过他为我所作的传记,可见他不仅是一位著名史家,有过人的史识,而且也是思考深刻的思想家,是我在汉代的真正同道。

我认为,司马迁对我的思想学说有相当准确的理解,可举一例以说明之。比如,他在《太史公自序》中说及《周易》和《春秋》的特点及区别,云:"《易》以道化,《春秋》以道义。"用一个"化"字概括《周易》的性质,用一个"义"字概括《春秋》的性质,是非常准确的,是非有深刻领悟者不能道得出的。他又说:"《春秋》推见至隐,《易》本隐之以显。"(《史记·司马相如列传》)意思是说,《春秋》是通过历史事实表达深刻思想的,《周易》则是通过易见的象数而显示思想的。对两者有如此细微的体察,不仅十分难得,而且也最符合我的本意。

司马迁在《史记》中,给我以很高的地位,把我的传记列入《世家》,这其中暗含的是文化抗礼政治、布衣同列王侯的观念,它显示了司马迁卓越的史家眼光。不仅如此,他还在《十二诸侯年表》《儒林列传》和《太史公自序》诸篇中多次说及我,《史记》全书称引我之言行九十余次,居全书所有人物之首,足见他对我的重视、熟悉和尊敬。而且,书中还设有《仲尼弟子列传》,不仅把我载入史册,也同时通过对我和弟子生活思想的多角度反映,力图给以全面的记述和评价。这对扩大我思想学说的影响,起了巨大的作用。尤其是他在《孔子世家》末尾写的那段赞语:"天下君王至于贤人众矣,当时则荣,没则已焉。孔子布衣,传十余世,学者宗之。自天子王侯,中国言'六艺'者折中于夫子,可谓至圣矣!"对确立我在汉以后中国政治文化中的地位,起到了奠基的作用。

客问：汉学之后，在学术史上产生重大影响的是宋学。在宋学时期，先生经历的命运又是如何呢？

答问：宋学与汉学不同。汉学的文字训诂倾向，使我的思想精义严重丧失，它的阐释义理，又往往制造神秘，其结果是欲神圣儒学，反倒因此而埋没了我的思想。宋学从总体上看是以重义理而著称的，这似乎与我的思想学说风格相同。但宋学学者个个都是思想家派头，他们讲我孔丘多不过是借用名义，实际发挥的完全是宋人自己的思想见解。如果他们不打我的旗号，说话即讲自己，那也就不需要辨析和正名了，至于我经历的命运，无非是被冷落而已。而现在的问题是，他们打的是我的旗号，而发挥的思想却很少有属于我的东西，这种被歪曲、被篡改甚至被冒名顶替，在宋学中是普遍存在的。

宋学中著名学者颇多，宋初胡瑗、孙复、石介，已开风气。此后，北宋五子周敦颐、邵雍、张载、程颢、程颐并起，他们各自从不同的角度和侧面，对我的思想学说进行阐释和阐发。如对我学思并重的认识论思想、"执两用中"的中庸之道、因材施教的教育思想、"三代相因"的历史沿革观念，特别是对我以礼为核心的道德哲学，都进行了探讨。而且，他们对我和我的思想，也给予了很高的评价，如周敦颐说："道德高厚，教化无穷，实与天地参而四时同，其惟孔子乎！"（《通书》）张载说我的学说，是"为天地立心，为生民立命，为往圣继绝学，为万世开太平"（《二程遗书·语录》）。程颐说我是"生而知也"（《二程遗书·颜子所好何学论》），程颢说我"道如日月之明"（《二程遗书·语录》）。他们对我的推崇，也许并不是违心的，但是他们对我的思想学说的解释和阐发，却是改头换面的。经过他们的二次加工以后，我的思想事实上已变成他们个人的思想。

客问：谈宋学，先生还没有提到朱熹。不知先生怎样评价朱熹对您思想学说的解释和阐发？

答问：朱熹是宋学的代表性人物，也是宋学的集大成人物。朱熹是颇以我的传人自居的，他的高足黄榦曾说："道之正统，待人而后传。自周以来，任传道之责者不过数人，而能使斯道章章较著者，一二人而止耳。由孔子而后，曾子、子思继其微，至孟子而始著。由孟子而后，周、程、张子继其绝，至熹而始著。"（《宋史·朱熹传》）这话虽出自黄榦之口，但传达的却是朱熹的意见。他自诩为我思想学说的传人，可自诩却不一定就是事实。实际上，他虽然一生研究的学问似乎全都与我有关，著述也非常多，比如他在《周易》《诗》《礼》《论语》《孟子》《大学》《中庸》诸方面，都有专著行世，但是他在认识论、仁义说、心性说包括哲学方法论上，都是从周、张、二程入手，得自周、张、二程的。比如，周敦颐著有《太极图说》和《通书》，朱熹就作《太极图说解》和《通书解》；张载著《西铭》和《正蒙》，朱熹就作《西铭解》和《正蒙解》。朱熹所著《伊洛渊源录》《近思录》，以及编辑整理的《程氏遗书》《程氏外书》，都说明他对二程下过更大的功夫，做过更多的研究。朱熹的宇宙论取意于程颐，程颐以"理一分殊"来概括张载的《西铭》，朱熹也从程颐之说，但朱熹的"理一分殊"论，又与周敦颐的《太极图说》有关。朱熹的人性论遵循孟轲，发挥周敦颐，论人性而引入理气关系，最终把四心和五行搭配在一起。朱熹的仁说来自程颐，认为仁即是爱，至于爱什么却无关紧要。他强调仁是天地之心在人身上的表现，仁非人类所独有。可以说，朱熹的这些思想主张，大致说来都已经与我无关了。特别是他还把佛教华严宗的"理事"论引入自己的学说,这就越发见出他离我思想学说之遥远了。

当然,朱熹也并非全不研究我的学说,实际上他对我思想学说的某些方面,还是花过大力气的。比如,他早年就曾取二程及门人朋友之教材编成《论语要义》,以后又作《论语训蒙口义》。后来他又博采二程、张载、范祖禹、吕希哲、吕大临等多家之说,写成《论语精义》。此后又在《论语精义》的基础上编成《论语集注》。《论语集注》《孟子集注》《大学章句》《中庸章句》合称为《四书集注》,《四书集注》既是朱熹的代表性著作,也是宋学的权威性著作。元、明以后,此书成为科举取士的钦定教材,它的政治影响和世俗影响,均达到前所未有的程度。然而,问题还有另外一面,在《论语集注》取得空前的权威地位以后,《论语》在人们心目中的印象却渐渐淡了。在宋学——理学占统治地位时期,《论语》被遮蔽、被架空,走俏和行时的是《论语集注》。与此相一致,我的形象也越来越模糊、抽象,离人们越来越远,而朱熹却日渐成为政治生活和日常生活中最高、最现实的权威。这种移花接木、冒名顶替所产生的误解和影响,直到清代还能看到,比如清初陆陇其就说过:"自秦、汉而后,诸儒辈出。集诸儒之大成者,朱子也。朱子之学即孔子之学。"(《三鱼堂外集》)"夫朱子之学,孔、孟之门户也。学孔、孟不由朱子,是入室而不由门户也。"(《三鱼堂文集》)陆氏甚至说:"朱子者,周、程、张、邵所自发明,而孔子之道所自传也。尊朱子,即所以尊周、程、张、邵,即所以尊孔子。"(《三鱼堂外集》)你看看,尊孔摇身一变居然成了尊朱熹了。

实在说来,从朱熹即可以管窥宋学,由朱熹对我思想学说的嫁接和改造,即可以蠡测我去世一千多年后经历宋学时期所遭遇的命运。因此,说到宋学,只要重点分析一下朱熹,这一时期的基本问题都不难见其梗概。

客问:以朱熹为代表的宋代学者,借先生学说而发挥自己意见,违背先生本意是一方面,另一方面"理性浮说"(颜元《弘道书》),也不可避免地造成学术空疏。请问先生,清代以恢复汉学为号召,是否有纠宋学之偏的意思在里面?先生在清代的命运,又是怎样?

答问:严格地说,宋学中除朱熹的理学之外,还有心学一派。与朱熹同时的陆象山是心学的创始人,他的名言是"宇宙便是吾心,吾心便是宇宙"(《象山全集》卷六三),认为自己的心包括一切,学者无须外求。陆氏思想明显受禅学影响。

到了明代,浙江余姚人王阳明继承陆象山学说,在了解、吸收朱熹思想的基础上,建立心即理、知行合一、致良知思想体系。朱、王相比,朱熹认为理与心、知与行是并立的;王阳明则说心即理,知即行。朱熹学说重穷理,主知;王阳明则重实践,主意。如果说朱熹虽主张读书,但由于发挥义理过多,学风品格已见空疏的话,那么王阳明的重心不重理,其学问更显得空洞而浅薄。此外,理学、心学两大派别还有一个共同的特点,即知有语录而不知有"六经",学问从语录中出。所谓语录,那是从二程就开始的,即老师时与门人弟子高谈阔论,身后由门人弟子追记成书。语录是宋明理学空疏的标志,也是明末清初学者攻击的靶的。

率先对宋明空谈心性的空疏学风提出批评的,是明末清初的顾炎武、黄宗羲、王夫之。顾炎武曾说:"今之言学者,必求诸语录。""今之语录,几于充栋矣,而淫于禅学者实多。""今之所谓理学,禅学也,不取之'五经',而但资之语录,较诸帖括之文而尤易也。"(《亭林诗文集》)他认为:"凡文之不关于'六经'之指,当世之务者,一切不为。"(同上)证诸顾氏的著述,几乎不见空言理、性、命与天道的,而多是用训诂考据的方法研究儒家经典,其中经世致用的文字也不在少。黄宗羲也说:"明人讲学,袭语录糟粕,不以'六经'为根柢,束书而从事于游谈。"(《清史稿·黄宗羲传》)其目标所指,与顾炎武相同。顾、黄之外,王夫之不仅将心学以禅学冒充我思想学说的无忌惮行为无情揭破(《俟解》),而且在天理与人欲关系上,极力批判理学家的荒诞,他说:"天理即在人欲之中,无人欲则天理亦无从发现"(《正蒙注》),"随处见人欲,即随处见天理"(《读四书大全说》),"私欲之中,天理所寓"(《四书训义》),"天理充周,原不与人欲相对垒"(《读四书大全说》)。认为理、欲本为一体,从而肯定了人欲的合理性。可以说,王夫之的这一思想,是得自我的。

顾、黄、王之后,值得一提的是颜元。此人初宗陆、王,后信程、朱,最终归之于我的思想学说。他晚年尤其强调宋学与我思想的不同,他认为,宋学的特点是空谈心性,宋学的倾向是近于禅。他说程、朱"参杂于释、老","非佛之近理,乃程子之理近佛"(《存学》)。他认为,程、朱"直与孔门敌对,必破一分程、朱,始入一分孔、孟"(《颜习斋先生年谱》)。他抨击宋学的空谈心性、不切实用的"习妇女态,甚可羞",对"无事袖手谈心性,临危一死报君王"(《存学》)持激烈的批判态度。他对宋儒的定位是:功夫全在口上,全在纸上,全在静坐、语录之中。颜元对宋学的认识,真是非常透辟、准确。

顾、黄、王，外加颜元，几个人的思想虽不尽相同，其主张也各有各的偏差。但经过他们几位对宋学弊端的尖锐揭破，可以说在一定程度上对恢复我思想学说的本来面目起了重要作用。经过这样一个阶段之后，你刚才所说的以汉学为号召而反宋学的清代新汉学时期的高潮，才真正到来。

客问：那么，请问先生在这一时期经历的命运，是怎样的呢？

答问：经过顾炎武等人对宋、明理学大胆的批评，特别是对阳明心学的贬斥，我的思想已初步绽露出生机。进入乾嘉时代，以惠栋为开创者的乾嘉学派，采取汉人训诂考证的方法，扎扎实实地研究经学和小学，在补救宋、明人治学空疏的弊病方面做出了不小贡献，对进一步恢复我思想学说的本来面貌，也大有功劳。

乾嘉学派诸学者中，对我的思想学说的恢复做出贡献最大的是戴震。戴氏自幼聪颖好学，曾师从江永。戴氏治学从《说文解字》入手，于音韵、历算、水利等方面都很精通。有这些知识作为家底，他的义理阐发就能避免空疏，也就更接近实际了。

戴震自以为"平生著述之大，以《孟子字义疏证》为第一"（段玉裁《戴东原集序》引）。在我看来，《孟子字义疏证》恰恰是戴氏甚至包括乾嘉时期反宋学、恢复我思想学说最重要的一部著作。此书之所以重要，是因为：首先，它比以往学人著作更大胆、更准确，也更彻底地揭开宋儒思想出入老、释这个老底。揭开这个老底，宋学对我思想学说的种种歪曲解释，就不攻自破了。其次，戴氏对若干哲学概念做了新的阐发，比如对"理""天道""性""仁义"等，针对宋儒的种种误解和误说，逐一予以辨正。可以说，戴震在反宋学、恢复我思想学说方面是竭尽全力的,虽然他也偶有理解不准不确之处,但总的来说,他在挽救我思想学说在清代的命运方面,是立下了汗马功劳的。

客问:乾嘉考据兴盛之后,随之产生的是讲经世致用的公羊学派。先生以为这派人在对待您的思想学说方面,发挥了怎样的作用?

答问:乾嘉考据学派推重东汉以章句名物训诂为主的学风,而随之而起的公羊学派,则以推崇西汉之寻求义理于语言文字之表的今文学。双方各有侧重,但所继承的传统均不出汉学范围。

这一派的创始人为常州庄存与,他著有《春秋正辞》。此外,属于这一学派的学者,还有孔广森、刘逢禄、宋翔凤、魏源、龚自珍等。庄存与为学"于'六经'皆能阐抉奥旨,不专为汉、宋笺注之学,而独得先圣微言大义于语言文字之外"(阮元《庄方耕经学序》)。孔广森治《春秋》以公羊为主,对诸经中可通《公羊传》之义多加著录,并以天道(时、月、日)、王法(讥、贬、绝)、人情(尊、亲、贤)解释"三科九旨"。刘逢禄推重何休公羊学而力排《左传》。魏源为学求微言大义。龚自珍更学小学未拘于小学,习公羊学,服宋翔凤。总的说来,由庄存与开创的公羊学派的主要学术贡献,是鼓吹公羊学,开掘和弘扬我著《春秋》时未曾、未敢明言的大义。可以说,截止于龚自珍,清代的公羊学派在恢复我思想学术本来面目方面,是有功劳的。

但是,到了清代晚期,公羊学派的学术活动与政治活动相结合,于是出现康有为、谭嗣同、梁启超等新一代公羊派学者。康有为著有《新学伪经考》《孔子改制考》《大同书》等,对我的思想学说研究直接从呼吁变法的政治需要出发,继承汉人观点,对我进行相当主观的改造,说我是托古改制的人,是无冕的素王,并对汉代何休《公羊解诂》的"通三统""张三世"说大加发挥。康氏改造我的形象和发挥"三统""三世"思想,其主观愿望也许并不坏,但他的改造和发挥,却离我的本来面目相去甚远。而谭嗣同之《仁学》一书,虽然以我的思想命名,但实际内容却是他吸收古今中外各种思想,取其所需、编排杂糅而成。因此,在康有为等人那里,我和我的思想仅仅成为他们装饰的门面,成为他们打出的一张招牌,而他们的目的只在政治上的变法,而不在学问和学术。这样,我被任意打扮、任意包装,就成为必不可免的了。这是我在清代末年所经历的一段命运。

客问:清代公羊学派之后,历史进入二十世纪,先生认为自己的思想学说在二十世纪经历的是怎样的命运?

答问:进入二十世纪,中国进入一个动荡多变的时代。与之相适应,我和我的思想学说所经历的命运也是坎坷和多变的。因为发展到清代末年,经过历代封建经学家的长久积累和改造,我本人已经成为封建社会的思想和精神符号,我的思想学说在人们心目中,也差不多已定型为封建礼教的代名词。

到"五四"时期,由于西方思想传入,一批率先觉悟的学者、知识分子以"民主"与"科学"为号召,在思考中国的前途和出路的过程中,首先把思想批判的矛头对准了我,"打倒孔家店"成为他们反对封建思想文化的最响亮的口号。因为在他们看来,封建政治是用我的名字包庇了封建礼教和封建道德。如果不"打倒孔家店",就不能彻底清算封建礼教和封建道德。

比如,陈独秀就曾说:"孔教本失灵之偶象,过去之化石。"(《宪法与孔教》)"此等虚伪的偶象倘不破坏,宇宙间实在的真理和吾人心坎儿里彻底的信仰永远不能合一。"(《偶象破坏论》)

李大钊说得更明确:"历代君主,莫不尊之祀之,奉为先师,崇为至圣。而孔子云者,遂非复个人之名称,而为保护君主政治之偶象矣。""故余之掊击孔子,非掊击孔子之本身,乃掊击孔子为历代君主所雕塑之偶象的权威也。非掊击孔子,乃掊击专制政治之灵魂也。"(《自然的伦理观与孔子》)

鲁迅在他的小说《狂人日记》中,借狂人之口所说:"我翻开历史一查,这历史没有年代,歪歪斜斜的每叶上都写着'仁义道德'几个字。我横竖睡不着,仔细看了半夜,才从字缝里看出字来,满本都写着两个字是'吃人'!"也与陈、李二氏的意思相同。

应该说,陈独秀、李大钊、鲁迅等人的意见,很是代表了二十世纪初期中国觉醒知识分子的普遍心声。他们身受封建道德、封建礼教荼毒,借"五四"东风,决心给封建社会致命的一击。然而,知识分子无法直接改变政治,所以选择的是他们有能力攻得进的突破口——思想文化。而我和我的思想学说,被历代封建统治及其意识形态盗用已久,似乎已成为封建统治和封建意识形态的护身符。所以,"五四"知识分子要捣毁封建堂奥,必须首先非毁我及我的思想。

其实对于"五四"时代最出色的思想家而言,他们提倡"打倒孔家店",并非要打倒我孔丘,批判打着仁义道德招牌的封建礼教,也并非批判我的思想学说。比如李大钊明确承认:"孔子于其生存时代之社会,确足为其社会之中枢,确足为其时代之圣

哲,其说亦确足以代表其时代其社会之道德。"(《自然的伦理观与孔子》)

所以,"五四"在"打倒孔家店"的号召下反封建道德和封建礼教,从某种意义上说,激发起下一阶段人们实事求是地研究我思想学说的兴趣。比如,1933年有吕思勉的《先秦学术概论》出版,1934年有周予同的《孔子》出版,1936年有梁启超的《孔子》出版。同期还有许多有见解、有分量的论文问世。甚至在四十年代初,身在延安的毛泽东,都多次强调要认真总结、继承我留下的珍贵遗产(《新民主主义论》《改造我们的学习》《反对党八股》)。

但是,"五四"时代也有一开始就打错对象的,如吴虞就曾说:"孔二先生的礼教讲到极点,就非杀人、吃人不成功,真是惨酷极了!一部历史里面,讲道德、说仁义的人,时机一到,他就直接、间接的都会吃起人肉来了。"(《吃人与礼教》)这种偏颇的理解和偏激的态度,对以后很长一段时间人们不能正确对待和了解我的思想学说,都是很有杀伤力的。

在封建社会我被全面歪曲,"五四"以后我代人受过,这就是我在二十世纪初期的遭遇。

客问:在二十世纪初叶,对先生和先生的思想学说发表意见的,除上面说到的陈、李、周等以思想家著称者之外,还有以疑古辨伪为主张和特征的史学研究群体——古史辨派,这派学者也曾对先生的思想学说下功夫研究过,而且在学术界颇有影响,请您谈谈古史辨派在孔学研究方面的功过是非好吗?

答问:古史辨派又称疑古派,产生于"五四"以后。确切地说,自从1923年顾颉刚发表《与钱玄同先生论古史书》起,到1926年

《古史辨》第一册问世，这个学派即告正式形成。与陈独秀、李大钊等"五四"思想家相比，古史辨派是以古史研究为主攻方向而讨论我和我的思想学说的。但它无疑是受"五四"精神的影响，特别是受胡适思想的影响而奠定其基础和确定其任务的。

截止于二十世纪初，中国古史研究的现状仍然是陈旧的、封建经学式的，"民族出于一元""地域向来一统""古史人化""古代为黄金世界"（顾颉刚《答刘、胡两先生书》）成为普遍遵守的观念。但是，受历史演进思想的影响，又吸收西方近现代社会学、考古学等方法，古史辨派对古史的形成，便有了新的看法，由此顾颉刚提出著名的"层累地造成的中国古史"观点，认为古史研究中存在的问题是"时代愈后，传说的古史期愈长"，"时代愈后，传说中的人物愈放愈大"，"不能知道某一件事的真确的状况，但可以知道某一件事在传说中的最早的状况"（《与钱玄同先生论古史书》）。因此，顾颉刚认为，中国古史的形成主要出于战国至西汉的儒家学者之手，而儒家经典《尚书》则是这一古史系统的首要典籍。因此，他提出要以疑古辨伪的态度，来考察我与"六经"的关系，指出我的"正乐""与社会上毫无关系"（《古史辨》序文），断定"六经"绝不是我"托古"的著作，它的大部分固无信史价值，进而否定了儒家学者利用"六经"编成的古史系统。钱玄同更说："研究国学的第一步便是辨伪"，要敢于"打破治古史'考信于六艺'"的传统看法，主张"离经叛道非圣无法的'六经'论"（《研究国学应该首先知道的事》）。

封建社会的古史研究，确实存在滚雪球式的层累现象，而以"六经"演成古史，又多打的是我的招牌，所以古史辨派学者力图科学地研究古史，也就不能不把矛头指向我。因为在他们看来，只有把我以及我通过"六经"所造成的历史分开或推翻,才能推翻旧有的古史系统。另外,将我与"六经"分家,也含有反礼教、反封建的意义。比如,钱玄同就明确强调:"不把'六经'与孔丘分家,则'孔教'总不容易打倒。"(《论"诗说"及群经辨伪书》)

由推翻封建古史,重建新的历史科学的目的出发,而拿"六经"开刀、拿我示众,这对于我似乎有些"城门失火,殃及池鱼"的不公平。但是,在强大的"五四"反封建潮流中,历史学科的疑古反传统的出现,也是正常的、不可避免的。疗毒而刮骨,这似乎是那个时代必然要付出的代价。不过,经过古史辨派的大胆工作,通过他们的研究著述和理论探讨,对历史学科长期存在的唯古是信的传统观念造成巨大冲击,这在客观上对科学、客观地研究我和我的思想学说,也产生了促进和推动作用。

客问:从二十世纪四十年代直到今天,其总的发展趋势是,学术研究越来越实事求是,先生的思想学说越来越得到客观而公正的评价,您以为是不是这样?

答问:总的发展趋势如此,但其中还有不少反复和周折。四十年代中期,郭沫若在重庆写《十批判书》时,他在《孔墨的批判》中,对我的研究和评价大体上还是公允的。另外,还有一个例子,比如冯友兰,他说:"孔子只是一个'老教书匠'……是中国第一个使学术民众化的,以教育为职业的'教授老儒';他开战国讲学游说之风;他创立、至少亦发扬光大中国之非农、非工、非商、非官僚之士之阶级。"(《中国哲学史》上)至少他在六十年代初还在坚持这一看法。这种学术上的客观对待十分难得。

特别是五十年代以后,直到八十年代初、中期,学术界以非学术化立场、非学术化态度对我进行漫无边际且不中肯綮的批判，几乎占主导倾向。尤其是在所谓"文化大革命"中，搞什么"评法批儒""批林批孔"，我的华盖运算交到了顶点。不仅一向对我持反对立场的学者此时持更加坚决的反对态度，而且过去对我及我的思想学说很有研究、很有造诣的学者，也一反常态，竟也开始对我进行全无学术价值的批判和谩骂了。这段时间是我有生以来最倒霉、交厄运最深的一段时间。

但是到八十年代中期以后，随着国家政治、经济的步入正常和获得发展，学术上我才感到真正实事求是，也才真正深入起来了。张岱年先生有几句话我很是赞成，他说："时至今日，可以说：尊孔的时代已经过去了，反孔的时代也已经过去了，现在的任务是以科学的、实事求是的精神来研孔、评孔。通过批判继承，综合创新，促进符合新时代精神的新文化的建立。"(《孔子》)一个正常、发展的时代的学术，是理应如此的。在具有这样学术共识的时代，我和我的思想学说才能够经历正常的命运。

客问：先生在前面曾经把自己身后的命运分为学术的和政治的两方面，刚才我向先生请教的仅限于学术一方面，那么您身后经历的政治命运，也请谈谈好吗？

答问：我身后经历的政治命运，与身后经历的学术命运不甚相同。我身后的学术命运大致说来是，先秦时代经受毁誉褒贬、驳辩争论，最终得到孟轲和荀卿的合理继承。此后从秦、汉一直到清代末年，都是在被淹没、歪曲和改造中度过的。到了二十世纪八十年代，我才开始被实事求是、合理、公正地予以评价。与此不同，我身后的政治命运则是从无到有，政治待遇、政治头衔不断增多,被不断追加。直到进入二十世纪,这些空头的政治待遇、不着边际的政治头衔,才开始被取消,并最终还我以本来面目。

具体地说吧,在先秦围绕我产生的大都是学术问题,而没有遇到来自什么官方的政治对待。进入秦汉,情况就发生了变化。秦国的始皇帝曾焚书坑儒,崇尚法术,但秦朝博士中有不少儒生,他们可以祖述我孔丘,也可以传播儒学。汉高祖刘邦虽出身无赖,也曾鄙视儒生,但自从叔孙通为他制作礼仪,用于规范群臣行为以后,刘邦就改变了态度,于是在汉高祖十二年(前195年)"过鲁,以太牢祠孔子"(《汉书·高帝纪》)。到汉武帝时期,在董仲舒的建议下,汉朝政府宣布"罢黜百家,独尊儒术",我的思想学说从名义上获得空前的政治地位。此后,汉宣帝于甘露三年(前51年)在石渠阁主持召开全国性的经师儒生会议,讨论"五经"异同,会后产生《石渠阁议奏》这一钦定文献。由此可见,官方利用我和经学,已经达到了空前的程度。

东汉官方的尊孔,又超过西汉,《后汉书·光武帝纪》载:"建武五年冬十月,还,幸鲁,使大司空祠孔子。"建武十四年(38年)四月,光武帝刘秀又封我的后裔孔志为褒成侯。汉明帝刘庄于"永平十五年,幸孔子宅,祠仲尼及七十二弟子,亲御讲堂,命皇太子诸王说经"(《后汉书·明帝纪》)。明帝之子汉章帝刘炟,先于建初四年(79年)在白虎观召开讨论经术大会,后又于元和二年(85年)亲到阙里,"以太牢祠孔子及七十二弟子,作六代之乐,大会孔氏男子二十以上者六十三人,命儒者讲论"(《后汉书·儒林传》)。以后,汉安帝刘祜于延光三年(124年)"祀孔子及七十二弟子于阙里,自鲁相、令、丞、尉及孔氏亲属、妇女、诸生悉会,赐褒成侯以下帛各有差"(《后汉书·安帝纪》)。这些,大体上可以证实我在秦、汉时代经历的政治命运。

客问：从历史上看,整个魏晋南北朝时期,儒家和儒学不受官方青睐,那么您在此期间的政治命运就由明转暗了吧?

答问：整个魏晋南北朝时期,是我在政治上基本消歇的时代。比如,曹操虽然表面上讲"治定之化,以礼为首",但他统一北方、建立政权靠的是名法;梁武帝在诏书中一再强调"以礼、乐为永准",但却真诚地屡次舍身事佛。从三国两晋到宋、齐、梁、陈各朝中,几乎所有的皇帝都有"劝学""兴教""尊孔"的诏表,也不时鼓励号召王侯子弟学习儒家宪章典谟,但他们的利益并不来自对我及儒学的提倡。因此,我在魏晋南北朝时期,进入政治低迷期。

不过,隋、唐统一之后,以"守成"为己任的统治者又注意到我的作用。隋文帝统一之初,"乃整万乘,率百僚,遵问道之仪"(《隋书·儒林传》)。李唐王朝建立之后,我在政治上更可以说时来运转。唐高祖李渊曾大兴国子学和郡学,并于国子学内立周公和我的庙各一所,四时祭祀。而唐太宗李世民更于贞观二年(628年)"停以周公为先圣,始立孔子庙堂于国学,以宣父为先圣,颜子为先师。大征天下儒士,以为学官。数幸国学,令祭酒博士讲论,毕,赐以束帛。学生能通一经以上,咸得属吏"(《旧唐书·儒学列传》)。但是,这一情形并未能贯穿唐代始终。中唐以后,道、佛逐渐占据主导地位,官方对我也就三缄其口了。

客问：宋代以后,儒学如日中天,先生在政治上的运道肯定也会一天比一天好吧?

答问:宋代学者改造我的思想学说的情况,我在前面刚刚说过。事实上,宋代儒学的这种兴旺和热烈,其根源全在政治上。从宋代开国皇帝太祖赵匡胤开始,就大量重用儒臣,而且教导武臣也要读经书。建隆三年(962年),宋太祖专门下诏,在我的庙庭立戟十六枝,以壮圣威。之后,又驾临太庙,登堂礼拜;重建文庙,加赠为大成殿。乾德四年(966年),朝廷任命我的第四十四代孙孔宜为兖州曲阜县主簿。宋太宗赵光义登基后,于太平兴国三年(978年)下诏免除孔府的一切税收,并加封孔宜为文宣公。宋真宗继位后,于大中祥符元年(1008年)追谥我为"玄圣文宣王",厚赏孔氏家族,并亲自撰写《文宣王赞》。大中祥符五年(1012年),宋真宗又改谥我为"至圣文宣王"。至和二年(1055年),宋仁宗下诏赐封我的后裔为"衍圣公",此举一直沿袭到清末。元祐元年(1086年),宋哲宗下诏添赐田一百大顷,添差孔府、孔庙、孔林洒扫户五十人,看林户五人,赐监书置教授官一员;而且准许衍圣公逢皇家亲祠大礼冬正朝会时赴阙陪位。宋崇宁三年(1104年),宋徽宗下诏文宣王殿改名为大成殿。政和六年(1116年),又赐孔府大乐、礼器各一副,并三献法服。同年八月十五日,释奠已成为"文宣王"的我。宋绍兴十年(1140年),宋高宗正文宣王为祀,用十二笾豆受誓戒。绍兴十四年(1144年),高宗下诏赐孔府真玉圭。乾道五年(1169年),宋孝宗下诏重修孔庙。嘉泰三年(1203年),宋宁宗祗谒孔庙。宝祐元年(1253年),宋理宗下诏在南宋衢州建立宣圣家庙。

两宋时期,官方对我可谓尊重已极。仅从上面远非全面的罗列,就不难想象其盛况了。

客问：到元、明、清各朝，您又得到怎样的政治对待呢？

答问：在元、明、清各朝，我继续被统治者看好。详细介绍，既烦琐，也无意义，简约绍述情况如下。

至元十九年（1282年），元世祖忽必烈宣召我的第五十三世孙赴阙朝见，授宣命国子祭酒，提举浙东道学事。大德十一年（1307年），元成宗加封我为"大成至圣文宣王"。至顺二年（1331年），元文宗加封我父亲齐国公叔梁纥为"启圣王"，母亲鲁国太夫人颜氏为"启圣王太夫人"。同时，加封我夫人亓官氏为"大成至圣文宣王夫人"，就连我的孙子子思，也被加封为"沂国述圣公"。

可以说，到元代，官方给我的政治待遇已经高到无法再高的程度，各种封号和头衔也已叠床架屋达至极端。元人胡瑜就说过："我朝崇儒重道之意，度越前古。"（《元史·祭祀志》）所以，明、清两代，统治者没法再在我的封号、头衔上下功夫，于是便另辟蹊径，把程、朱理学宣布为官学，把我完全偶像化，从而使所谓"儒学"成为束缚人们精神的教条。洪武三年（1370年），明太祖朱元璋与刘基建立科举制度，规定八股考试格式，专取"四书""五经"命题，而且规定标准答案只能是程、朱及其学派的注解。永乐十二年（1414年），明成祖朱棣命儒臣胡广、杨荣等纂修《五经大全》《四书大全》《性理大全》，又以官方的名义在确立程、朱理学的正统地位，在把我神圣化、偶像化的道路上，迈出了更大的一步。嘉靖九年（1530年），明世宗朱厚熜更正孔庙祀典，把我的谥号定为"至圣先师"。

清代儒学逐渐衰微，但官方在科举制度和利用我及儒学笼络人心方面，并未片刻放松。所以，我仍被清朝统治者奉为偶像，给予很高的政治待遇。顺治二年(1645年),清世祖福临就"更国子监孔子神位为'大成至圣文宣先师孔子'"(《清史稿·世祖纪》),以后又改为"至圣先师"。清圣祖玄烨执政以后,又亲题"万世师表",作为孔庙大成殿匾额。直到近代辛亥革命以后,袁世凯还曾发布过《尊孔告令》,张勋也曾打着尊孔的旗号,搞复辟活动。这样的政治待遇,与其说是推崇我、尊重我,倒不如说是利用我、侮辱我。历数我身后经历的两千余年的政治命运,以二十世纪初期遭受的愚弄最多,体会最为尴尬。

客问:以上先生从学术和政治两方面,自述从战国到二十世纪经历的种种命运。从先生的自述看,您的思想学说在身后不断被淹没、修正、歪曲和改造,两千多年来,越向后发展,属于您的思想的东西保留下来的越少;而在政治方面,时代离您越遥远,您的政治头衔越大、政治地位越高。对此,先生作何评价?

答问:我身后经历学术和政治两种不同的命运,这是后代人为造成的,我生前无论如何也没有想到。当然,我的一生作为和思想,大致可以说是出入于为学和为仕之间,身后产生两种影响,也自有它的原因和合理性。但是,在我自己看来,我还是愿意把自己定位于一个学者、教育家。康熙皇帝说我是"万世师表"大体不错,冯友兰先生称我为"教授老儒",我更乐意接受。事实上,我在思想、文化和教育方面,对后代的影响远远超过政治方面。在政治方面,我身后差不多完全被历代封建王朝所利用。关于这一点,曾经在政治上风云一时的陈独秀先生就说过:"孔子影响至深且大,每一封建王朝,都把孔子当作神圣供奉,信奉孔子是假,维护统治是真。农民起义之时,孔子就一时倒楣,新的王朝得胜,即刻又把孔子抬得天高。五四运动之时,我们提出'打倒孔家店',就是这个道理。但在学术上,孔孟言论,有值得研究之处,如民贵君轻之说,有教无类之说,值得探讨。"(《孔子与中国》)这个看法还是比较正确的。那么,在封建王朝统治结束以后,我被政治利用的命运也就应该随之而结束。我本来以思想、学术和教育而名世,还我以本来面目,才是学术研究步入正途的表现。也正是基于这一认识,我才给予了二十世纪八十年代以后中国儒学研究以高度的肯定和评价。

第十一章
孔子在海外

朝鲜/越南/日本/意大利/德国/法国/英国、比利时、瑞士、瑞典/俄罗斯/美国

客问：谈过先生从战国到今天经历的种种命运,想到有关先生还有一个问题没有涉及,那就是先生思想在海外的传播和影响。与当年先生生于鲁、长于鲁,而一生的足迹却踏遍大半个中国一样,您作为一个中国人,身后的声望和影响却遍及整个世界。就先生在世界各国产生的反应和影响,请您谈谈好吗?

答问：好的。根据我所掌握的情况,早在距今两千多年前的秦、汉时期,我的思想就传到了朝鲜和越南。朝鲜一支又经朝鲜传入日本,越南一支又经越南传入东南亚和南亚各国。大约在十六世纪末或十七世纪初,我的思想又由来华的耶稣教会的传教士带入西方。以后,在西方造成的影响范围越来越大。

客问：先生的思想有广泛的世界影响,笼统而言,很难说得清楚。为使读者方便了解,请先生先从我们的近邻朝鲜谈起吧。

答问：我的思想学说传入朝鲜的确切时间已难确定,起码可以说,在公元前三世纪的箕氏朝鲜时代,随着汉字的传入,我的思想也传入朝鲜。而我的思想真正引起朝鲜人重视和得到广泛传播,则是朝鲜进入封建时代以后。三国时期(高句丽、百济、新罗),高句丽与中国联系最为密切,建国之初,在推行使用汉字的同时,他们也效法中国制度建立太学,并以"五经"(《诗》《书》《礼》《易》《春秋》)和"三史"(《史记》《汉书》《后汉书》)教育贵族子弟。百济对我的思想重视也比较早,公元285年百济王派儒学博士王仁渡海向日本王子献《论语》《千字文》,可见此前我的思想学说在百济统治者中已经受到推重。新罗在文化上起步较晚。它早期的"花郎道",是以"忠""孝""信"为自己的信条的。公元675年,新罗统一朝鲜后,在首都设立国学,以儒家经典和汉文为选拔官吏的考试科目;在太学中还供奉我和弟子们的画像。

应该说,朝鲜在七世纪(三国时期)以前接受和传播的主要是我和先秦其他儒家学者的思想,以后递次为汉、唐经学和宋、明理学。而新罗统一朝鲜后,继承我思想学说比较多的学者是崔冲。他是统一后的高丽王朝的著名儒学教育家,他首创私学,"招收先进,教诲不倦,诸生填溢门巷,遂分九斋,谓之'侍中崔公徒'"(《朝鲜史略·高丽纪》)。由此影响了另外十一位儒臣,也办起私学,招收生徒,儒学教育一时蔚为大观,时人称崔冲为"海东孔子"。此后,朝鲜学者崇儒成名者甚多,如金富轼、安珦、李齐贤、李穑、郑梦周、郑道传、权近、李滉、李珥、李瀷、丁若镛等,除少数为实学思想家外,大多数是宗尚程、朱理学的思想家。这些人也可以说是接受了我的影响,但实际上表现在他们身上的朱熹的影响,似乎远比我的要大。

客问:先生思想在越南的传播和影响,情况如何?

答问:根据今天所能看到的记载,把我的思想传入越南并产生教化作用的,是这样几位中国学者:一是西汉末东汉初的任延。他在汉哀帝时"为诸生,学于长安,明《诗》《易》《春秋》,显名太学"

(《后汉书·循吏列传》),后被光武帝刘秀派往九真任太守。在越南任职期间,他兴办教育,传播儒学,对我的思想学说在越南的传播发挥了重要作用。二是与任延同期的锡光,曾任交趾太守。他在任职期间,"建立学校,导之礼义"(《后汉书·南蛮西南夷列传》),用我的思想教化、治理当地人民。可以说,锡光也是我的思想在越南的早期传播者。任延、锡光之后,还有士燮。士燮早年治《尚书》和《左氏春秋》,三国时任交州太守。在任职的四十多年时间里,他一贯坚持用儒家思想为指导,移风易俗,治理社会,对我的思想在越南的传播,也做出了重要贡献(《三国志·吴书·士燮传》)。

经过上述几位中国学者的努力,我的思想逐渐在越南安家落户。以后,不仅有"非尧舜之道不陈前,非孔孟之道不著述"(《大越史记全书·裕宗皇帝》),死后被赐"从祀孔子庙庭"(《大越史记全书·艺宗皇帝》)的出生中国的张汉超出现,而且也有越南本土出生的学者朱安、胡季犛、吴士连等,分别成为陈朝、胡朝和后黎朝时期重要的儒学思想家代表。

当然,说到我的思想在越南的传播和影响,有几位皇帝和政治家是必须提到的。像李朝皇帝李日尊,在位期间发展儒学,尊崇我和我的思想。1070年,他下令在首都升龙修文庙,并为我塑像。这是越南官方首次全面提倡以儒教为国教,其意义非同一般。之后,陈朝的建立者陈煚,也是我的思想学说在越南的坚定推行者。他登位以后,曾先后重修国子监、立国学院,"塑孔子、周公、亚圣,画七十二贤像奉事""诏天下儒士诣国子院,讲'四书''六经'"(《大越史记全书·太宗皇帝》),规定皇室教育内容也为儒学,并首先推行以儒学为标准的开科取士制度。在陈煚及陈朝坚定推行的基础上,至后黎朝,以我的思想为核心的儒学则成为统治思想。特别是在圣宗皇帝黎灏统治期间,越南首置五经博士,在政治、经济和伦理教化方面,全面推行儒学。从此,我的思想获得官方独尊。

儒学在越南长盛不衰,直到十九世纪末二十世纪初,我的思想在越南启蒙思想家、政治家的心目中仍占据十分重要的地位。如越南民族解放运动领袖、越南近代启蒙思想的先驱潘佩珠,就认为我的思想远比佛教和基督教的思想高明。由此,就不难看出我的思想在越南影响之一斑了。

客问:先生刚才说公元285年朝鲜百济博士王仁渡海赴日本,向菟道稚郎子进献《论语》和《千字文》,从此把您的思想学说传进日本。那么,在此之后,您的思想在日本又是如何进一步传播和扩大影响的呢?

答问:王仁到日本献书,而且在宫中讲授《论语》和《千字文》,从此日本才有了自觉的文化教育。公元513年,日本开始设立"五经"之学,儒家思想进一步深入到日本的整体教育之中。七世纪初叶,在圣德太子倡导下,儒学教育进一步发展。孝德天皇朝置国博士,天智天皇朝设立学校,文武天皇朝颁行大宝令,规定首都设大学,各国设国学,用于教授学生的教材为《周易》《尚书》三《礼》《左传》《论语》《孝经》等。而且从奈良到平安时期四百多年中,选拔官吏的考试题目,也都是有关儒学和汉学方面的。这说明,以我的思想为核心的儒学,已经在日本的文化教育中占据了重要地位。

随着教育的发展,我的思想也开始进入日本政治家的头脑,并被实际运用于政治实践。比如,在推古天皇朝的宪法中,第一条就是"和为贵",第二条则是"国非二君,民无二主,率土兆民,以王为主"。而在孝谦天皇所下的诏书中,更是出现了"宣令天下,家藏《孝经》一本,精勤诵习"(《续日本纪》)的规定。日本政府推行我的思想,我的政治地位当然也就随之而提高了。在公元701年政府颁布的大宝令中就明确规定,日本的大学和国学在每年春秋的两个仲日,对我行释奠礼,称我为"先圣孔宣父"。公元768年,奈良天皇又敕称我为"文宣王"。以后要求政府官员们也在仲日参加对我的释奠。

从镰仓到江户时代,这六百多年时间里天皇衰微,武士执政。长期的矛盾和斗争,使执政将军切实认识到,要解决矛盾、维护统治,儒家思想的教化作用是很重要的。所以在德川幕府中,尊孔读经被大力提倡,以行政法律手段严禁"异学",儒学成为此时的官方意识形态。从德川家康开始,德川幕府的将军基本上都是儒学拥护者,但他们所拥护、所推重的儒学,却基本上只是朱熹学说,因此,德川时代出现的思想家,如藤原惺窝、林罗山、中江藤树、山崎闇斋、伊藤仁斋等,也都是知名的朱子学家。他们认为:"学宗朱子,所以尊孔子也。尊孔子,以其为天地准也。"(《山崎闇斋年谱》)这个认识,与中国明、清时代许多学者的想法大体上是一致的。虽然他所宗的朱熹学并不能完全代表我的思想,但他由学朱熹入手而最终要推重我的目的,却是明确的。由于推崇儒学、尊重我孔丘成为一种普遍的社会风尚,因此德川时代即使以反儒学而著称的安藤昌益、海保青陵等人,他们的活动在客观上也从另一侧面起到了传播儒学的作用。

进入明治时代,特别是1868年明治维新以后,日本人广泛吸收和借鉴西方文化,从而对长期在日本占主导地位的儒学进行了理性的反省和批判。比如被称为明治时代思想界"国民导师"的福泽谕吉,就对儒学中的等级观念、崇古观念以及"仁政"理想提出了尖锐的批评(《文明论概略》),主张日本人应学习对人生有实用价值的"实学"。经过明治时代的清理、反思,儒学一步步向实用性靠拢,以儒学为基础、以实学为指导,从而形成所谓"士魂商才""《论语》加算盘"的中西合璧的新社会伦理价值观念。

自明治时代,日本人理性地确定儒学在日本文化中的地位以后,儒学在日本的传播和产生影响开始进入自觉时代。以后,以儒学为研究对象的专家教授越来越多,问世的著作也越来越多。随着中、日文化交往的增加,这种势头还有进一步发展的趋势。

客问:先生和先生的思想,在亚洲各国的传播时间较早,对接受国文化的形成具有决定性意义,像上面提到的朝鲜、越南和日本的情况,都可以说明这一点,这是毋庸置疑的。那么,先生和先生的思想在西方世界的影响又是怎样的呢?

答问:如果说亚洲各国在接受我思想时候一般秉持虔诚态度的话,那么西方人在理解和看待我的思想方面,则要冷静和理性得多。当然,这主要是因为东、西方文化的巨大差异造成的。尽管如此,我和我的思想在西方世界仍然产生了不小的影响。

说到我在西方的思想影响,首先要提到的应该是西方耶稣会的传教士们。这些传教士于明朝末年相继来到中国,目的是向中国人传授天主教义。为了把自己的东西传授给中国人,他们就需要首先了解中国和认识中国文化。这样,我就成了他们最尊敬的中国思想家。随着传教士把西方的自然科学和宗教信仰传入中国,他们也同时把我的思想和儒学带回了西方。这其中,以意大利在华耶稣会士领袖利玛窦最为著名,他于1594年首次将自己翻译的拉丁文译本《四书》在西方出版,他本人也因此被称之为"基督教的孔子"。此外,意大利传教士艾儒略、殷铎泽,法国传教士金尼阁、白晋、马若瑟、宋君荣等,在把我和儒家思想介绍到西方方面都做出过程度不同的贡献。

我的思想通过传教士介绍而进入西方思想家的视野,首先要说到的应该是德国哲学家莱布尼兹。受法国传教士白晋的影响,莱布尼兹开始对我进行研究。莱布尼兹认为,在伦理与政治方面,中国儒学要远胜过西方。他称赞儒学不信鬼神而崇尚理性,因此他称儒学为"自然神学"(莱希文《中国与欧洲》)。但同时他又认为,中国儒家在理论科学方面则远赶不上欧洲。因此他提出,中国可以把伦理、政治的实践哲学传给欧洲,欧洲人也应该把理论科学传给中国,这样的互补是有益于促进人类幸福的。

继莱布尼兹之后,德国哲学家沃尔弗也十分推崇儒学。1721年,他在哈雷发表《中国的实践哲学》的演讲,其中对我和我的思想赞扬有加,说"即使不能把孔子看作是中国智慧的创始者,也应该把他视为中国智慧的复兴者",他所做的一切,都是"出于希望百姓幸福安康的爱"。沃尔弗还认为,我的道德思想是一种不以宗教为依据的、纯粹理性的学说,在一定程度上可以弥补基督教之不足。因为沃尔弗的观点有轻视基督教倾向,所以受到当时正统神学家的强烈反对。结果沃尔弗被逐出普鲁士。沃尔弗虽然落得如此下场,但是经过他的宣扬,我在德国思想界的影响明显扩大了。

以后,受我思想的影响或对我思想予以评价的,还有德国著名思想家歌德和黑格尔。歌德在德国有"魏玛的孔夫子"之称。他曾把宣扬儒家伦理观念的戏剧《赵氏孤儿》改编为悲剧《哀兰伯诺》,并称儒家思想占统治地位的中国为"孔夫子的中国"。而黑格尔虽然从西方文化中心论的立场出发,说我的思想中"思辨的哲学是一点也没有的",他从中"不能获得什么特殊的东西"。但他也坦白地承认,我是"一个实际的世间智者",我的著作"在中国是最受尊重","教训是最受中国人尊重的权威"(《哲学史讲演录·中国哲学》)这样一个事实。

不同思想的传播和影响,其最有质量的表现是,彼此能够产生碰撞和交流。我的思想在德国经过三四百年的流传之后,于十九世纪末二十世纪初终于实现了这种有价值的交流。这就是德国著名历史学家、社会学家马克斯·韦伯的出现,和他的著作《儒教与道教》的问世。当然,韦伯对于儒学、对于我的思想,最终还是个外行,但他是个"伟大的外行"。因为他的着眼点是西方新教伦理导出的是资本主义精神和理性的资本主义,而中国的儒教为什么不但未能导出而是严重阻碍了中国资本主义的发展,他认为儒学修身、治家、罕言鬼神天命,是一种理性主义宗教,其特性是安于传统,顺从权威,热衷于怀恋旧文化而不知向前探索。因此,在缺乏发展资本主义有力动因的文化中,经济理性主义是不能被导出的。对于既不放弃固有文化,又努力寻求富强的当代中国人来说,韦伯针对中国传统文化发出的这另一种声音,无疑会受到极大的欢迎。而他有关儒学的观点,在二十世纪的国际汉学界也产生了巨大的影响。在韦伯那里,我的思想第一次遇到了挑战,一次真正有质量的挑战。

客问：人们一般认为，在西方国家中，法兰西文化与中国文化相通、相似之处最多，法国人对中国文化有更为广泛的兴趣。那么请问先生，您和您的思想在法国产生了怎样的影响呢？

答问：法兰西民族对远在东方的中国文化，确实怀有比其他西方人更热烈、更广泛的兴趣。他们对于我和我的思想的理解，不仅限于政治、哲学和宗教方面，他们也用文艺的方式来表达他们的理解。

除了更早一些的法国传教士之外，生活于十八世纪上半叶的法国启蒙思想家孟德斯鸠是法国学者中较早对我的思想做出反应的法国学者。作为一个自然神论者，孟德斯鸠从自己的角度，把我和儒家思想理解为一种宗教。但他又认为"孔教否认灵魂不死"，从而把所谓"孔教"与基督教等真正的宗教予以严格区别。孟德斯鸠还是著名的法学家，他的法学思想中，也颇有中国儒家思想的影子。在《论法的精神》一书中，他引用中国儒学著作就有二十种之多。

稍晚于孟德斯鸠的法国古典经济学家、重农学派的创始人魁奈，对我的思想也有较深的了解。他在研究我和儒家的经济思想后，非常推许中国儒家的重本轻末思想。他于1758年发表的《经济表》，其中明显存在受我思想影响的痕迹，对我在用人方面提出的举贤才主张，也极为赞赏。魁奈还高度评价《论语》，认为书中讨论的都是善政和道德，甚至说一部《论语》远胜过希腊七圣之言。由于魁奈一生奋斗的目标，被认为是实现我的教导和道德规范，他因此被人们誉为"欧洲孔夫子"。

法国大革命前夕启蒙运动中的著名思想家伏尔泰、狄德罗、霍尔巴赫，包括法国革命中的资产阶级革命家，雅各宾派的领袖罗伯斯庇尔,都程度不同地接受了我思想的影响。

伏尔泰在读了有关我思想的论著及儒家著作译本之后,认为自己发现了一个非基督的新世界。他称我为"智者"(《哲学辞典·哲学家》),极力赞扬我"只诉诸道德,不宣传神怪"(《礼俗论》)的主张。他还赋诗歌颂我,并把我的画像挂在自己的礼拜堂中以示敬仰。伏尔泰在政治上主张开明专制,反对君主专制,他认为中国是开明专制的模范。而且,他认为中国的制度和思想都来源于我,因此对我十分崇拜。伏尔泰认为我提倡的"己所不欲,勿施于人",是用"普遍的理性抑制了人们的欲望",是超过基督的、最纯粹的道德。他也像歌德一样,把中国戏剧《赵氏孤儿》搬上法国舞台,并为《赵氏孤儿》加了个副标题——《五幕孔子的伦理》。这个理解虽然和实际有所偏离和偏差,但其心至诚,其意可嘉。

狄德罗和霍尔巴赫是启蒙运动中百科全书派的代表人物。狄德罗在《百科全书》中对中国哲学从我到明末的发展做了全面介绍。他赞美我的学说简洁,十分钦佩我不要迷信和暴力,主张以理性和道德治国、平天下的思想。而霍尔巴赫更呼吁法国学习中国,把政治与道德结合起来,用儒家道德代替基督教道德。他高度评价中国儒学的理性,认为:"理性对于君主的权力发生了不可思议的效力,使中国的征服者反而被征服了。"(《社会体系》第1卷)

不仅启蒙运动的思想家愿意接受我的思想,就连在法国大革命中风云一时的政治家罗伯斯庇尔,也以我主张的道德为号召。他在1793年起草的《人权和公民权宣言》中说:"自由是属于所有人做一切不损他人权利之事的权利;其原则为自然,其规律为正义,其保障为法律;其道德界限则在下述格言之中:己所不欲,勿施于人。"可见在十八世纪后期的法国,我思想的影响是相当广泛的。

客问:意大利、德国、法国之外,先生思想在欧洲其他国家产生的影响情况,又是怎样的呢?

答问:我的思想在欧洲其他国家中也颇有影响,比如在英国,自从牛津大学教授理雅各从十九世纪七十年代至九十年代先后将《论语》《孟子》《大学》《中庸》《尚书》《诗经》《春秋左氏传》《礼记》《孝经》《周易》等译成英文以后,英国人便开始改变一向对中国文化持有的冷漠和傲慢态度了。另外,英国传教士韦廉臣、修中诚以及曾做过清朝最后一位皇帝的老师的庄士敦,对我的思想也有一定程度的研究。而著名生物化学家、中国科技史家李约瑟,在他的《中国科学技术史》中,对我的思想及影响则从新的角度做出了研究和评价。他的工作是很有意义的。还有,比利时传教士柏应理、卫方济,瑞士学者胜雅律,瑞典汉学家高本汉等人,在把我的思想介绍给西方人方面,也都做过不少工作。

当然,欧洲诸国中,还必须提及我们的北邻俄罗斯。俄国人中最先接触我的思想学说的也是到中国传教的传教士,像十八世纪中期的列昂节夫、罗索欣,十九世纪初叶的比丘林、西维洛夫、克雷姆斯基等,都属于这种情况。即使后来成为俄国第一位中国学教授的瓦西里耶夫,也是东正教教士出身。1868 年,瓦西里耶夫首次将《论语》译成俄文。1873 年,他又出版《东方的宗教:孔教、佛教和道教》,充分肯定我在中国教育史上的地位。俄国著名作家列夫·托尔斯泰,也对我的思想怀有浓厚的兴趣,他曾于1903年和1911年分别选编了《孔子的生平和学说》和《中国哲人格言》。在他的著作中,也时常引用中国儒家的思想,来直接论证自己的宽恕与调和观点。彼得堡大学教授格奥尔吉耶夫斯基在他的著作中,也称我为"伟大的道德家""积极的思想家""人所共知的全民教育家"和"风俗改革家和哲学家"(《中国的生活原则》)。

进入二十世纪以后,俄国学界对我思想的了解和研究又迈上了一个新台阶。其中有曾任《真理报》驻中国记者的杰柳辛,苏联历史学家贝列洛莫夫、瓦西里耶夫,苏联哲学家弗·布罗夫等。贝列洛莫夫认为,我的思想对欧洲和俄国产生过很大影响,并开列出从伏尔泰、魁奈到普希金、托尔斯泰等人借鉴和吸收我及中国儒学的具体情况(《儒家人性观对欧洲和俄国文化名人的影响》)。瓦西里耶夫在他的《中国的迷信、宗教和传统》《古代中国宗教的若干问题》《孔子的戒律:中国的仪式和司仪》《基督教和儒家的学说》等著作中,对我与佛、耶稣的区别,我的政治思想、道德观以及我的教育事业等,都做了较为深入的研究。稍后,弗·布罗夫对我的研究,更进一步显示出客观和学院化的风格。

客问:在西方国家中,接受先生思想影响和对先生思想进行深入研究的美国人为数也不少。请先生介绍一下您在美国的影响情况,好吗?

答问:我的思想在美国产生影响的较早见证人,是1801—1809年间担任美国总统、美国《独立宣言》起草人之一的杰弗逊先生。他曾认为,《独立宣言》中的第二点"人人获得天赋若干规定而不可移之权利,其中有生活之权利,享受自由之权利,享受幸福之权利",其精神就是来自我的思想。至于杰弗逊是通过怎样的途径了解到我的思想的,详情难知。

十九世纪中叶以后,美国传教士卫三畏、林乐知、狄考文、李佳白等,先后来到中国,他们在向中国人传授基督教义的同时,也把在中国占主导地位的我及儒家思想带入美国。这些传教士在对我的思想稍加理解以后,提出的希望和理想大都持儒学与基督教相结合的观点。当然,在这一时期的思想家、学者如艾默生、桑戴克、威尔·杜兰等人的著述中,也可以看到我在美国产生的学术影响。

进入二十世纪以后,美国学界有两派人在研究和传播我的思想学说方面是做出了引人注目的成就和深具影响力的。这就是一批华裔美籍学者,和以哈佛大学为中心的一批美国学者。

美籍华人学者中,较著名者有萧公权、陈荣捷、成中英、林毓生、张灏、余英时、杜维明等。他们一般都在美国的大学中担任教授,讲授有关中国思想文化方面的课程。他们的著作如萧公权的《中国政治思想史》、陈荣捷的《中国哲学史资料选集》、成中英的《中国哲学与中国文化》、林毓生的《中国传统的创造性转化》、张灏的《梁启超和中国思想的变迁:1890—1907年》、余英时的《士与中国文化》、杜维明的《孔子仁学中的道学政》等,不仅在美国,而且在世界汉学界,都是颇有影响的。在他们的著作中,我的思想都是重点阐释和研究的对象。

所谓以哈佛大学为中心的美国学者,是指他们或曾就读于哈佛大学,或担任哈佛大学教授,或一身二任。总之,他们是与哈佛大学有关的一批学者。像费正清、卜德、赖肖尔、芮沃寿、史华茨、狄百瑞等,堪称是这批学者中的代表。他们的著作,如费正清的

《孔教信念及其实践》、卜德的《中国之传统思想》、赖肖尔的《东亚:伟大的文明》、芮沃寿的《孔子与中国文化》、史华茨的《儒家思想的几种倾向》、狄百瑞的《研究东方古典著作的途径》,都是美国学界研究我和中国儒学的重要著作,其影响十分广泛。

此外,列文森《儒教中国及其近代命运》、芬格雷特《孔子:世俗的圣人》,都是相当出色的研究中国儒学的著作,后者在美国学界甚至被誉为儒学研究中的"经典性著作"。到二十世纪后半叶,随着中美关系大门打开,美国人对我的思想和中国儒学的研究兴趣日益浓厚,研究水平日渐提高。可以说,在美国,对我和儒学研究的前途,实在未可限量。

附 录

孔子生平及有关大事年表

前551年,周灵王二十一年,鲁襄公二十二年,1岁。

孔子生于鲁国陬邑昌平乡(今山东曲阜城东南尼山附近)。相传孔子母颜征在因祷于尼山而生孔子,故取名丘,字仲尼(《孔子家语·本姓解》)。

关于孔子出生的具体时间,各书记载不一。现据《史记·孔子世家》《穀梁传》等,定鲁襄公二十二年夏历八月二十七日为孔子诞辰。

前550年,周灵王二十二年,鲁襄公二十三年,2岁。

在鲁。

前549年,周灵王二十三年,鲁襄公二十四年,3岁。

孔子父叔梁纥卒,葬于防(今曲阜东二十五里处之防山)。母颜征在携孔子移居曲阜阙里。

前548年,周灵王二十四年,鲁襄公二十五年,4岁。

在鲁。五月,齐国崔杼杀齐庄公,立其弟,是为景公。晏婴对齐国君臣发表评论(《左传·襄公二十五年》)。

前547年,周灵王二十五年,鲁襄公二十六年,5岁。
在鲁。弟子秦商生。商字不慈,鲁人,为孔门弟子中最长者。

前546年,周灵王二十六年,鲁襄公二十七年,6岁。
在鲁。接受母颜征在教育,"为儿嬉戏,常陈俎豆,设礼容"(《史记·孔子世家》),始演习礼仪。

前545年,周灵王二十七年,鲁襄公二十八年,7岁。
在鲁。周灵王卒,子贵立,是为周景王。
弟子颜由、曾点生。由又名无繇,字季路,又称季路,为颜渊父,鲁人。点字晳,曾参父,鲁人。

前544年,周景王元年,鲁襄公二十九年,8岁。
在鲁。吴公子季札赴鲁观周礼。
弟子冉耕生。耕字伯牛,鲁人。

前543年,周景王二年,鲁襄公三十年,9岁。
在鲁。郑国子产执政,郑国大治。

前542年,周景王三年,鲁襄公三十一年,10岁。
在鲁。鲁襄公卒,子稠立,是为昭公。
郑人游于乡校,议论郑政。然明劝子产毁乡校,子产不听。

弟子仲由生。由字子路,卞人。

前541年,周景王四年,鲁昭公元年,11岁。
在鲁。

前540年,周景王五年,鲁昭公二年,12岁。
在鲁。春,晋侯使韩宣子聘鲁,观书于太史,见《易象》《鲁春秋》。
弟子漆雕开生。开字子若,蔡人。

前539年,周景王六年,鲁昭公三年,13岁。
在鲁。齐晏婴使晋,会见晋卿叔向,谈及齐政有归陈(田)氏之趋势。叔向认为晋公室也临近末世。

前538年,周景王七年,鲁昭公四年,14岁。
在鲁。冬,郑国子产制定丘赋制度。

前537年,周景王八年,鲁昭公五年,15岁。
在鲁。孔子自谓:"吾十有五而志于学。"(《为政》)
鲁国改三军为四军,史称"四分公室"(《左传·昭公五年》)。

前536年,周景王九年,鲁昭公六年,16岁。
在鲁。三月,郑国铸刑书。
弟子闵损生。损字子骞,鲁人。

前535年,周景王十年,鲁昭公七年,17岁。

在鲁。母颜征在此前卒(蒋伯潜《诸子通考》)。季氏宴请士,孔子贸然赴宴,被季氏家臣阳虎拒之门外。

十一月,鲁国执政季武子卒。

前534年,周景王十一年,鲁昭公八年,18岁。

在鲁。

前533年,周景王十二年,鲁昭公九年,19岁。

孔子娶宋人丌官氏之女为妻。

前532年,周景王十三年,鲁昭公十年,20岁。

在鲁。子孔鲤生。鲤字伯鱼。据《孔子家语·本姓解》说,孔鲤生时恰逢鲁君赐孔子鲤鱼,故名。孔子时任委吏(管仓库小吏)。

前531年,周景王十四年,鲁昭公十一年,21岁。

孔子为乘田(管理牛羊牲畜官吏)。"孔子尝为委吏矣,曰:'会计当而已矣。'尝为乘田矣,曰:'牛羊茁壮长而已矣!'"(《孟子·万章下》)

前530年,周景王十五年,鲁昭公十二年,22岁。

在鲁。弟子南宫适生。适字子容,鲁国孟僖子次子,其长子孟懿子也学于孔子。

前529年,周景王十六年,鲁昭公十三年,23岁。

在鲁。晋会诸侯于平丘,子产、子太叔相郑伯与会。

前528年,周景王十七年,鲁昭公十四年,24岁。

在鲁。春,鲁国季孙氏家臣南蒯据费以叛,费人逐之,南蒯奔齐。

前527年,周景王十八年,鲁昭公十五年,25岁。

在鲁。

前526年,周景王十九年,鲁昭公十六年,26岁。

在鲁。

前525年,周景王二十年,鲁昭公十七年,27岁。

郯子朝鲁,谈及古代官制。"仲尼闻之,见于郯子而学之。既而告人曰:'吾闻之,天子失官,学在四夷,犹信'。"(《左传·昭公十七年》)

前524年,周景王二十一年,鲁昭公十八年,28岁。

在鲁。宋、卫、陈、郑接连发生火灾。郑国裨灶主张祭天禳灾。子产认为:"天道远,人道迩,非所及也,何以知之?"(《左传·昭公十八年》)

前523年,周景王二十二年,鲁昭公十九年,29岁。

在鲁。

前522年,周景王二十三年,鲁昭公二十年,30岁。

在鲁。孔子自谓"三十而立"(《为政》),盖指孔子此时学问已有牢固基础,创办教育已取得初步成功,弟子琴张已入孔门。

郑国子产卒。

弟子冉求、冉雍、商瞿、梁鳣生。求字子有,雍字仲弓,瞿字子木,三位为鲁人。鳣字叔鱼,齐人。

前521年,周景王二十四年,鲁昭公二十一年,31岁。

在鲁。弟子颜回、高柴、巫马施、宓不齐生。回字渊,颜路之子;柴字子高,齐人;施字子期,陈人;不齐字子贱,鲁人。

早期弟子颜路、曾点、冉耕、子路、闵损等,在此前后入门。

前520年,周景王二十五年,鲁昭公二十二年,32岁。

在鲁。四月,周景王卒,子猛立,是为悼王。悼王被杀,景王子匄立,是为敬王。

弟子端木赐生。赐字子贡,卫人。

前519年,周敬王元年,鲁昭公二十三年,33岁。

在鲁。

前518年,周敬王二年,鲁昭公二十四年,34岁。

在鲁。弟子有若生。若字子有,鲁人。

孟僖子将死,嘱二子孟懿子、南宫适从孔子学礼。

孔子赴东周洛阳。而"问礼于老聃,访乐于(苌)弘"(《孔子家语·观周解》)之说不确。

前517年,周敬王三年,鲁昭公二十五年,35岁。
鲁国发生内乱,鲁昭公奔齐。
孔子因鲁乱适齐,为高昭子家臣,见齐景公。

前516年,周敬王四年,鲁昭公二十六年,36岁。
在齐。听到《韶》乐——相传是大舜时音乐,三月不知肉味,说:"不图为乐之至于斯也!"(《述而》)

前515年,周敬王五年,鲁昭公二十七年,37岁。
在齐。齐景公对孔子说:"吾老矣,弗能用也。"于是,孔子自齐返鲁(《史记·孔子世家》)。"孔子之去齐,接淅而行"(《孟子·万章下》)。
吴公子季札聘齐,其长子死于齐,孔子往观其葬礼,说:"延陵季子之于礼也,其合矣乎!"(《礼记·檀弓下》)
弟子樊须、原宪生。须字子迟,鲁人;宪字子思,宋人。

前514年,周敬王六年,鲁昭公二十八年,38岁。
在鲁。晋魏舒执政,灭祁氏、羊舌氏,分祁氏之田为七县,羊舌氏之田为三县,选派贤能之士为县宰。孔子称魏舒之举为"近不失亲,远不失义,可谓义矣"(《左传·昭公二十八年》)。
鲁昭公至晋,居乾侯。

前513年,周敬王七年,鲁昭公二十九年,39岁。

在鲁。冬,晋铸刑鼎,孔子认为"晋其亡乎! 失其度矣"(《左传·昭公二十九年》)。

前512年,周敬王八年,鲁昭公三十年,40岁。
在鲁。孔子自谓:"四十而不惑。"(《论语·为政》)
弟子澹台灭明生。灭明字子羽,鲁人。

前511年,周敬王九年,鲁昭公三十一年,41岁。
在鲁。晋侯欲送鲁昭公回国,昭公未敢返鲁。
弟子陈亢生。亢字子禽,陈人。

前510年,周敬王十年,鲁昭公三十二年,42岁。
十二月,鲁昭公卒于乾侯。季孙氏立昭公弟公子宋,是为定公。

前509年,周敬王十一年,鲁定公元年,43岁。
在鲁。夏,昭公灵柩归葬鲁。
弟子公西赤生。赤字子华,鲁人。

前508年,周敬王十二年,鲁定公二年,44岁。
在鲁。

前507年,周敬王十三年,鲁定公三年,45岁。
在鲁。
弟子卜商生。商字子夏,卫人。

前506年,周敬王十四年,鲁定公四年,46岁。

在鲁。吴、蔡、唐联军大败楚师,楚臣申包胥赴秦乞援。

弟子言偃生。偃字子游,吴人。

前505年,周敬王十五年,鲁定公五年,47岁。

在鲁。季桓子打井时挖出一只陶羊,故意告诉孔子是一只陶狗。孔子说是"坟羊"。《史记·孔子世家》将此事系于是年,但此事不确。

秦出兵援楚,败吴师。

季氏家臣阳虎欲见孔子,孔子不见,于是馈孔子豚。孔子趁阳虎不在时前往答谢,途中相遇。

弟子曾参、颜幸生。参字子舆,曾点之子。幸字子柳,鲁人。

前504年,周敬王十六年,鲁定公六年,48岁。

在鲁。阳虎擅权,《季氏》载孔子谓:"陪臣执国命。"《左传·定公六年》载:"阳虎又盟公及三桓于周社,盟国人于亳社。诅于五父之衢。"《史记·孔子世家》载:"孔子不仕,退而修《诗》《书》《礼》《乐》,弟子弥众,至自远方,莫不受业焉。"

前503年,周敬王十七年,鲁定公七年,49岁。

在鲁。弟子颛孙师生。师字子张,陈人。

前502年,周敬王十八年,鲁定公八年,50岁。

在鲁。自谓"五十而知天命"(《为政》)。

公山弗扰使人召孔子,孔子欲往,终未成行。

冬,阳虎欲去三桓,谋杀季氏未遂,遂入讙(今山东宁阳西北)、阳关(今山东泰安东南)以叛。

前501年,周敬王十九年,鲁定公九年,51岁。

在鲁。鲁伐阳虎,攻阳关,阳虎出奔齐,后至晋,投赵简子。孔子说:"赵氏其世有乱乎!"(《左传·定公九年》)

孔子任中都宰。

弟子冉孺、曹邮、伯虔、颜高、叔仲会生。孺字子鲁,鲁人;邮字子循,蔡人;虔字子析,鲁人;高字子骄,鲁人;会字子期,鲁人。

前500年,周敬王二十年,鲁定公十年,52岁。

在鲁。孔子由中都宰升任小司空,又由小司空升任大司寇。

夏,鲁、齐会于夹谷(今山东莱芜南)。孔子以大司寇身份为定公相礼,认为"有文事者必有武备",事先做好了武事准备。孔子在盟会上以礼斥齐景公,终于赢得这次外交胜利。会后,齐国如约归还以前侵占鲁国的郓、谨、龟阴等地。

前499年,周敬王二十一年,鲁定公十一年,53岁。

在鲁。为司寇。

前498年,周敬王二十二年,鲁定公十二年,54岁。

在鲁。为司寇。子路任季氏宰。孔子为削私家、强公室,建议鲁定公"堕三都"。叔孙氏毁郈(今山东东平南),季孙氏也毁费(今山东费县),而孟孙氏的成邑(今山东宁阳东北)未能攻克。

公山弗扰据费邑发动叛乱。费堕,公山弗扰奔齐。

弟子公孙龙生。龙字子石,楚人。

前497年,周敬王二十三年,鲁定公十三年,55岁。

鲁国得治,齐人惧,"齐人归女乐,季桓子受之,三日不朝,孔子行"(《微子》)。"孔子为鲁司寇,不用,从而祭,燔肉不至,不脱冕而行"(《孟子·告子下》)。孔子至卫。

孔子居卫十个月,又前往陈。途中经匡、蒲(两地均今河南长垣境内)受难,又返卫,住卫贤大夫蘧伯玉家。

前496年,周敬王二十四年,鲁定公十四年,56岁。
在卫。曾见卫灵公夫人南子。"子见南子,子路不悦"(《雍也》)。

前495年,周敬王二十五年,鲁定公十五年,57岁。
在卫。五月鲁定公卒,子将立,是为哀公。

前494年,周敬王二十六年,鲁哀公元年,58岁。
在卫。春,吴王夫差败越人于夫椒,会稽堕。三月,吴、越和。

前493年,周敬王二十七年,鲁哀公二年,59岁。
在卫。卫灵公曾问阵于孔子,孔子说:"军旅之事未之学也"(《史记·孔子世家》)。夏,卫灵公卒,立蒯聩子辄,是为卫出公。蒯聩由晋返卫争位,卫内乱。孔子经曹适宋。

前492年,周敬王二十八年,鲁哀公三年,60岁。
到达宋国,宋司马桓魋欲杀孔子。孔子说:"天生德于予,桓

雠其如予何!"(《述而》)

孔子过郑赴陈。"适郑,与弟子相失。孔子独立东门,郑人或谓子贡曰:'东门有人……累累若丧家之狗。'子贡以实告孔子。"(《史记·孔子世家》)适陈"为陈侯周臣"(《孟子·万章上》)。陈侯周即陈湣公越。

孔子自谓:"六十而耳顺。"(《为政》)

前491年,周敬王二十九年,鲁哀公四年,61岁。

在陈。陈湣公问石砮。

鲁季康子执政,欲召孔子返鲁。《春秋·哀公三年》:"秋七月丙子,季孙斯(季桓子)卒。"《史记·孔子世家》:"桓子卒,康子代立,已葬,欲召仲尼。"

前490年,周敬王三十年,鲁哀公五年,62岁。

在陈。《史记·孔子世家》关于这段记载较乱,崔述《洙泗考信录》已提出批评。此从匡亚明《孔子评传》。

前489年,周敬王三十一年,鲁哀公六年,63岁。

在陈。吴伐陈,楚救陈,吴、楚大战,陈乱。孔子离陈过蔡,计划前往楚国。在陈、蔡之间被困,七日绝粮,弟子皆有饥色,孔子仍讲诵、弦歌不止。孔子派弟子子贡前往楚国负函求援。负函守城大夫叶公沈诸梁派人把孔子师徒一行接往负函。

前488年,周敬王三十二年,鲁哀公七年,64岁。

在楚负函。叶公问政。孔子说:"近者悦,远者来。"以后孔子又曾与叶公就何谓"直"问题进行讨论,孔子认为父子之间不管哪一方有错误,都要"父为子隐,子为父隐,直在其中"(《子路》)。

前487年,周敬王三十三年,鲁哀公八年,65岁。

在楚负函。据《礼记·檀弓上》,在负函期间,孔子曾先后派子夏和冉求前往郢都,与楚王联系,未果。叶公通过子路询问孔子是怎样的人物,子路不知如何回答。孔子说:"女奚不曰:'其为人也,发愤忘食,乐以忘忧,不知老之将至云尔。'"(《述而》)

三月,吴伐鲁,鲁败吴。弟子有若参战有功。

前486年,周敬王三十四年,鲁哀公九年,66岁。
在楚负函。

前485年,周敬王三十五年,鲁哀公十年,67岁。
离楚经陈返卫。子路问孔子:"卫君待子而为政,子将奚先?"孔子说:"必也正名乎!"(《子路》)
孔子夫人丌官氏卒。

前484年,周敬王三十六年,鲁哀公十一年,68岁。
自卫返鲁。春,齐师伐鲁,弟子冉有帅左师与齐军战于鲁郊,胜之。

季康子欲行"田赋"——将军费改按田亩征税,使冉有问于孔子。孔子曰:"若不度于礼,而贪冒无厌,则虽以田赋,将又不足。"(《左传·哀公十一年》)季康子不听。

前483年,周敬王三十七年,鲁哀公十二年,69岁。

在鲁。春,鲁实行田赋。

夏,鲁昭公夫人孟子卒,孔子往吊。

孔子正乐。"吾自卫反鲁,然后乐正,《雅》《颂》各得其所。"(《子罕》)

冬十二月,鲁国发生蝗灾。

孔鲤卒。

前482年,周敬王三十八年,鲁哀公十三年,70岁。

在鲁。孔子自谓:"七十而从心所欲,不逾矩。"(《为政》)

鲁终不能用孔子,孔子亦不求仕,专心致力于文献整理和教育事业,"追迹三代之礼,序《书》传,上纪唐虞之际,下至秦缪,编次其事……故《书》、传、礼、记自孔氏……孔子以《诗》《书》《礼》《乐》教,弟子盖三千焉,身通六艺者七十有二人"。晚而喜《易》,"读《易》,韦编三绝"(《史记·孔子世家》)。

前481年,周敬王三十九年,鲁哀公十四年,71岁。

在鲁。春,狩猎获麟,孔子止作《春秋》。

齐国陈恒(田成子)弑齐简公,孔子请求哀公讨陈恒。弟子宰我死于齐国此次政变。

弟子颜回卒。孔子痛哭,曰:"天丧予! 天丧予!"(《先进》)

前480年,周敬王四十年,鲁哀公十五年,72岁。

在鲁。卫国发生政变,蒯聩逐其子出公自立,是为卫庄公。子路为卫大夫孔悝邑宰,在政变中被杀。

前479年,周敬王四十一年,鲁哀公十六年,73岁。

周历四月十一日即夏历二月十一日,孔子卒。葬于曲阜北泗上。鲁哀公诔之曰:"旻天不吊,不慭遗一老,俾屏余一人以在位,茕茕余在疚,呜呼哀哉!尼父!无自律。"(《左传·哀公十六年》)今山东曲阜有孔庙、孔府、孔林,所谓"三孔"。

主要参考书目

司马迁:《史记》,中华书局1982年版。

高诱:《淮南子注》,上海书店《诸子集成》本。

朱熹:《四书章句集注》,中华书局1983年版。

崔述:《洙泗考信录》,上海商务印书馆1937年版。

王先谦:《荀子集释》,上海书店《诸子集成》本。

康有为:《孔子改制考》,中华书局1958年版。

冯友兰:《中国哲学史》,中华书局1961年版。

郭沫若:《十批判书》,人民出版社1976年版。

杨伯峻:《论语译注》,中华书局1980年版。

许维遹:《韩诗外传集释》,中华书局1980年版。

杨伯峻:《春秋左传注》,中华书局1981年版。

杨宽:《战国史》,上海人民出版社1981年版。

蔡尚思:《孔子思想体系》,上海人民出版社1982年版。

冯友兰:《中国哲学史新编》,人民出版社1982年版。

南京大学《韩非子》校注组:《韩非子校注》,江苏人民出版社1982年版。

陈奇猷:《吕氏春秋校释》,学林出版社1984年版。

李泽厚、刘纲纪:《中国美学史》第一卷,中国社会科学出版社1984年版。

吕思勉:《先秦学术概论》,中国大百科全书出版社1985年版。

钱穆:《论语新解》,巴蜀书社1985年版。

钱穆:《先秦诸子系年》,中华书局1985年版。

赵善诒:《说苑疏证》,华东师范大学出版社1985年版。

李泽厚:《中国古代思想史论》,人民出版社1985年版。

蒋伯潜:《诸子通考》,浙江古籍出版社1985年版。

匡亚明:《孔子评传》,齐鲁书社1985年版。

余英时:《士与中国文化》,上海人民出版社1987年版。

李启谦:《孔子弟子研究》,齐鲁书社1987年版。

缪文远:《战国策新校注》,巴蜀书社1987年版。

吴绍烈等点校:《国语》,上海古籍出版社1988年版。

张秉楠:《孔子传》,吉林文史出版社1989年版。

高专诚:《孔子·孔子弟子》,山西人民出版社1989年版。

南怀瑾:《论语别裁》,复旦大学出版社1990年版。

金景芳等:《孔子新传》,湖南出版社1991年版。

张岱年主编:《孔子大辞典》,上海辞书出版社1993年版。

新版后记

1996年下半年,受上海人民出版社之约,我开始撰写这部小书的初稿。前后算起来共用了四个月时间,书稿完成。一年后的1997年12月,是书出版。出乎出版社和我本人的意料,小书出版后很快售罄,于是就有了1998年3月是书的第二次印刷。之后,2010年中华书局重排出了新版。从中华书局版面世距今又一个十年过去了,本人仍不时收到学界信息,说市面已很难买到是书,特别是一些青年朋友,很希望这本小书再次出版。今天想来,2010年中华书局的那次出版是颇为匆忙的,出版社前期曾征求过我的意见,问我是否需要修订。我则因当时杂事较多,限于一时腾不出手,因此虽遇出重排版机会,文字内容上却完全没有改动,没有修订。现在看来这是一件很遗憾的事情。为了弥补上次的缺憾,这次出版我又认真审读了全书,对前面两版中存在的个别错字和欠通畅的句子一一加以修改,文中夹注一律统一体例,个别文字也做了小范围调整。从1997年到现在,时间虽然过去了二十三年,但书中的基本观点,特别是自己对孔子及孔子思想的基本判断仍未改变。我依然坚持认为,孔子是中华民族伟大的文化先驱,孔子思想是可入世界民族思想之林的伟大思想,但孔子也是一个普普通通的上古时期老人。所以书中内容、涉及孔子思想的讨论都未做修改,基本观点一仍其旧。希望这本小书的浙江文艺版面世后读者朋友能够看得更舒服些,也希望读者方家继续批评指正。

感谢我的博士研究生孟荣在把本书纸本转换为电子版、通读全书并比对上海人民和中华书局两版文字异同、核对引文方面付出的辛勤劳动。对我的老朋友曹元勇社长推动、促成本书出版所付出的心力,表示诚挚的感谢!

王长华　谨识

2020年10月于北京

图书在版编目(CIP)数据

孔子答客问/王长华著.—杭州:浙江文艺出版社,2022.1
ISBN 978-7-5339-6628-7

Ⅰ.①孔… Ⅱ.①王… Ⅲ.①孔丘(前551—前479)-生平事迹 ②孔丘(前551—前479)-哲学思想 Ⅳ.①B222.2

中国版本图书馆CIP数据核字(2021)第190790号

策划统筹　曹元勇
责任编辑　易肖奇
特约编辑　杨　熠
营销编辑　耿德加
责任印制　吴春娟
装帧设计　道辙 at Compus Studio

孔子答客问

王长华　著

出版发行　浙江文艺出版社
地　　址　杭州市体育场路347号
邮　　编　310006
电　　话　0571-85176953(总编办)
　　　　　0571-85152727(市场部)
印　　刷　上海盛通时代印刷有限公司
开　　本　880毫米×1230毫米　1/32
字　　数　210千字
印　　张　9.625
插　　页　4
版　　次　2022年1月第1版
印　　次　2022年1月第1次印刷
书　　号　ISBN 978-7-5339-6628-7
定　　价　69.00元(精装)

版权所有　侵权必究
(如有印装质量问题,影响阅读,请与市场部联系调换)

一本书打开一个世界

欢迎订购、合作

订购电话：0571-85153371

服务热线：0571-85152727

KEY-可以文化

浙江文艺出版社

天猫旗舰店

关注KEY-可以文化、浙江文艺出版社公众号，及浙江文艺出版社天猫旗舰店，随时获取最新图书资讯，享受最优购书福利以及意想不到的作家惊喜